【典藏】

厦 门 文 史 丛 书

中国人民政治协商会议
福建省厦门市委员会 编

洪卜仁 主编

厦门辛亥风云

厦门大学出版社

图书在版编目(CIP)数据

厦门辛亥风云/洪卜仁主编. —厦门:厦门大学出版社,2016.12
(厦门文史丛书)
ISBN 978-7-5615-6341-0

Ⅰ.①厦… Ⅱ.①洪… Ⅲ.①辛亥革命-史料-厦门 Ⅳ.①K257.06

中国版本图书馆 CIP 数据核字(2016)第 304151 号

出版人	蒋东明
责任编辑	薛鹏志
装帧设计	鼎盛时代
印制人员	朱 楷

出版发行 厦门大学出版社
社　　址 厦门市软件园二期望海路 39 号
邮政编码 361008
总编办 0592-2182177　0592-2181406(传真)
营销中心 0592-2184458　0592-2181365
网　　址 http://www.xmupress.com
邮　　箱 xmupress@126.com
印　　刷 厦门集大印刷厂

开本	720mm×1000mm　1/16
印张	15
插页	3
字数	260 千字
印数	1~2 000 册
版次	2016 年 12 月第 1 版
印次	2016 年 12 月第 1 次印刷
定价	45.00 元

本书如有印装质量问题请直接寄承印厂调换

厦门大学出版社
微信二维码

厦门大学出版社
微博二维码

《厦门文史丛书》编委会

- ■顾　问　张　健　钟兴国　詹沧洲　江曙霞　魏　刚　陈昌生
　　　　　黄世忠　高玉顺　黄培强　黄学惠　陈永裕
- ■主　任　魏　刚
- ■副主任　张仁苇
- ■主　编　洪卜仁
- ■编　委　徐文东　傅兴星　王秀玉

《厦门辛亥风云》编写组

- ■主　编　洪卜仁
- ■副主编　叶胜伟
- ■编　撰　洪卜仁　陈长河　周子峰　宋俏梅　陈红秋　叶胜伟
　　　　　许高维　曾舒怡　何无痕　方　锐
- ■编　务　张元基　吴辉煌　林震巍

【前言】

  辛亥革命至今已经105周年。

  一百多年前的中国，风云变幻。就像《龙的传人》歌吟的那样："百年前宁静的一个夜，巨变前夕的深夜里，枪炮声敲碎了宁静夜，四面楚歌是姑息的剑。"距离厦门一千多公里的武昌，中国爆发了近代史上伟大的辛亥革命，给予封建专制制度致命的一击。统治中国二百六十多年的清王朝覆亡了，中国两千多年的封建君主专制制度在随后的几年中，蹦跶几下永无还魂之日，民主共和的理念至此深入人心。这场近代中国社会伟大的变革，以巨大的震撼力和深刻的影响力促使中国社会、经济、思想、文化和风俗等方面发生了深刻的变化。

  祖国东南门户——厦门，也被这股促进中国进步、发展的历史潮流裹挟着，奔涌向前。厦门当时的社会环境，涌动着革命的暗流，政治经济基础、社会思潮，契合革命爆发的条件；一批批厦门儿女或在海外，或在故乡傲立潮头，拥护革命、参与革命、推动革命。这一时期厦门的政治、经济、文化、社会状况，百年后仍值得后人探究；热血的厦门志士在革命中的历史作用，时至今日仍值得我辈记取。

  近年来，厦门辛亥革命研究又发现不少材料，主要来自清末、民初在厦门出版的《厦门日报》、《福建日报》、《南声报》，在上海发行的《申报》，在台湾印发的《汉文台湾日日新报》以及新加坡的《南洋总汇新报》、《新国民日报》。这些报刊刊载了当年厦门风起潮涌的社会思潮、变革前后的社会状况，记录了革命党人推翻清廷、建立共和、护国倒袁的革命行动，为我们提供了许多珍贵的史实。最为突出的是，厦门辛亥革命前后参加革命的人物名录为此增补不少，其中在海外东南亚厦门籍的华侨为数很多。

厦门华侨在革命中所起的巨大作用，是辛亥革命史上值得大书特书的壮丽史诗。新加坡同盟会南洋支会领导人是厦门人陈楚楠，缅甸的革命领导人庄银安、徐赞周，马来亚的革命组织者陈新政、黄金庆、郑螺生以及菲律宾革命首领郑汉淇都是厦门人。在海外的厦门华侨，无论是革命组织的建立还是革命舆论的传播，无论是对革命事业的经济支援还是对革命武装斗争的参与，都发挥了重要的作用，他们始终是孙中山革命事业的坚定支持者，始终是辛亥革命的重要推动力量。他们无愧于孙中山先生"华侨是革命之母"的赞誉。

辛亥革命期间，台湾已经被日本占领，避居厦门、不甘日本殖民统治奴役的台湾同胞，积极参与和支持孙中山先生推翻清政府腐朽统治、建立共和的革命，坚决反对日本殖民统治。在波澜壮阔的革命洪流中，在厦台胞留下的革命事迹，反映了辛亥革命是海峡两岸同胞共同的历史记忆，是两岸共有的精神财富，也是两岸共享的骄傲和荣光。

2016年，在纪念辛亥革命105周年、孙中山诞辰150周年之际，我们编撰《厦门辛亥风云》一书，上溯中国同盟会成立的光绪三十一年（1905年），下迄民国七年（1918年）；以现行的厦门行政区划为中心，搜集当年厦门发生的辛亥史实，以及厦门革命先驱在国内外参与革命的事迹；整合新的史料，并以新的视角，重现当年厦门时局风诡云谲、革命风起云涌的场景，再现厦门人民、海外侨胞、台湾同胞集聚在振兴中华旗帜之下，广泛传播革命思想，积极兴起进步浪潮，奋勇发动武装起义，推动革命大势形成的情景。我们希望，本书通过对厦门辛亥革命史实的辑录，能为充实辛亥革命时期的厦门地方史贡献微薄的力量，为实现孙中山先生振兴中华夙愿、实现中华民族伟大复兴的中国梦添砖加瓦。

编　者
2016年10月

厦|门|辛|亥|风|云

目　录

第一章　辛亥革命前的厦门 / 1

第一节　腐败让社会矛盾一触即发 / 1
第二节　"礼崩乐坏"的"天仙戏园"事件 / 4
第三节　民族经济蓬勃发展的厦门 / 8
第四节　革故鼎新的厦门社会风气 / 12
第五节　新式教育培养新式人才 / 15
第六节　累积革命风潮的厦门报刊 / 23

第二章　厦门商会与辛亥革命 / 31

第一节　商会成立前厦门地区的商人组织 / 31
第二节　厦门商务总会之成立及其运作
　　　　（1904—1910） / 32
第三节　商会与辛亥革命前夕的城市民众运动 / 36
第四节　商会与辛亥革命 / 39

第三章　厦门辛亥风云 / 46

第一节　辛亥革命前同盟会的组织发展与宣传活动 / 47
第二节　厦门光复前同盟会的社会变革活动 / 50

第三节　厦门光复的经过 / 53
第四节　思明县的诞生 / 62
第五节　厦门的护国护法运动 / 64
第六节　厦门革命志士小传 / 68

第四章　辛亥革命在同安 / 87

第一节　灌口同盟会的成立 / 87
第二节　起义光复兵不血刃 / 88
第三节　庄尊贤潘节文血洒同安 / 90
第四节　"南北拼"护法之役 / 92
第五节　同安革命志士小传 / 94
附：闽南护国军史料 / 100

第五章　辛亥革命中的厦门与台湾 / 108

第一节　在台湾的厦门人支持孙中山 / 109
第二节　在厦台胞积极参与辛亥革命 / 113

第六章　厦门籍华侨与辛亥革命 / 115

第一节　香港的厦门籍华侨与辛亥革命 / 123
第二节　新马地区的厦门籍华侨与辛亥革命 / 128
第三节　缅甸的厦门籍华侨与辛亥革命 / 142
第四节　菲律宾的厦门籍华侨与辛亥革命 / 148
第五节　印尼的厦门籍华侨与辛亥革命 / 149
第六节　越南的厦门籍华侨与辛亥革命 / 150
附：参加辛亥革命的厦门籍华侨名录 / 153

附录 / 212

附录一　厦门辛亥革命时期大事记　/　212
附录二　辛亥革命福建都督孙道仁墓调查纪略　/　218
附录三　袁世凯统治时期的"学绩试验"与厦门道俊士之考取　/　220
参考文献　/　226

后记 / 230

第一章　辛亥革命前的厦门

自从1840年鸦片战争以后，随着帝国主义侵略的进一步加深，中国沦于半殖民地半封建的境地。帝国主义同中华民族的矛盾日益加剧，中华民族危机空前严重。

腐朽的清朝统治者对外割地赔款、丧权辱国，对内横征暴敛、奴化人民，促使阶级矛盾空前激化。

19世纪末20世纪初，中国民族资本主义得到初步发展。民族资产阶级力量壮大，在政治和经济上的利益和要求，反映了中国人民要求民族独立和民主权利的共同愿望。

中国被西方列强的坚船利炮打开国门之后，西方的科学文化知识和民主革命思想的传播奠定了革命的思想基础。特别是20世纪初，资产阶级民主革命思潮迅猛传播，震撼着中国思想界，促进了人民的觉醒，并推动民主革命运动的到来。戊戌变法失败后，戊戌六君子的牺牲使人们意识到只有革命才能挽救中国。国内外许多革命团体的出现，预示着一场轰轰烈烈的大革命，即将爆发。

第一节　腐败让社会矛盾一触即发

清末民初，和全国一样，厦门政治腐败愈发突出，官僚横行霸道，民不聊生。民族危机不断加深，推翻帝制成为全国人民和海外侨胞的共同要求。

当时的腐败通过各种不同的方式，滋生于社会管治的方方面面。1907年，厦门当局在全市挨家挨户筹捐警察经费、全厦戏捐，钱捐完了，却找不到承办人，经费又不知于何处所用。此外，当局还打算对柴料定税，令所有到港的柴船都要缴费，此举引得了很大争议，柴船罢工，老百姓两三天拿不到柴料，生活受到极大影响，怨声载道。最终，柴税征收只好作罢。

1908年2月23日的报纸报道称，厦门铺户需认捐警察经费，"每月由巡官恃势催缴"，该行为早已引起民怨。一米户因为生意惨淡，晚交了几天，竟然以抗捐的罪名，被抓拿究办。

清廷的横征暴敛，令老百姓忍无可忍，商界更因不满频频罢市。1908年5月26日，报载厦门各商店因为警局收捐苛刻罢市。紧接着5月29日，又有一则"罢市骇闻"的报道：水仙宫街有一名屠户专卖猪肉，28日午后与顾客发生口角。另一人过来帮腔，与顾客一起殴打屠户。巡街的警察闻声赶来，将他们捉拿去局里讯问，并对屠户处以罚金。警察偏袒闹事的人，当时街上众人围观，愤愤不平，遂引起罢市。可见，当时的社会矛盾，已经到了一触即发的地步。

1909年5月16日，报上记载了一则"黑色幽默"：派去同安"扫毒"的衙门差役，竟大多有鸦片瘾，随行人员更是有自己"作土药"的。报纸评论讽刺道：与其说是去毒，不如说种毒。

官办的厦门大清邮政局，也是弊端重重，不仅常常递信延迟，监守自盗还谎称店里失窃，导致市民邮寄的物品"蒸发"。这些花招，老百姓其实心里也都有数，1911年2月29日有篇报道披露，厦门"秦生号"商家将一捆丝线送寄厦门大清邮政局，尽管有单有据，但第二天在经该局员工之手后，东西就离奇失踪了。事发后几天，秦生号老板查到了证据，发现是邮局员工蒋某偷偷将丝线藏匿不寄。才破了这桩案子。

清政府的腐败，引发民怨沸腾。为平息民愤，当权者搞起笼络人心的手段。1907年9月13日，清政府下达"着各省督均在省会速设咨议局，慎选公正明达官绅创办其事"的上谕，1908年8月29日，闽浙总督松寿在《奏福建设立咨议局筹办处情形折》说："奴才奉文之日……择于8月21日开局。"至此，福建开始了为期一年的咨议局筹备工作。

1909年10月13日，福建省咨议局正式开局，严重冲击了封建的专制制度，促进民主制度的发展，厦门也成立了议事会和董事会。在当时闽局

第一章 辛亥革命前的厦门

的议案中,可以看到厦门治安混乱,到了藐视当局的地步:"本年厦门劫杀更多,且延及提台衙门左近,在府城内尚有抢劫,不成事体。"但省咨议局和议事会、董事会的成立,并不能杜绝腐败现象。1911年1月22日的《台湾日日新报》记载了厦门的官场"纲纪败坏",当月5日,正是清朝同治皇帝忌辰,按惯例,宴饮娱乐都得暂停一阵,但第二天,在鼓浪屿的一座洋楼,清廷官吏却大开酒筵宴请外交官。

1911年1月29日的报纸就以"植党营私"为题,揭露当时官场乱象。报道指出:自厦自治议事会开办后,真可谓"怪状百出,笑柄时出",所选的议员不以能力而以资格而论,曾犯有赌盗案、奸拐罪的,竟都能当上议员!老百姓常在街头张贴字报,匿名举报。记者忍不住在文末直言,"凡运动选举者。无非专在植党营私起见",并感慨,"自治为立宪之基础,今当开办之始,而怪现状已叠现"。

在1911年10月14日的《台湾日日新报》上,军政公所一个名为"洪永安"的官员,因素位餐尸,被指名道姓。报道指出,在厦门五年时间,盗贼充斥,百余起的案件,他一件都没破。可笑的是,这样的官员,却被属下极尽逢迎谄媚。他更是把进禄位牌直接放在军政公所里,第二天手下齐聚公所,开筵演戏庆祝。

这一时期,腐败的厦门当局,核心人物自然是厦门道台庆蕃。

1911年3月5日,《台湾日日新报》以"新道将至"为题,报道了庆蕃离京赴任的消息,6月16日,庆蕃抵达厦门,记者形容年近四十的他,看起来"颇有峥嵘奇象",对他将在厦门展开新局抱有期待。但随即在6月19日的报道中,这位新任道台就让老百姓大失所望。《台湾日日新报》写到,新任道台庆蕃过生日,场面真叫一个浩大,除了大摆喜筵,还有各署吏争相准备礼物,想趋炎附势的人,更直接送上珍宝。9月23日,庆蕃又一次上报,这时他已就职三个月,在地方上毫无政绩表现的他,忽传加给二品顶戴,属下员吏都前来道贺,络绎不绝,接下来就是可想而知的喜筵和礼物。

然而,山雨欲来风满楼。革命的风暴即将来临。10月29日,传闻庆蕃接到革党密函,内容大致为"今日非满人时代,应宜见机而作,当即远逃,以保余生。否则炸弹飞到,恐难幸免。"收到信后,庆蕃颇为恐慌,只好深居简出。10月31日,厦门岛已风声鹤唳,官员们惶惶然。一场离奇的火灾更加剧了官员的恐慌——一老人出门看剧,忘记吹灭灯火,一只偷油的老鼠,不慎撞倒了油灯,导致一场熊熊大火,而起火地点与道台衙门距离不过数十米，寻常的火警在这个节骨眼，就不能不引起猜疑了。当时特地来看大火的，竟然有"人山人海之盛"。

武昌起义胜利后，反清建立民国之势席卷中华大地。厦门民情汹涌，朝廷的统治朝不保夕。腐败的官员为了自保，联合商界议员开会讨论，共商办法。可当自治会长陈子挺、商会总理洪鸿儒各率绅商两界知名人士请求道台庆蕃接见，令人大跌眼镜的是，庆蕃竟然因为害怕革命党人行刺，已连日不敢见客。绅商到了衙门，他以生病推辞谢客。

不甘政权即将被推翻，道台庆蕃也在想办法"自救"，试图以一己之力抵挡变革的洪流。他新招募两百名士兵，充当巡防队，分派驻扎各要隘。每天集合操练，每月领工资，绅商须每月给赞助费，美其名曰"官商合办"。然而，庆蕃的所作所为，在日后的辛亥革命厦门光复中，被证明纯属螳臂挡车，自不量力。

第二节 "礼崩乐坏"的"天仙戏园"事件

辛亥革命之前，厦门最为轰动的"突发事件"，便是"天仙戏园"事件。此事件可见当时"纲纪废弛，礼崩乐坏"已经到了一个无法无天的地步；同时也在厦门这个五口通商口岸，集中反映了中华民族与帝国主义的矛盾。

1908年11月，光绪皇帝和慈禧太后相继病逝。按照旧制，皇帝、太后逝世，即为国丧，百日期内"不作乐，不宴会"，当时，驻京各国使节也照会清政府，遵从国丧制度。

厦门瑞记洋行老板黄瑞曲（洋名：玛甘保）本为同安县人，后加入西班牙（旧译：日斯巴）国籍。宣统元年（1909年）正月初二日，他凭借西班牙国籍身份，在百日国丧期内公然在他开设于寮仔后的"天仙戏园"内设台演戏，违犯国丧禁制。当时，厦门巡警西局的警官以演戏有违国制，在演出前和演出时再三派人进行劝阻。玛甘保不听劝阻，照演不误。兴泉永道刘庆汾（子贞）接到警局禀报，当即照会代理西班牙驻厦门领事的法国领事，要求遵制停演，并张贴告示，禁止中国百姓前往戏园看戏。而玛甘保有恃无恐，继续开演。为挑衅官府，竟然无偿分送戏票，诱导百姓前往看戏。正月十二日夜晚，戏园锣鼓喧天，人山人海，有流氓无赖四五十人持棍在天仙戏园内斗殴，巡警西局巡官接到报告，带领十几名巡警前往

第一章 辛亥革命前的厦门

戏园维持治安。不料玛甘保父子误以为巡警前来禁止演戏，就关闭园门，一面率众施放洋枪，一面从屋顶向下泼硝镪水，投掷石块，打伤巡官及三名巡警。更有一名巡警被玛甘保父子捉去囚禁，遭到吊打刑罚。直到十四日才由驻厦法国领事代为送还，该巡警已经奄奄一息。

十六日下午，玛甘保次子雷士携带六响洋枪，率领地痞无赖数十人，准备到巡警西局寻衅。行至水仙宫路段，雷士向站岗巡警开枪射击，被巡警与当街群众合力擒获，随后被押送到警局。下午四点，警局将雷士移送兴泉永道道署。兴泉永道刘庆汾升堂讯问雷士，刚刚讯问了几句，法国领事陆君偕同一外国人前来道署强行索人，双方剑拔弩张，对峙良久。后法国领事见无法强夺，遂好言恳求，刘庆汾将雷士交由法国领事带回，使玛甘保父子逍遥法外。

"天仙戏园事件"被披露后，厦门民众对玛甘保父子故意违制，藐视法律，打伤巡警巡士的行为非常愤慨，十七日午后二时，绅商学界代表在外关帝庙集会，陈纲（紫衍）、邱汝明、钟南屏相继发表演说，宣布天仙戏园殴禁巡士、开枪拒官的种种横暴罪状，表明天仙戏园开设在中国地界，地方官有干预及保护的权利，该洋行老板理应遵守中国法律，不应藐视我国的观点，这一观点得到会议代表响应。会议联名向外交部禀控，又散发传单，劝告全体民众不踏入天仙戏园观戏，劝全体商界不与瑞记洋行往来生意。当时玛甘保之子代理轮船招商分局业务，传单声明："如邮传部不撤换其招商分局，则以后客货，均不准搭载招商轮船，违者以一罚百"。

二十一日午后，绅商学界百余人再次集会，集会地点在巡警总局。他们为天仙戏园案面谒刘子贞道宪，向他陈述黄瑞曲凭借外籍，侮蔑我国的种种横暴情形，力求刘庆汾出力交涉以纾公愤，并公拟对待八法，有五十余人签名认可。

兴泉永道刘子贞接到绅商民众对外交涉，维护祖国尊严的请求后，当即照会法国领事，开列"八不解"，据理力争，主要内容如下：

（一）去年西班牙驻上海总领事早已明文照会："凡厦门、上海入该国籍者，均已一律注销。即以前入籍者，亦一并注销。厦沪两地华民中已无一西班牙籍民，并无一保护之人"。法国领事"代为保护"早已被注销日斯巴国籍的不法之徒玛甘保等人，实属不妥。

（二）玛甘保既自称入籍西班牙，其子为何又捐纳中国同知官职，办理厦门招商分局？"以中国职官充当中国差事，痛值国丧百日期内，自应遵守国制。"而他父子竟然设台演戏，"论籍民则乱我邦交，论华官则干我国

【5】

纪",于礼、法均有不合。

（三）天仙戏园在中国地界内,既然受地方官保护,就应遵从地方官的命令,玛甘保竟然恃势违制演戏,而其所开戏园,又属厦门地界内,地方官职责攸关,理应照律禁止,不容外国领事侵犯主权。

（四）中国地方官劝阻华人在国丧期内看戏,是地方官之内政。"即对外交而论,本道办理亦极和平。"……"玛甘保有心挑衅,竟多发戏单,送人观看,不取分文。又邀请各国籍民,醉之以酒,唆向巡士滋闹,故意反对,形同化外"。这显然是蔑视中国法纪的行为。

（五）玛甘保戏班来自上海,也属中国子民,玛甘保为日得戏资每百元抽三十元,不顾国丧禁制,贪利包庇,不仅是"陷人于不义,使我子民显背禁令,干犯刑章,"而且显然"为逋逃薮,与地方官树敌"。

（六）玛甘保父子等明知演戏违禁,而又到处扬言:"巡警如敢到园拘拿戏班,业已预备洋枪、镪水款待等语"十二日夜发生之事,果如其言,开枪拒官,"此等行为,无异悖逆"

（七）玛甘保父子率领亡命之徒拒捕,已属可恶,而又将巡士一名,掳入戏园吊打,非法囚禁两昼夜。地方官屡次交涉不肯还人,难道一入洋籍,"即有捆打我国巡士之权否？"

（八）即便如此,玛甘保次子雷士尚不肯罢休,仍率众持械到警局寻衅,被公众擒获。而法国领事竟带凶徒多名,奔至敝署咆哮,并入本署各房搜索,强将雷士抢走。"此等手段,大背公法,违约欺凌之咎,将谁属乎?！"

刘庆汾的八款质问义证词严,有理有据,理亏者应该是玛甘保父子及法国领事。但法国领事决意偏袒玛甘保父子,颠倒黑白,电告法国公使和西班牙驻沪总领事,诬称刘子贞背约欺凌教民,处理争执不当,要求清政府将其罢职。而中国政府惧怕列强国势,凡遇对外纠纷,每每息事宁人。福建提督松寿接到法国公使措辞严厉的电报,不敢怠慢,随即委派汀漳龙道何成浩(字碧鎏)到厦办理调停"天仙园事件"。

二十日,汀漳龙道到达厦门。他急于平息了结事件,将刘庆汾的八款照会弃之不顾,对法国领事态度软弱。玛甘保父子乘机提出种种赔偿要求,法国领事态度强硬,秉承玛甘保意愿,提出五款要求,大致内容为:

（1）出告示严禁绅商学界刊发传单、向报社投稿宣扬事件经过及抵制瑞记洋行往来贸易。

（2）警察损毁瑞记洋行,捉拿雷士,使玛甘保父子受辱,需贴出告示

第一章 辛亥革命前的厦门

洗刷。

（3）雷士和戏园中被警察抢去的物件需一一归还。

（4）赔偿瑞记洋行被毁损失。

（5）释放被警察关押的瑞记洋行厨子黄水镜。

何成浩除答应第一条要求外，其余不敢做主，用电报禀请福建提督松寿。松寿认为地方官在国丧期间禁止演戏，是职责所在，法国领事袒护玛甘保父子，"背约欺凌，在彼不在我"，不同意退让。于是添派洋务局提调太守赖辉煌到厦门与何成浩商量办理"天仙戏园事件"案。法国领事态度仍然强硬，又提出五条要求，大致内容为：

（1）罢斥刘子贞；

（2）招商局仍归玛甘保；

（3）解巡官陈灿章到省重办；

（4）绅商学界不准反对；

（5）玛甘保再开戏园需由厦门道认可保护。而玛甘保殴伤巡士，华官拘拿雷士，均已痊愈，两不赔款。

何成浩和赖辉煌为求和平了结，除将第一条罢斥刘子贞改为"请督宪严加核办"外，其余要求都照单允许，将商议结果报外务部和闽督核准。外务部和闽督接到电报，觉得此结果有伤国家体面，没有批准，改由法国领事和闽督往复电商，最后议定五条：

（1）厦道免议；

（2）招商局改为他人办理；

（3）罚款玛甘保二千元，抵还巡士打毁物件之款，两不找陪；

（4）巡官巡士免于惩处；

（5）演戏需厦道出示许可，方准开演。

除公开议定的五款，此后，汀漳龙道何成浩与洋务局提调赖辉煌又和法领事私下拟定六款，由福建都督核准，电饬签押完案。这六款的内容为：

（一）此案完结后，由厅严禁传单告白、投函等人，不得再蹈前辙，致生事端，并拟相安告示。

（二）雷士与巡士伤均平复，玛甘保违礼演戏与巡士毁玛家具，均有不合。既和平商结，一概免议。

（三）巡警有未及之程度，由地方官自行核办。

（四）瑞记在中国境内设天仙戏园，日后需秉承领事妥商开演。

（五）厨子黄水镜放回安业。

（六）刘道已卸事，彼此完案。"有报道称："据所闻见，似当以后列之六条款为确。传闻法领事之意，颇欲刘观察离厦。适奉旨刘庆汾著开缺送部引见，法领事无可置议，遂许和平了结"。

"天仙戏园事件"虽然称"和平了结"，但厦门当局放弃对玛甘保父子国丧期间演戏和殴伤巡警的行为进行追究，且闽督将维护国权的兴泉永道刘庆汾调离厦门，以换取法国领事的满意；又严禁厦门民众反对，其实仍然是对外妥协退让。这一结果披露后，引起舆论界的不满，《申报》刊登《论厦门办理戏园交涉之失计》，加以抨击。

第三节　民族经济蓬勃发展的厦门

19世纪末20世纪初，中国民族资本主义得到初步发展。清末新政期间，商业也被提到一定的地位，清朝统治者认为，"通商惠工，为古今经国之要政"。1904年，清廷公布了《公司注册试办章程》，为了促使商业的发展，号召"筹办各项公司"，并发布了一些保商、奖励商业的谕令。

清廷还颁布华商商品与洋商商品收税平等的谕令。自从1840年鸦片战争以来，洋商有各不平等条约为"护身符"，享有低关税等特权，而华商没有任何保证，关卡林立，商品经销困难。

根据当年厦门报纸的报道，作为通商口岸之一，厦门是福建省直接对外贸易的主要口岸，出口地以华侨集中的东南亚国家和香港为主。

在1908年4月7日报纸记载的厦门商况，写到"厦门贸易前年殊衰败去年又过之，如外国进口货亦因金价奇昂获利甚薄，至于出口货尤惊扰不定。"不过，两年过去，厦门商贸情况似乎又大有好转，根据1910年1月14日《厦门日报》所刊发的一篇报道，记者详细调查发现，"上年全埠商务情形，土行获利第一、糖业第二、茶叶第三、北郊第四，钱庄绸缎各店均获利多寡不等，较之前数年亏折血本情形，则上年商务大有转机，较此蒸蒸日上，可谓前途贺贺"。

从当年的报道不仅可以看出厦门的商品已打入国际市场，还能感受到厦门市场的商品琳琅满目的景象，1910年11月26日的一则报道记载，厦门市场的商品，春夏秋冬，四季都有，时行之物，眼下就有绸缎、海草，最受欢迎的特产是水糖、水仙花、桂圆干。厦门的特产也颇受欢迎，1911年6月20的一则报道写道："厦门五崎顶，制造草花诸店，因艺术精优，

第一章 辛亥革命前的厦门

有巧夺天工之妙,外埠各处,多来采购,甚而南洋岛也托船只帮忙购买。价格日益腾贵,诸店获利,争相经营此业者日见其多,目下大走马路,又开了数家店。"厦门商人灵活变通,找到了不少发财之道。

1911年,厦门电灯公司在沙坡尾成立;1913年,厦门大同罐头食品有限公司在沙坡尾成立;随着大量华侨返厦参与投资建设,紧接着厦门冷冻厂也选址在沙坡尾,与电灯公司相邻,两个厂区的烟囱成了当时厦门港的一道风景线。

交通的便利,不仅促进了商业的繁荣,也让厦门成为旅游胜地,在一份当年的全国旅行指南,详细地记载了厦门吃住行各方面,当时厦门人口约十五万,居留外来人口三百多人。厦门交通便利,到台湾、菲律宾、香港、汕头、福州及北部都有汽车轮船直达。附近沿岸及泉漳各地则经常有帆船、小汽船往来,轮船到厦门港内的,如果船侧有许多舢板,表示乘客可任意在厦门海后滩各路头随意上岸,或前往鼓浪屿。

厦门的旅馆也有不少,足见厦门的旅游业颇为兴旺。中式旅馆包括位于水仙宫街的南华旅馆、大华旅馆,、位于番仔街的中和旅馆、位于提督路的大新旅馆,提督街的德安旅馆。还有西式旅馆,叫乔治旅馆,住一宿六元至八元。

当时较大的菜馆包括厦门寮仔后街的东园、南轩、青莲阁,还有一家名为三山馆的茶楼,一桌坐十二人,价钱大概在十二元到十九元。

商业的繁荣,自然催生了相关产业。现代银行出现以前,在我国起着调剂金融,活跃社会经济作用的是钱庄。清末民初在厦门的钱庄,有洋溢、金宝和、永富、鼎元等二十多家,资金自数百元至上万元不等。当时的钱庄,以经营者财产的多寡为信用基础,除办理存放款业务,有的还兼汇兑、茶叶出口贸易等业务。不过,随着时代的发展,现代银行开始兴盛,钱庄渐渐没落。1912年8月8日的《申报》报道,从山西开来厦门的票庄原有六七家,前几年因为各银行开设,票庄就剩下五家。现在只有新泰厚一家票庄硕果仅存。

作为社会经济枢纽的银行,在这一时期相继设立,最早是1878年,香港上海汇丰银行厦门分行在海后滩(今海后路)成立,该行经理均由洋人担任,主要业务为代收海关关税、代推销洋货及办理洋商押汇等;1900年1月,台湾银行厦门支行成立;1909年10月15日,大清银行厦门分号设立;1911年9月,交通银行厦门分行成立;1918年12月,新高银行厦门分行成立。

其中，最引人瞩目的便是大清银行厦门分号与交通银行厦门分行的成立。

大清银行是清政府官办银行，总行设北京，各省会建分行，重要商埠设分号。该行有发行钞票权，经营业务为存款、放款、汇兑，还经营期票贴现、买卖生金生银和保管贵重物品等。大清银行来厦设分号之前，报纸上就已有相关报道。1909年6月4日的报道记载，"厦门开大清分银行，度支部以各银行开设在通商口岸，行用纸币极形畅销，多则数十万以至百万，少亦不下一二十万，以为中国财政之要点，也近年上海、天津、汉口，各省开设大清户部银行，行用纸币原为挽利权起见，现又派许君来厦，开设大清分银行，已在各处寻觅高大洋楼云"。1909年10月5日的报道记载，"大清银行来厦设分行，由黄植庭管事，租镇邦街房屋，已以详前报。昨上海总行某总办事又派副管事协理账房，书记共五人带现银数十万来厦，定9月初开行"。1909年9月6日的《厦门日报》以"金融机构之活泼"为题报道位于镇邦街的大清银行，黄植庭更被厦门商界的资深人士评价为是"票号老手，熟悉各大钱庄"，并预言大清银行厦门分行"将来交易必定为厦银行首屈一指，获利可操胜算，从此市面金融亦活泼多矣"，足可见当时大清银行的轰动程度。

开业当天，"在地文武各官及绅商各界来宾到行拜贺者，跻跻跄跄。闻行中所聘各执事亦甚得力，从此利民便民，可为大清银行长颂万岁矣。"接下来的盛况也确实没有让人失望，"不过三个月，各大钱庄纷纷与银行交易，每天出入总额在二三十万之多，听说已获利五千两，将来钞票发行后，更是不可计数。"1910年2月8日《厦门日报》报道，大清银行厦门分号开始发行十元、五元、一元三种纸币。

不过，作为清政府官办银行，在这个特殊的年代自然命不久矣，哪能"长颂万岁"。1911年11月21日，大清银行因辛亥革命推翻清政府而歇业。

交通银行厦门分行也同样兴极一时，1911年9月正式开张，开张声势颇为浩大，文武官都当起了"护花使者"，保护交通银行的安全。交通银行厦门分行开业时，同时发行厦门地名版五元、十元钞票两种，一元券则以上海地名发行，均十足兑现。该行侧重办理工矿交通及生产事业的贷款，厦门电灯公司买煤需要贷款，就是该行给予支持的，该行还与厦门中南银行合办一个仓库，叫做通南仓库。凡是信用好的客户申请贷款，其抵押品可以放在自己仓库，若信用不好，则要放在通南仓库才能给予贷款。这项收入不少，除了贷款收息，还可收入仓租、保险费等。因为香港、仰光、

第一章 辛亥革命前的厦门

马尼拉均设有交通银行,所以厦门交通银行也办理外汇业务。

保险,也是这个年代的新名词之一。

保险是商品经济的产物,它随着欧洲资本主义的兴起而逐渐形成,也随着殖民主义的经济侵略带入中国。鸦片战争后,清政府被迫与各帝国主义国家签订不平等条约。随之,一些外商的贸易、运输机构也兼营保险业务。

厦门保险业是以外商代理为开端,厦门作为五口通商口岸之一,外国商品倾销,外国资本输入,外商纷纷来厦开设商行。1902年,日商三井洋行代理东京、明治、大阪、大正等保险公司业务,美国友邦人寿保险公司也在厦门设立分公司。1910年,已经有代理多载的保险业务在当地报纸上刊登广告。外商经营保险业务,主要是海上贸易的需要,保障其经济利益,目的是追求高额利润,所以对华人的财产保险和人身保险均加严格限制,保险对象通常仅限于绅贾和官僚。鉴于外商保险业势力日盛,且保险业有利可图,于是有志之士也投资保险业。1883年招商局在上海、广州创立济仁和保险公司,是在厦设立代理机构的先驱,随之陆续设立的太山、华安等保险公司也纷纷在厦门设立代理机构。报纸上刊登的相关广告,可见当年保险业蒸蒸日上。"厦门上海华通水火保险有限公司广告。本公司之本归元,一百万两成准,农工商部注册,专保各项水火等险。总公司设在上海江西路51号,洋房,开办以来,久著诚信。今于厦门设立分公司,顾客请前往番仔街恒吉公司……"

厦门的邮政业同样始于清末,当时,清廷决定在沿海、沿江32个重要商埠口岸设立国家邮政官局。厦门因为早有筹备,光绪二十三年(1897年)2月2日率先在厦门岛海后滩正式挂牌对外营业,时称"厦门大清邮务总局",成为我国第一个开办中国邮政业务的城市。厦门总局邮境西至永安、汀州(今长汀),南到漳州、海澄(今龙海)、诏安,北达泉州、永春、德化,约占整个福建政区的一半。1911年5月,厦门邮政从海关分立出来,迁入海后滩两层洋楼新址营业。民国元年,大清邮政变更为中华邮政,"厦门邮政总局"也改称"厦门一等邮局",归属设在福州的"福建邮务管理局"管辖。

辛亥革命前,民族经蓬勃发展,但腐朽的上层建筑妨碍了生产力的解放和进一步发展。

清末,福建曾经有过一条28公里长的漳厦铁路,因为它"前不过海,后不过江",既没跨海到厦门,也没越过江东桥抵漳州,因此人们也称它为

"盲肠铁路"。

　　这条铁路由福建全省铁路有限公司所建，1906 年 4 月开始勘测路线，1907 年 7 月开工，历经 5 年时间，到 1910 年 5 月基本完成嵩屿至江东桥东侧一段轨道，全程 28 公里，却花了 220 万元工程费，不仅募集的股金几乎全被用光，还有一些收尾工程需投入资金，只好又向银行贷款 50 万元，才勉强维持。

　　为早日回收资金，漳厦铁路公司于 1910 年 5 月试通车后就匆忙通车营业，在厦门磁巷口（今鹭江道邮政局右邻）设"漳厦铁路公司总局"。客运列车每天由嵩屿至江东桥东侧上行、下行各两次，票价头等 1.05 元，二等 0.70 元，三等 0.35 元。

　　但福建全省铁路公司的实权，其实都落入封建官僚手中，机构臃肿，人浮于事，年年亏损。这条"盲肠铁路"最后也消失在了历史的长河中。

第四节　革故鼎新的厦门社会风气

　　清末的厦门，医疗卫生事业并不发达，常有骇人的传染病。

　　1903 年厦门曾因为鼠疫死亡上万人，根据同年 8 月 13 日《鹭江报》报道，厦门街道的污秽程度在福建省数一数二。自甲午战争后，每年春夏之交，厦门鼠疫盛行，死者数以万计。不过，到了 1909 年，鼠疫却有缓。根据报道，那年只有几处地方发生鼠疫，但都旋起旋灭，传染者为数不多。端午节以后，"鼠疫一项，似乎全归消灭"。不过记者认为，当时天气酷热异常，许久没下雨，"有赤地千里之象"，若迟迟不下雨，仍需留意爆发霍乱。

　　1907 年 10 月 26 日的《台湾日日新报》，记载了厦门当时的卫生状况：正逢秋季，风高物燥，雨泽稀少，导致"岛人卫生，多蒙影响，而发生一种寒热疾"。这种寒热疾四处蔓延，如果是洋烟成瘾者，甚至还会发生痢疾，因为痢疾死掉的，十中有六七。得了寒热疾的人，如果只觉得热不觉得冷，有性命之忧；如果觉得又冷又热，就没有大碍。在这个多病之秋，中医西医都异常忙碌，药材铺的生意也蒸蒸日上。

　　寒热疾走了，喉症来了。1909 年 3 月 6 日的报纸，记载了近来厦门城内一带，喉症蔓延的景象，凡是染了病，不用一个星期，可能就一命呜呼。有患者用土方子白萝卜生春吸饮，但依然没用。市面上人心惶惶，没病的

第一章 辛亥革命前的厦门

也都吃起白萝卜预防，生怕被传染。

但是随着对外开放，西风东渐，厦门民众开始有了卫生意识，并开始自觉维护环境卫生。1908年10月29日的报纸批评厦门屠户"只知渔利，不顾卫生"，导致每年相关的疫情都不断发生。当时有好心人打算设开设屠兽场，帮助解决屠宰乱象。

厦门的医疗水平，也在慢慢提升，1909年4月22日，报纸登载称厦门妇女生孩子一向没什么讲究，生产的事情都交给接生婆，但接生婆其实都没有接受专业教育，常常闹出人命。在教会中虽然有几名女西医做助产手术，但每次都开价很高。有位台北女医生杨顺良，4月初来厦门，希望能造福厦门同胞，当时正住在鼓浪屿。

1911年7月9日报载，台胞汪子春从台湾回到厦门，与同事一起办了一家公立医院，旨在救济贫困户，经费由绅商各界捐赠，住院医生则聘请台北医生蔡章胜，地址就在瓮来河福河宫后。

1906年，同盟会开始在厦门活动。通过书刊、报纸，宣传进步思想，建立组织，为民主革命准备组织基础和思想基础。批判封建礼教，提倡妇女革命，这是革命民主派向封建习俗挑战的一重要方面，随着革命运动的发展，提倡妇女解放的呼声越来越高。

旧厦门盛行蓄养婢女陋俗，富商巨贾、官僚豪绅竞相蓄养婢女，最多的一户养了26个婢女，名居榜首。一户养婢三五个到七八个的，并不稀奇。婢女不堪压迫自杀甚至被主人打死的惨剧，也时有发生，1909年9月25日，普佑殿前某户打死婢女，轰动一时。1910年11月6日，富户黄大九女婢不甘心被主人奸污，选择了自杀。随着革命运动的发展，提倡妇女解放的呼声也越来越高。

妇女解放，首先矛头直指缠足恶习。康有为在1895年与其弟康广仁创粤中"不缠足会"，后推广至沪、湘、闽等地。1898年上海设天足会，禁缠足令。1905年8月4日的厦门报纸，以"开天然足会"为题报道，报道厦门在外武庙开天然足会，厦绅都演说"天然足旨趣"。此后，关于"天足会"的报道愈来愈多，1906年10月12日，根据报道记载，厦门天足会自设立以来，风气日开，入会日盛，已经分设会所。记者形容当时开会演说的景象："一时环听，竟如堵云。"1909年3月5日，天足会又开会，报道提到，前来的多是城中及附近村庄，偏僻乡村仍然没有开化。南门外吴山一代拟设立天足会，有人就对记者表示，"想此后天足会之发达，诚不可思议矣"。

报道指出，厦门政界、学界、军界，在"放足"这件事上，颇有共识。天足会开办仅三个月，报名入会者已达一千三百户，林骆存作为总裁，发表了一番演讲："我国号称四万万同胞，女界得其半，自隋时创为缠足之举，流祸至今。此二万万女同胞，遂陷入黑暗地狱中，深受束缚。"他认为，她们不仅"无意识，无父子兄弟朋友之乐"，更是"自生至死幽闭一室，闻其所用，徒供玩具而已。"林说，"我国女界不自由，莫缠足若也"，观点明晰，舆论深入人心，废止妇女缠足也渐渐形成一股社会潮流。

不过，1909年的风气"尚欠宏开"，缠足妇女，仍占大多数，当年报道写到，"裹足者犹居大半，十月初一，咨议局各议员提议再申严禁裹足之令，凡官绅不尊禁令者，分别罚款示众，如能恪守禁令者，酌奖银牌额匾，拟定明年实施。"

当时渴望开化，却仍被陋俗束缚的厦门百姓，还未能完全接受民主开明的思想。1910年的报道以"牢不可破"写到，虽然"缠足之虐人，人尽知"，但号称开通的厦门，愿意"解为天足者寥寥如晨星可数"，一些小户人家不仅以缠足为荣，更认为这是延续下来不可以改变的传统。可见，移风易俗，并没有这么容易。

女子有缠足陋习，男子有也留辫习俗。清朝为国人规定的统一的结辫式发型，已在中国流行了两百多年。国内最早提出剪辫倡议的是康有为。1900年的庚子国变是中国近代史上非常重要的事件，此后，清政府对各地控制力变弱，地方势力开始坐大，一些海外留学生开始剪辫，与清政府决裂。1903年以后，随着留学生的归国，在清政府控制较弱的南方各省，少量青年学生开始剪辫。

清政府建立新军后，为了便于戴军帽，一些士兵也剪去了辫子，为此清政府在1907年5月6日下达命令，严禁学生军人剪辫，一经查出，便将惩处。

1908年12月17日就有报道，末代皇帝溥仪登基，厦门民间误认为恩诏已到，可以剪发了，有几个人先行尝试，但被警察撞见，却"立抓官里"，不仅要被打屁股，还要罚款一元。1909年2月27日的《台湾日日新报》记载，剪发的人虽然在变多，但大多集中在学堂生徒。直到1910年10月3日，作为清朝新政产物的资政院第一届常委会开幕，大多数议员赞成剪辫并通过。新生闽都督府为了革除男子蓄发留辫的恶习，首先下令行政官员剪发。

1911年起，无辫之人才可以和有辫之人一样自由地出入公共场合。厦

第一章 辛亥革命前的厦门

门剪发的人不仅变多,甚至有机灵的商人嗅到商机,第一时间开起了理发店用作赚钱之道。1911年4月29日报道,厦门剪发的人渐多,于是有人提倡组会,名曰"剪发不易服会",并开第一期剪发会,到会者50多人,都一律剪发。1911年5月6日的报道记载,厦门剪发者"日见其盛",但剪发店却没有一间,只有鼓浪屿上,有一名本地人和一名广东人在经营。厦门"日旭升"杂货店店主见厦门缺乏剪发匠,就多备了剪发刀,并找来两名剪发匠,在店里的附室开设剪发店。广告张贴后"闻风者接踵而至",每天有数名顾客到店剪发,第二期剪发会也计划在"日旭升"杂货店举行,"其获利可想见"。

到了1911年底,剃发的人更大都"洋服革履,及绒羽衣服,价值异常昂贵",让一些人"不爽焉伤之"。有留省学生提倡设立"保全国货会",倡议一切衣服冠履,都用中国各地所产物品,及中国人所自行创造者,以冀挽回利润。

总之,讲卫生、反蓄婢、放缠足、剪辫子,辛亥革命前的社会风气,正处于革故鼎新之中,社会新旧风俗正激荡冲撞中。

第五节　新式教育培养新式人才

厦门是近代中国教育比较发达的地区之一。清末"维新运动"之前,厦门先后有玉屏、紫阳、禾山、衡文、鹭津等五个书院。1898年戊戌变法之后,厦门兴起了开办新式学校的热潮。这些学校,有华侨捐资独办或合办的,有家族自治会或同乡会创办的,有热心地方教育事业的人事筹资兴办的,也有外国教会办的。这些学校的兴办者虽然各不相同,但是它们引进新式教材,开设生理学、历史、植物学、中国文学、数学、体育训练、伦理、地理、音乐、绘画、英文等各种科目,为中国培养了许多新式人才。这些接受了新式教育的学生视野开阔,积极阅书阅报,受到革命思想的宣传和鼓舞,对清政府对内政治腐败、对外屈膝求和的局面感到愤慨和痛恨,纷纷要求改变社会。客观上加速了清政府统治的崩溃。

一、近代本土新式教育的转型与发展

清末维新运动之前,厦门先后有玉屏、紫阳、禾山、衡文、鹭津等五个书院,书院旧制没有教学设备,只延聘科名较高的老师作为"山长",每月出一二次课题，学生依题作八股文呈交山长评阅，并按文章优劣领取一定的奖金，这类奖金名曰"膏火"。清光绪二十九年（1903年），清政府正式颁布实行了《奏定学堂章程》，即"癸卯学制"，全国各地兴起了兴办学堂的热潮。厦门自1906年成立官立中学堂起，至1911年辛亥革命止，共建立了2所中学堂、十多所小学堂、一所私立女子师范学校。这些学堂改变旧式书院、私塾专修八股的旧习，开设的科目有生理学、历史、植物学、中国文学、数学、体育训练、伦理、地理、音乐、绘画、英文，拉开了厦门近代新式教育的大幕。

（一）从官立厦门中学堂到思明中学

清光绪三十二年（1906），时任兴泉永道玉贵和玉屏书院各董事筹备开办厦门中学堂。由玉屏书院董事太史叶大年（翰林）、陈纲（进士）为总董，以吕澄、黄瀚、王步蟾、周殿修、周殿薰、周麟书、王人骥、余焕章（以上为举人）、柯荣试（拔贡）、刘培元（贡生）、黄必成、王义芳、杨式古、王步瀛、吴乃志、肖觉钟、黄世铭（以上为秀才）等为董事，成立了"厦门中学堂董事会"。董事会决定从原玉屏书院经费调拨400余银元充当创办学堂的经费，并经王义芳介绍，得到安南（今越南）侨商王蔼堂（王隆惠）慨捐白银一万两，作为维持学堂的经常费基金。时任兴泉永道姚文倬聘请周殿修作为监督（学堂堂长），周殿薰为监学兼国文、史地教员。至是，官立厦门中学堂于农历四月初四日正式开学。第一届新收学生40余名，分成两班：正斋班和备斋班，学制五年，全年学费12银元。厦门中学堂的教育宗旨，注重德育、智育、体育各方面全面的发展，特别是注重道德的教育。学习的科目有12种，以古文、修身、经学、历史、地理、算术、物理、化学为主科，兼以英文、音乐、体育为副科，每周上课36课时，成为厦门由中国人自办的第一所公立学校。

厦门中学堂开办的翌年，新任兴泉永道聂元龙于履新接篆后不久，就前往中学堂视察学务，表示对新办学堂的关注。光绪三十四年（1908年）年三月，新任道台刘庆汾到校考察，出题让学生考试，经评定成绩，甚感满意。这一年，生徒增至300多人，分为6个年级，据宣统三年三月五日《汉文台湾日日新报》厦门通讯的报道，当年厦门的16所中外书院中，"官立中学堂"罗列榜首，生徒数最多，成绩最优秀，学生达400余名，于是再添丙、丁、戊、己共计6班，又增筑校舍、室内操场和露天大操场。教师有周殿薰、黄瀚、谢多马、济煦、陈天恩、吕少猷、柯伯行、陈寿生、

第一章 辛亥革命前的厦门

蔡文鹏、锡藩、周永镇等。

民国元年（1912年），中华民国成立。新政府实行学制改革，初中四年，高中二年，取消学堂名称，改为学校。学堂监督改为校长，聘台籍举人王人骥（选闲）为首任校长。未已，王选闲辞职，聘吕锡敬继任。学校奉令改名"思明中学"，经费仍由玉屏书院公产收入拨充。几个月后，吕锡敬辞职，复聘王人骥任校长。

（二）公立中学堂

1907年，受到革命思潮和师生中同盟会员的进步影响，同文书院第七班学生不满书院汉文课程每天只有一节的安排，向书院要求增加汉文课程，未果，全班学生愤而离开。事前，同文书院学生、同盟会员杨山光请其岳父陈子珽出面创办公立中学。陈子珽出于义愤，又得到了吴荫庭、黄廷元、杨子晖等大力支持，毅然出巨资赞助，并成立校董会进行募捐，创办厦门公立中学。陈子珽任监督（即校长），陈大弼、徐屏山脱离同文到公立中学任教，另聘李禧为图画教师，陈河洲为汉文教师。学生共38人，分正、备斋两班，正斋是同文书院第七班学生，备斋是公立小学一班程度较高的学生。清宣统三年1911），学生数量增加至120人，因经费困难，与官立中学堂合并。

（三）清末至民国初年的小学教育

1903年的《奏定学堂章程》颁布后，厦门也兴起了兴办小学堂的热潮。其中有利用书院旧址改办的紫阳小学，有知名士绅倡办的大同两等小学，还有利用庙观祠堂兴办的普育小学，旧址各异，经费来源也有官立、公立、私立之分。因为小学堂规模小，可以利用旧有建筑，兴办容易，发展特别迅速。清末到民初，厦门负有声誉的公、私立小学有崇实、吉祥、大同、鸿麓、紫阳、竞存、蒙泉和鼓浪屿的普育小学。

福民小学：福民小学是鼓浪屿创办最久的小学校。清同治十二年（1873年）传教士施约翰在创建"泰山堂"鼓浪屿支堂时附设了一所小学堂——福音小学。光绪二十四年（1898年），基督教徒陈希尧（字子展）在乌埭角创办民立小学。1909年，这两所相距不远的小学以同属教育事业，为避免竞争生源，决定合并。新学堂命名为"福民小学"。先后任校长的有陈希尧、庄英才、叶谷虚。民国元年改为两等小学堂。

大同两等小学堂：由洪鸿儒（晓春）、黄廷元、杨景文等厦门知名士绅

辛亥革命前厦门市小学堂一览表（1911年）

校名	校长	学级	校址	创办时间	备注
崇实	卢文起	6	相公宫	清光绪二十三年（1897）	1910年改商业学堂
吉祥	李大祯		石路洞源宫	清光绪二十四年（1898）	
鸿麓			普佑殿		
紫阳	高选峰	6	厦港紫阳街	清宣统元年（1909）	民国元年改归公立
竞存	陈玮	7	高井栏		民国元年改归公立
时敏	钟岳	5	碧山路	清宣统元年（1909）	民国元年改称蒙泉小学
普育	黄登梯	8	鼓浪屿岩仔脚	清光绪二十四年（1898）	民国元年改归公立

于1907年创立，以洪鸿儒为校董事会董事长，杨景文为校长。校舍是向华侨租用的庭院式两层民房，仅有六间不合规格的教室。1912年，大同两等小学堂改为公立大同小学校。

霞阳小学：霞阳小学由杨昭固先生创办于1904年，主要由华侨捐资兴办。始名"霞阳中西学堂"，由校主杨昭固先生拨出二间厢房为教室；学生六十多人，聘清朝举人、榜眼约7人为教师，授国语、英文两科目，为村民子女出洋谋生为宗旨，学以致用，全面发展；两三年后，学生就发展到二百多人，教师十三人；1907年学校发展迅速，校舍迁往大路尾杨程旧大厝上课。

二、从西风东渐到中国化转型：英美在厦创办的学校

当西方以坚船利炮扣开中国的大门，伴随着先进的枪炮，基督教会也试图将西方的宗教和文化传播到这片古老的大地，厦门作为五口通商口岸之一，成为传教士传福音、办学校的首选地区。自19世纪60年代起，教会在厦门兴办了许多新式学校。其中，既有专门招收女生的女子学堂，也有专门招收男生的英华书院，也有历史悠久可称"中华第一园"的怀德幼稚园，学制上具备从幼儿、小学、中学直至大学预科的各类学校，形成了体系完备的教会学校网。这些学校依照西方的教育理念，推行新式教育，

第一章 辛亥革命前的厦门

培育了一批新型知识分子。这些教会学校以培养基督徒、传教士为办学目的，课程设置带有强烈的宗教色彩，在教学评价上实行"重英轻汉"，激起了中国学生的不满和反对。1904年，"癸卯学制"的颁布，促使教会学校规范学制，实行分班、分科教学，促使西方教育在中国"合法化"，走上了教会办学中国化的道路。

（一）教会兴办的女学和幼儿教育

为了引导妇女皈依上帝，首先必须使她们识字，能读懂《圣经》，美国教会在鼓浪屿创设了毓德女子学校，英国教会在鼓浪屿创办女子学堂，后改名怀仁女学，1898年，续办怀仁女子中学和怀德幼稚师范学校，兼办怀德幼稚园供幼师学生实习。这是全国最早创办的幼儿园。这些女校和幼稚园在不重视妇女、儿童教育的清末中国，起到了扫盲和启蒙的作用。

1. 厦门第一所女子学堂——毓德女子学校

毓德女子学堂起源于清同治九年（1870）在竹树脚创办的女子学堂，这所学堂隶属于美国归正教会。清光绪六年（1880），因为竹树脚礼拜堂失火，学校主理玛利亚·打马字姑娘将女子学堂迁往鼓浪屿田尾，故称田尾女学堂。这所女学开始是一个近似于小学的妇女学校，学制大约为五年，主要目的是为了培养女教徒，因此读《圣经》是主要的功课，为了读《圣经》，则须识字，学习用罗马字拼读厦门方言也就成为功课之一。除了学罗马字和读《圣经》，学校还开设中文和算术。中文以《四书》为教材，聘请清末秀才为老师，算术则由教师自编自教。光绪十二年（1886），田尾女学堂更名为"毓德女子学校"

2. 怀仁女子学校

怀仁女学的前身是1876年英国长老会牧师娘在乌埭角创立的"乌埭女学"，主要开设初级中学和小学，专门招收女生。"怀仁"之名，意在纪念在女校担任主理二十年之久的仁历西（Jessie M.Johnston）姑娘。1906年，林红柑任怀仁女校的首任校长，学校根据"癸卯学制"规定实行分班教学，并设师范班，学生生源不断增加，至1907年，学生人数达到457名。1910年，在羽清洁姑娘的提倡下，怀仁女学首次给毕业生发毕业文凭。

3. 怀德幼稚园

怀德幼稚园创办于清光绪二十四年（1898），是中国历史上的第一所幼儿园。它的创办者是英国牧师娘韦爱莉。19世纪末，她跟随丈夫、英国基督教长老公会牧师韦玉振来鼓浪屿传教。1898年2月，她在鼓新路35号牧师楼开设了一个面向基督徒子女的家庭式幼稚班。1900年，幼稚园假福民园舍创设了临时校舍，韦爱莉负责料理一切园务，学生扩充到50名。1909年，韦爱莉身体衰弱，于是请英国基督教长老会接办幼稚园。英国长老会派吴天赐接替韦爱莉。1911年，幼稚园正式定名"怀德幼稚园"，吴天赐被正式任命为幼稚园主任。1912年，幼稚园迁入鼓浪屿内厝澳西仔路的新园舍。怀德幼稚园从创园开始，即推行福禄贝尔和蒙台梭利的教育思想和教学法，强调以幼儿为本位，尊重幼儿，把当时西方先进的幼教理论引入厦门。

（二）教会兴办的中小学校

至1911年，英美教会在厦门先后创办的学校寻源书院、英华书院、美华书院等书院，福民小学、养元小学等小学。

1. 英华书院

英华书院，又称"中西学堂"，1898年由英国伦敦公会和英国长老公会合办，后改由英国长老会独立承办。书院初始租用怀仁女学后面的白楼（今鸡山路8号）为校舍，后向德记洋行购买荔枝宅华严楼为校舍。首任主理为金禧甫（MR.H.F.Rankin）。英华中学仿造英国高等学堂制，附设大学预科二年，开设基础课程、商业课程和科学课程。商业课程包括书写信函、缩写、打字、记账及政治经济与商业会话。科学课程包括化学、天文学、自然科学、数学、教育和心理学。学生还上音乐、体育和击剑课。书院专收男生。在学制上采用二四两级中学制，分为初级部和高级部，最后两年为大学预科课程。除中文课程教授《四书》、《五经》等，其余全部采用英文教材，并用英语授课。在学业评价上也实行"重英轻汉"的评价模式，英文水平较高的毕业生，可免试升入英国大学。

2. 养元小学

养元小学是美国归正教会于19世纪末在鼓浪屿创办的一所教会小学。1889年美国归正教会牧师打马字的大女儿清洁·打马字姑娘在学塾式学堂，后来这所学堂迁到田尾女学堂（即毓德女学的前身）的附近，被称为田尾小学。

田尾小学的首任主理是这所学校的创办人清洁·打马字姑娘，当时这所学校规模很小，校舍是租来的民房，老师只有后来担任校长的李春及其夫人，采用单级教授制上课。作为教会学校，《圣经》是必修科目，以罗马字的《圣经纪略》为教材。除了《圣经》课，国语和罗马字拼音是教学的主

第一章 辛亥革命前的厦门

要内容,同时还开设算术、天文、地理、生理等科学课程,这些科学课程的教材由传教士自己编写,使用罗马字拼音撰写。

1905年,田尾小学更名为养元小学,在田尾新建校舍,扩大办学规模,并采用编级制,学校分为初、高两级,学制为七年。同时,养元小学的教学也走上"中国化"的道路。各科教材采用上海商务印书馆编印的全套新式小学教科书,取代《三字经》和《字汇入门》。除原有课程外,该校还增设了英语课和体操课。中西结合的授课方式和规范的教学使养元小学声名远扬,许多漳、泉一带的乡村孩童前来报名,1906—1910年间,养元小学有学生200人左右。

(三)英美在厦兴办的其他学校

同文书院

1898年,美国驻厦门领事巴詹声(A.B.Johnson)拜会兴泉永道杨执中提出要办一所与宗教无关的学堂,专门介绍西方的进步科学,为中国培养人才,帮助中国维新自强。这一倡议得到杨执中赞同,最后商定校名为"同文书院"。学校成立董事会,以巴詹声为董事长,以时任厦门海关税务司穆好士为副董事长,聘叶清池、邱华绕、邱振祥、傅孚伯、陈阿顺、陈北学等华人绅商为董事,负责筹集学校经费。巴詹声租赁寮仔后日本东亚书院对面的一座民房作为临时校舍,于1898年3月12日开始上课。

同文书院开办的第一学期,只有41个学生,学生多数来自从事对外贸易的家庭,也有富家子弟和华侨子弟,每学年学费22银元,寄膳费3~5银元,较官立学堂每月八十分的学费昂贵许多。1900年间,日本在厦门制造东本愿寺"教案",并以此为借口派水兵登陆厦门,局势颇为紧张。同文书院因悬挂美国国旗,照常上课,自此以后,颇有人认为在同文书院上课安全有保证,于是1901年学生人数骤然增为201人,1911年,学生数量增加到三四百名,规模为厦门之冠。在《厦门海关十年贸易报告(1902—1911)》提到厦门的教育状况时写道:同文书院"在本地各校中是学生出勤率最高和最受尊敬的"。

同文书院首任院长为毛尔先生(Mr More),1900年改聘韦荼荠(C.G.Weel)继任,韦荼荠主持了21年院政。书院参照美国的教学方式,没有严格的分班制度,第五年以上的,采取某教师固定在某一课室,学生自行找老师上课的方式。它起初分为文法科五年和高等科七年两种学制,设置英语、英美文学名著、英语修辞课、算学、三角、几何、代数、天文

【21】

学、物理、化学、政治学概论、万国历史、地理、地志学、商业簿记、商业法律、矿学、打字、身体等课程，学生可自由选修，所有课程采用原版英文课本，英语授课。

1907年，同文书院发生学潮。当时第七班（毕业班）中文课每天仅有一节，学生提议要求增加中文课钟点，书院拒绝，全班学生即愤然离开。原来，同文书院教师陈大弼、徐屏山经常阅读革命书报，思想进步，徐更受到哥哥徐明山（同盟会员）的影响和鼓励。他们向学生灌输革命思想。在学生中，又有同盟会员杨山光在活动，所以要求增加中文课不果，学生便全班离开同文书院。学潮过后，院方不得不改变学制，分为英文、汉文两部，实行汉英并重，中西兼顾的教育方针，让学生任选一部或兼学两部。英文部有幼稚园班、小学班、中学班；汉文部有小学班、中学班。大学部有文、理两科。英文部的小学班为四年制，中学班为七年制。按照韦荼荠的说法，凡在同文书院小学、中学毕业的，相当于美国小学、中学毕业的程度。中学班成绩优良的学生，毕业后可以直接升入美国哥伦比亚大学肄业。

1911年辛亥革命前夕，同文书院师生参加中国同盟会的有徐萌山、蒋保和、陈昭光、周连茂、吴锡煌等数人。继武昌起义成功后，各地纷纷响应，厦门也于11月14日光复。为推动周边城镇光复，同文书院参加中国同盟会的师生吕城都、周连茂、吴锡煌、邱世定等人也组成一支拥有170多人的学生军，连夜赴海澄协助当地人民进攻县衙。

三、清末日本在厦兴办的学校

清末，日本在厦门兴办的学校主要有东亚书院、瀛厦书院、旭瀛书院等学校。其中瀛厦书院为日本西本愿寺所开设，后改名中西学堂。而东亚书院与旭瀛书院则为日本台湾籍民创设。这些学校设立于清末维新变法之际，虽然意在推行文化侵略，但在客观上也推动了新式教育的发展。

1. 东亚书院

东亚书院是在厦门的日本籍台湾人为解决子女教育问题于1900年倡建的。书院以私人集资的方式筹集经费，受到台湾总督府和日本当局支持，台湾总督儿玉太郎捐款10000元，其余4万元捐款来自日籍台民和日本各地。书院由日籍台湾人和日本人共同组成的董事会管理，日本驻厦门领事被选为荣誉督学，聘柏林大学内格斯博士为院长，又聘林鹤年（氅云）为山长，除开设国语（即日语）、科学课程，每月设考课一次，考课内容为策

第一章 辛亥革命前的厦门

论、诗词等。林鹤年去世后，考课停止，又因1900年8月的厦门东本愿寺事件影响，华人董事纷纷退办，书院改由日本三五公司接办。书院有教师6人，学生130名。1909年因捐款中断，东亚书院被迫关闭。

2.旭瀛书院

旭瀛书院由日本驻厦门居留民团体台湾公会于1909年提议创办，初衷是为解决东亚书院倒闭后台湾籍民子弟的教育问题。10月获日本驻台湾总督同意，翌年11月5日正式开学。租用厦门山仔顶桂花堆民房为校舍，书院受日本驻台湾总督和日本驻厦领事双重领导，院长由日本驻台湾总督任命，首任院长为小竹德吉，下设学务委员会，委员长为周子文，委员有庄有才、庄文星、殷学圃、苏君明、李启阳、阮顺水、曾片玉等。书院初创时学生多为台湾籍民子弟，1915年非台湾籍民子弟数量首次超过籍民子弟。书院经费主要来源有五：一为日本驻台湾总督和日本驻厦门领事补助；二为在厦台商公派；三为台湾公会拨款；四为自愿捐款；五为非籍民子弟学费收入。其课程相当于日本国内的国民小学，设有6年制本科和3年制商业科两种课程。

第六节 累积革命风潮的厦门报刊

一、外国教会创办的报纸

厦门出版的报纸，肇始于外国传教士。他们在厦门办的第一份报纸是创办于1872年的《厦门航运报道》，1878年改名《厦门公报和航运报道》。最早的中文报纸是出版于清光绪六年（1880年）年的《博物报》，继起的有1887年博德（C.Bund）创办的《厦门新报》，1888年美国牧师打马字（Talmage）用闽南语（罗马拼音文字）创办的《漳泉公会报》（一说《漳泉圣会报》）。1904年英人傅氏创办的《厦门报》，以及1902年英国牧师山雅各创办的《鹭江报》。

这些早期报纸的共同特点是由外国教会创办，外国人任主理，由中国人主持编务，内容除宣传宗教教义、报道宗教消息外，很重视论说和社会新闻报道，具有反映社会舆论和交流社会消息的某些特征。

《鹭江报》的创办人是在厦门传教多年的英国牧师梅迩·山雅各（James Sadler）。它创刊于1902年4月28日（光绪二十八年三月二十一日），停刊

【23】

时间不详，现存最晚的一期出版于1905年1月20日，为第90期。社址起初设在厦门海后滩得忌利士洋行后，同年9月9日暂移鼓浪屿鹿耳礁，后迁到厦门太史巷。起初编辑只有4人，以后陆续增至13人。山雅各自兼主笔、总经理外，其余12位编辑成员都是中国人。他们是：马约翰、胡修德、郭子颖、周之桢、冯葆瑛、徐友白、卢戆章、雷崇真、林砥中、陈梦坡、汪荣秋、连横。

《鹭江报》名为报，实际是一份旬刊。内容分"论说、中国时务、外国时务、西文译编、闽峤琐闻、本埠近事"等栏。

《鹭江报》有三个支持者，一个是英国驻厦门领事满思礼；一个是当时的厦门海关税务司、英国人辛盛；还有一个是清政府兴泉永道道台延年。它在政治上代表英国在华的殖民利益；经济上代表在华英商的掠夺、剥削等利益；同时又是英国传教士和厦门、闽南一带基督会的喉舌。而作为地方行政主管官员的清政府道员，不过是《鹭江报》装饰门面的"陪客"。

《鹭江报》每期有两篇论说，也曾在同一期中刊载论说达5篇。所谓论说，就是社论，其中以政论居多，宗教言论也占有一定份量。由于鼓吹"西化"，《鹭江报》偶尔也刊登一些介绍科学技术知识的文章，如《务清洁以防疾病论》、《富国新策总论》等。当然，也有少部分宣传爱国、自强的文章，如1902年鼓浪屿沦为公共租界时，该报曾刊登《论鼓浪屿充作万国公地之关系》的论说文章，指出"某国借我军饷万金……迫我签订此约，政府惑之，其议遂成"，揭露美国在鼓浪屿沦为公共租界过程中的阴谋。

1904年2月，日俄战争爆发，《鹭江报》的部分编辑思想有所转变，不断接受广大读者的正义呼声，该报先后刊登冯葆瑛写的《论中国索还满洲之大关键》，林砥中写的《论中国当保全铁路之权利》，以及连横写的长篇专论《满洲最近外交史》。他们在文章中大声疾呼："夫满洲者，中国之满洲也！"爱国热忱，溢于言表，并为读者提供了一份清政府卖国苟延残喘的历史档案。

在1904年3月出版的《鹭江报》第61册，连横公开发表他的政治观点，主张男女平等。他在《惜别吟诗集序》一文中写道："台南连横归自三山（福州），留滞鹭门，访林景商（即林辂存）观察于怡园（在鼓浪屿鹿耳礁），纵谈人权新说，尤以实行男女平等为义。""向使女权昌炽，人各自由，则早晚专制之导线矣。""同此体魄，同此灵魂，男女岂殊种哉？""呜呼！中原板荡，国权丧失，欲求国国之平等，先求君民之平等；欲求君民之平等，先求男女之平等。洒笔书此，以告景商（林辂存），并质天下之有心人也。"

尽管《鹭江报》总经理英国牧师山雅各完全站在外国立场上为侵略辩护，但该报发表上述正义凛然的文章，广大读者受到鼓舞，提高了反帝、反封建的意识，对资产阶级民主革命运动起了推动的作用。

1904年，连横在厦门创办《福建日日新闻》，旗帜鲜明地鼓吹革命，与《鹭江报》唱对台戏，连《鹭江报》也不得不承认："《福建日日新闻》每月初一日出版，每脱稿争相传观，销路颇广，而订购又复纷纷。"原先支持《鹭江报》的厦门富商林辂存、黄廷元和鼓浪屿牧师周寿卿（即周之桢）转而资助《福建日日新闻》，连横、冯葆瑛等编辑相继辞职他去，《鹭江报》读者锐减，销路日细，终于因经费困难而宣告停刊。

二、爱国进步人士创办的报纸

清末，厦门地方爱国进步人士和爱国华侨起而创办中国人自己的报纸，反对封建专制和外国侵略，具有鲜明的爱国主义、民主主义色彩。先后出版的报纸有《博物日报》、《鹭江日报》、《福建日日新闻》、《福建日报》、《厦门日报》、《南声日报》、《漳泉日报》。这些报纸反映了1901年清末新政以来，要求发展工商业和提高国民素质的社会思潮。其中较为重要的是《厦门日报》、《福建日日新闻》和《南声报》。

1.《厦门日报》

《厦门日报》创刊于1907年12月，资金8000元中有3000元是福建铁路公司的捐款，因此该报以福建铁路局机关报的名义出版。报社社址初在厦门番仔街，后迁海后磁街路头，社长叶大藩，主笔黄獻。1908年12月，《厦门日报》刊登讽刺地方商官的竹枝词，叶大藩被抓，后经商会保释出狱，被迫辞去《厦门日报》社长一职，改由黄廷元担任，主笔黄獻也辞职而去。

《厦门日报》创刊时宣称其宗旨是"说明国家宪政、国民义务，兼招徕海外华侨向内之心。"每天出版1000份，其刊登的报道和发表的评论，反对外国侵略，体现出鲜明的爱国立场。日本吞并朝鲜，《厦门日报》发表《论各国宜鉴于韩亡急于猛省》的论说文章，并以《韩亡之哀音片片》、《哀哉，朝鲜之近情》报道朝鲜的情况。

报纸也关心民生疾苦，如1909年，西班牙籍商人经营的天仙戏园违法事件，《厦门日报》进行全面跟踪报道，1910年初，针对社会上贩卖"猪仔"（华工）之风又起，《厦门日报》及时将贩卖者的真相在报纸上揭露，并报道"猪仔"非人的生活情况，呼吁"此风断不可长。有牧民之责者，若不趁早严禁而痛除之，贻害地方，实非浅鲜。"

1908年，《厦门日报》就因经费问题出现经营困难，靠南洋华侨股东鼎力支持，每人出钱300元，筹集3000元作为补充经费，报纸才得以继续维持。1909年，铁路局投资的股份渐渐用尽，而持续的办报资金因铁路局自身因素无法稳定，1911年10月，《厦门日报》因为经费困难停刊。

2.《福建日日新闻》

《福建日日新闻》创刊于1904年9月10日，由连横邀集友人利用《鹭江报》原有设备创办，连横任发行人兼主笔。报社设在太史巷，每天出版正附两张，辟有言论、国政、史传、电报、国内新闻、外国新闻、商况、杂著等8个专栏。

报纸创刊后不久，因销路不佳，经费拮据，报馆陷入困境。为寻求出路，1905年2、3月间，林辂存等人力邀黄乃裳接任报馆主笔，负责报社大多数事务，而连横仅主持编务"。经过调整，《福建日日新闻》销路有了明显增加。

连横，谱名重送，字雅堂，号慕陶，又号剑花。祖籍龙溪县，光绪四年正月十六日（1878年2月17日）出生于台湾台南。后改名连横，字天纵。1903年冬，连横旅居厦门时曾受聘任《鹭江报》编务。嗣又返回台湾。1905秋，他携眷前来厦门，创办《福建日日新闻》，并于此时参加了中国同盟会。黄乃裳，号绂丞，闽清县人，光绪二十年（1894年）举人。戊戌政变后自维新派转向革命，参加中国同盟会，曾率领福州十邑同乡开发马来亚诗巫，改名新福州，以此名闻遐迩。

1905年，孙中山在日本东京组建中国同盟会。从此，中国资产阶级民主革命有了一个全国性的统一组织、政治纲领和领导机构。随后各省相应成立了同盟会分会，国外的华侨也相继成立了同盟会支部，国内外革命队伍日益壮大。黄乃裳邀请郑权（字仲劲）、蔡怡宜、陈与荣、黄治基等共襄笔政，加强革命思想的宣传。经黄乃裳的介绍，郑权参加中国同盟会，后来成为中国同盟会福建分会的会长。

《福建日日新闻》是一份以反对帝国主义和反封建专制为宗旨的报刊，在社会上产生了重大影响。1905年，美国政府胁迫清政府继续签订限制和排斥华工的条约，激起中国人民的愤怒，全国20多个大中城市爆发了反对华工禁约，抵制美货的运动。《福建日日新闻》报道了各地拒约和抵制美货的消息，也发表专栏文章抨击美国对华歧视政策，其中有一篇题为《阅筹拒美禁华工公启系之以论》的评论文章，号召人们团结一致，爱国保种，

第一章　辛亥革命前的厦门

在当时引起了较大反响。报社还翻印了抵制美货的传单，分发各地，对运动的开展起了促进作用。在《福建日日新闻》的宣传鼓动下，厦门绅商和民众纷纷响应，于1904年9月10日成立了"拒美约会"，报纸主笔连横被推选为厦门"拒美约会"的副主理，多次登台演讲。反美拒约运动余波未了，厦门又爆发了一起"打番关事件"。

　　第二次鸦片战争后，中国海关分为中国政府管理的"常关"和外籍税务司管理的"洋关"，因当年的厦门人称外国人为"番仔"，"洋关"也就称为"番关"。根据1901年《辛丑条约》的相关规定，厦门新关（即洋关）接管了常关。并于1903年起逐步整顿，大量裁员。为了保证赔款，税务司巧立名目，提高税率，制定了许多苛刻条款，加上关员中饱私囊，敲诈勒索，引起商民的强烈不满。厦门商民于1905年8月30日（光绪三十一年八月初一日）发起罢市罢港，包围厦门洋关进行示威抗议，抗议的商民冲击洋关，捣毁了部分建筑。海关税务司下令开枪，打死商民5人，击伤数人。其后，厦门商民以罢港罢市的方式开展斗争，持续了5天。

　　《福建日日新闻》陆续刊登了《请斩虐民病商之常关总书邓书鹍》等文章，要求严惩邓书鹍，随后又继续刊文揭发邓书鹍的腐败行为，引起了厦门关代理税务司嘉兰贝的愤怒，他联合美国领事向清政府施压，向厦防分府提出了删改报名、辞退主笔人连横、缴纳保单银500元及登报认罪4个惩办要求。而美国领事亦要挟福建总督松寿惩治连雅堂、黄乃裳，查办《福建日日新闻》。但报馆并没有执行全部要求，只将报纸改名《福建日报》，连横辞职，离开报馆，以避免遭受迫害。见厦防厅没有积极办理，代理税务司嘉兰贝又致函催办，威胁直电福州将军查办。消息传出，社会舆论哗然，兴化、福州、潮州等地均派人到厦门探问消息，各地报纸也支持《福建日日新闻》的爱国行动。迫于舆论压力，厦防厅不敢过分镇压，做出了"更名出版，停刊一星期"的处罚决定。1905年10月，《福建日日新闻》停刊一星期，并改名《福建日报》继续出版。《福建日报》改以《鹭江报》创办人英国牧师山雅各为发行人。

　　光绪三十二年（1906年）四月，《福建日报》揭发福建水陆提督马金钗贪赃枉法，马金钗派员弁前往报社无理取闹。当时该报适因资金缺乏，经营困难，就趁机发表停刊声明，终止出报。据说马金钗看了该报停刊声明时，怕影响他的名誉，曾托人找黄乃裳，劝说复刊，并愿出资相助，但黄乃裳没有接受。北京、上海的一些报纸为此发表评论，讥讽马提督一介武夫，专横跋扈，马金钗后悔莫及。

其时，南洋的中国同盟会组织派安溪人李竹痴来厦门，意欲把《福建日报》改组为同盟会的机关报，因该报刊登反对提督的文章引起风波停刊，只好作罢。

3．《南声报》

1911年10月《厦门日报》停刊后，由革命党人接办，改名《南声报》，"标榜革命主义，鼓吹民权"，以同盟会员张海珊为总编辑，吴济美为经理，主笔黄鸿翔（幼垣）、苏君藻、郭公阙等。《南声报》共6版，除电讯、通讯外，还刊有社论和散文等。创刊时为辛亥革命武昌起义前夕，因该报电讯多，消息灵，刊登各地新闻较多，很受读者欢迎，报份从1300份增至2000份。

民国建立后，该报锋芒所向是反对帝国主义侵略和封建势力，反对袁世凯窃国专制，因而于1913年被查封。旋又改名《闽南报》出版，因支持孙中山的二次革命，1914年再次被勒令停刊，直到1915年袁世凯复辟帝制失败，该报始改名《闽南日报》复刊。前后主笔有黄幼垣、林籁余、苏郁文、杨持平、徐屏山等。1917年10月，由于该报敢于揭发时弊，言论上拥护孙中山在广州的革命政府，再次被北洋军阀封闭。

4．《民钟报》

1914年，孙中山在日本集合部分国民党员成立中华革命党。当时，倒袁之役才告结束，福建省许多革命党人，包括回国参加反袁斗争的华侨革命志士云集厦门，所有革命人士都认为必须通过办报以宣传革命，才能发动群众参与革命，因而都热烈支持办报。其中旅菲华侨林翰仙从菲律宾马尼拉募款2000元来厦筹办报纸，并邀请许卓然、戴愧生等合作。报名起"国民警钟长鸣，以防袁世凯之流再次复辟"之意，定名"民钟报"

《民钟报》于1916年10月1日正式发刊。社址在局口街。林翰仙为经理兼编辑主任，编辑有李爱黄、黄我生、杨持平等。记者有郭喜助等。许卓然没有担任职务，但报社有困难即设法接济。

《民钟报》维护主权、抨击北洋军阀政府，爱国立场鲜明。1916年冬，日本帝国主义侵犯中国主权，欲在厦门设立警察及拘留所，《民钟报》突出报道厦门各界抗议的呼声和行动。要求政府"严厉交涉，以维国体"。其发表的社论《厦门日本设警为全国存亡之关》，在社会上引起很大反响。护法运动中，《民钟报》发表《将以总理制易内阁制耶》的评论，抨击北洋军阀政府。

1917年，《民钟报》由陈允洛接办，陈允洛任经理，傅无闷为总编辑，林翰仙、黄莪生为编辑。陈允洛接办后，新闻言论大受欢迎，报份广告日渐增加，一度成为厦门有名的大报之一。1918年5月，《民钟报》因言论触怒福建军阀李厚基，被下令查封。

5.《江声报》

《江声报》创刊于1918年，创办者为英籍中国人吴必仁，聘周彬川为经理，曾惺为总编辑。周彬川向革命党人许卓然求助，许卓然慨然捐款3000元。《江声报》言论公正、内容翔实，一经出版，即颇受社会欢迎。

6.《全闽新日报》

《全闽新日报》是1907年8月台湾基隆人江蕴鎏等创办的，由江蕴和（保生）任社长。创办资金由林景仁、江保生、施范其等9人共同出资，其中林景仁是林维源的孙子。林维源为台北富绅，光绪二十一年（1895年）日本帝国主义占领台湾时，携家眷举家内渡，定居鼓浪屿。林氏的出资额占总报资额的一半以上，成为《全闽新日报》的实际经营者。而江保生、施范其也是旅居厦门的台湾籍民。因此，《全闽新日报》最初是在厦台湾籍民基于自身利益考虑及贸易需求而创办的报纸，是为台海两岸的台湾人服务的。

1895年日本占领台湾后，推行"南支政策"和"对岸政策"，企图进一步侵占中国大陆和东南亚。同时，在日本眼中，台湾已是日本的领土，台籍人也就是日本人，要受日本管束。因此，日本驻厦领事馆对《全闽新日报》加以控制和利用，要使它成为日本政府的机关报，并利用它为日本帝国主义侵略中国开道。

为了把持《全闽新日报》，日本领事馆首先通过财务关系来控制它，它"敦促"林景仁等人增加交给该报社的经费，还要求台湾总督府或日本政府外务省从机密费中每月融资200元加以资助。台湾总督府提出经济有困难，后由日本外务省每月补助100元，共支付一年零九个月时间。嗣后《闽南报》被封闭，厦门一度仅存《全闽新日报》一家报纸，于是日本外务省以在厦门没有与《全闽新日报》抗衡的报纸为由，取消了经费补助。

辛亥革命期间，厦门的民众与全国各地一样，关心着民族自强、中华的复兴，反对清政府的丧权辱国，拥护孙中山领导的民主革命运动。由于受日本驻厦领事馆的控制，《全闽新日报》根本不刊登不利于日本的新闻，不刊登有关民主革命的言论，相反还有意识地登载一些不利于民主革命的消息。如：1911年11月14日，厦门起义后，同盟会内部分裂为以张海珊为首和王振邦为首的两派，为了掌权发生争执，甚至造成流血事件。《全闽新日报》立即借题发挥，添油加醋，攻击孙中山领导的辛亥革命，嘲讽厦门发生的争执，诬蔑革命党人都是一伙谋私权图私利之辈。

1912年，辛亥革命的果实落入亲日派的袁世凯手中。袁世凯派他的亲信旧官僚岑春煊控制福建各城镇。李厚基带北洋军进入福建，秉承袁世凯的旨意，极力镇压革命势力，为袁世凯称帝、投靠日本帝国主义摇旗呐喊。1913年初，福建各地的民众已经觉醒，他们为了反抗袁世凯的专制统治，纷纷开展斗争。当时在厦门出版的《闽南报》等报刊，连续发表文章，揭发袁世凯政府的卖国罪行。《全闽新日报》却极力为日本侵略者和袁世凯政府辩护。

同年7月，日籍浪人在厦门市区行凶打人，激起造船工人和厦门市民的抗争。义愤的工人和市民汇成一支队伍，声势浩大地冲进日籍浪人在市内开办的坑害厦门百姓的赌场，他们严厉惩罚了气焰嚣张的侵略者及其走狗，驻厦门日本领事馆立即命令停泊在厦门港的日本军舰派海军陆战队登陆，荷枪实弹胁迫厦门要塞司令李心田惩办"凶手"。李心田唯命是从，竟然派兵镇压民众的爱国行动。愤怒的民众用石头、砖块进行反击。对此事件，当时《声应报》等报刊以显著位置报道群众伸张正义的爱国行动，而《全闽新日报》对此事件的发生，先是感到遗憾，继而连篇累牍指责民众。

1917年起，《全闽新日报》由台湾"善邻协会"直接经营。"善邻协会"是台湾总督府推行日本政府向华侵略的工具，它每月补助该报经营300~400元，便成为《全闽新日报》的新主人。从此，该报主笔和主要人员的任命均由"善邻协会"来决定，并且主笔必须是与日本"亲善"的人。此后，《全闽新日报》全力鼓吹日本政策，尽管办报亏损，但仍苟延残喘。日本侵略者也承认《全闽新日报》对"敦睦邻谊、指导民众的任务，有所贡献。"

20世纪30年代后，《全闽新日报》还兼有搜集情报工作。它已成为日本帝国主义在厦门的特务机关。

第二章　厦门商会与辛亥革命

第一节　商会成立前厦门地区的商人组织

据《厦门志》所载，清中叶时厦门已有"洋行"、"商行"、"郊"等商人组织存在。"洋行"是从事东南亚贸易的组织，负责洋船"保结出洋"，并承办每年向官府进贡燕菜 70 斤及黑铅 40321 斤。"商行"职责相若，凡"南北商船由商行保结出口"，可见"洋行"与"商行"是协助政府管理商船，及应付摊派捐税负担的商人组织。据连横解释，"郊"是"商人公会之名。共祀一神，以时集议；内以联络同业，外以交接别途，犹今之商会也"，其组织较前两者更具为同业利益服务之特色。

道光以后厦门地区的"郊"因应本身经营业务种类及地区，演化成所谓"十途郊"。厦门"途郊"中的"途"是行业的意思，"郊"则专指顶盘商（即直接从生产商购货的批发商），成员仅限顶盘商户。各郊籍共同参与行业神之祭祀仪式为结合模式，每年由同业轮值作东，供奉神像，作东商号称为"炉主"。兹以 1899 年日本厦门领事报告列出之"十途郊"名单为骨干，补入其他资料，将"十途郊"成员与业务概况分列如下：

1. 洋郊：从事与南洋群岛如香港、新加坡、槟榔屿等地贸易。
2. 北郊：从事厦门以北中国沿海港口，如牛庄、锦州、天津、温州、烟台、宁波、上海等地之贸易往来。输出货品包括砂糖、茶、纸、烟草，从牛庄、烟台输入大豆、豆油、豆饼、火酒、毛皮、药材、小麦、面类。

3. 匹头郊：从事绸缎、棉织品买卖事业。

4. 茶郊：专营闽南与台湾茶叶贸易。

5. 泉郊：从事闽台两地贸易及船舶业，从前台湾贸易利权由该郊垄断，日据台湾时期开始衰落，以晋成、昆成、源发、发祥、福美、恒成、源成，及福同隆八大商为主干，拥有船只约四五十艘。

6. 纸郊：即纸郊金庆和，从事纸类贩卖。

7. 药郊：即药郊金泰和，专营药材贩卖。

8. 碗郊：经营泉漳两府陶磁器输出台湾及南洋的贸易。

9. 福郊：与福州贸易的商人组合。

10. 笨郊：从事厦门与台湾笨港（即今北港）之间的贸易。

上述十途郊的福郊和笨郊组织散乱，有名无实，势力最殷富者是洋郊、北郊和匹头郊。各郊置董事1人，董事与会员每年聚会数次，保障和增强同业福利。部分途郊更聘有名为"出官"的干事专责交际。各郊为方便沟通与争取权益，设"十途公所"以资联系。

1899年5月，兴泉永道恽祖祁奏请在厦门设立保商局，专责保护归国华侨，遴选绅董经理，经费由出国华侨护照费下提拨。保商局兴办之初，官员办事认真，调拨福安与飞捷两兵轮往来南洋巡缉，深受厦商称颂。后恽祖祁因虎头山日租界案去职，局务乏人处理，致流弊丛生。

第二节 厦门商务总会之成立及其运作（1904—1910）

1903年至1904年间署理闽浙总督李兴锐两次上奏谈及闽省商会之组织原因和原则，言论要点有三：

其一是保障闽省利权：闽省"地处海疆，民贫土瘠"，然新政改革在在需财，"取于民者既不能不加于前，则为闾阎筹生利之源以救，目前财用之困非讲求商务无从措手"，必须"招商集股设立公司，方足以自保利权"，建议将通省矿务统归商政局统辖，督饬商会绅董纠合股富，仿照湖南办法，先行设立总公司分厂。

其二是商会可沟通官商关系：李兴锐主张应于福州及厦门两处各设商

政局，遴派大员总理其事，公举商董设立商会，"务使官商联为一气，实力维持"。

其三是将商会权力局限于地方经济事务，李兴锐认为商会最大作用是"厚营业之力，联涣散之情，以之贸易而不受欺制于外人，以之考察而得资见闻于众议"，民间商董与商政局总办处于从属关系，商董责任为"集议"，意见由总办"决判"，商董仅能向总办提请有关商业事项，非本务之私谒概不准许。

综上所言，可知闽省地方大员视商会为辅助政府经济改革的机关，官府在商会兴办过程中扮演积极角色。商部本拟任命台湾首富林维源担任厦门商会总理，后林维源病逝，改由养子林尔嘉充任，华侨陈纲任协理。1904年厦门商会正式成立，于2月28日借小走马路广东会馆举行第一次会议，商务局总办黎氏传请资本达1000元以上的绅商200余人出席会议。

厦门商会职能增加则系厦门商务改革之结果。1904年保商局改称商政局，兼办保商事宜，并无绅董参与事务，对华侨商人亦无切实保护措施，商民诸多隔膜。商部有见及此，将保商事宜改归商务总会经理，商政局虽依旧维持，惟改由兴泉永道兼任总办，厦防同知就近参与，原由商政局负担的防营兵饷改由商会承办。至是商会成为兼理侨务的半官方机构。

商会成立之初，仅赁镇邦街楼房办公，商部参议王清穆巡视厦门，得悉商会章程均与部章不符，透过闽浙总督邀集绅商重订商会章程，并令漳州绅商奏定会章，设立商务分会，其后石码分会（成立于1905年）、泉州分会（成立于1908年）及同安灌口分会（成立于1910年）先后成立。辛亥革命前夕，厦门商会管辖地包括厦门、泉州、漳州、龙岩及永春等地。

据《厦门商务总会改良规定》，商会成立宗旨有五：

1. 联络同业，启发知识，研究商业学比较得失，以期精通商业知识。

2. 维持公益，改良商规，调停纷议，代表同业向官府申诉，以图实业界关系之融洽。

3. 调查农工商界状况，应商部及商政局咨询，以及供本地其他商人研究参考。

4. 推行及介绍有利农工商业措施，对现存措施提出改良建议。

5. 就地方农工商业兴衰有关问题向地方官表达意见，向公众发表以供参考。

在组织方面，计分干事、事务员、会员和会友四类。干事包括总理1人、协理1人、庶务议董2人、商会议董2人、保商议董2人，及贡燕议董 2 人，另可增入临时追加议董若干名。下设事务员包括坐办 1 人、理事 1 人、书记 2 人、翻译 1 人、会记 1 人、庶务 1 人，均由总理、协理及其他议董商议任用。如有事务员不称职或处事不公，会员 5 人以上可向总理报告，由总理辞退。总理与协理任期 1 年，必须年满 30 岁。总理、协理和议董由全体会员用秘密投票形式选出。在每年年会上，会员先选出议董，再选出总理和协理，得票最多者当选总理，次多者出任协理。若首二人得票相同，由议董投票重选。选举结束，商会把当选名单上呈商部核准，由商部正式任命。

兹据 1910 年日本领事调查报告，将该年议董和会员名单开列如表。

厦门商务总会议董和会员名单（1910 年）

职务	姓名	经营业务	资产
总理	林尔嘉	银行业	约 60 万元
协理	洪晓春	米商	约 4 万元
庶务议董	陈祖琛	当铺	约 6 万元
庶务议董	王兆扬	北郊	约 2 万元
商会议董	叶崇华	钱庄	约 30 万元
商会议董	蔡绍训		
保商议董	陈庆余		约 2 万元
保商议董	庄赞周	杂货业	约 3 万元
贡燕议董	黄庆元	钱庄	约 10 万元
贡燕议董	姚盛本	北郊	约 35 万元
会员	陈炳荣	杂货业	约 1 万 2 千元
会员	林鹤寿	钱庄	约 100 万元
会员	邱曾权	钱庄	约 20 万元
会员	陈得三		
会员	王夬云	杂货业	
会员	林启恒	北郊	约 35 万元
会员	陈天恩	西医	
会员	周隆福	纸商	约 1 万 2 千元
会员	杨廷梓	茶商	约 10 万元

续表

职务	姓名	经营业务	资产
会员	黄猷炳	钱庄	约100万元
会员	邵棠	杂货业	约2万元
会员	徐寿萱		
会员	黄廷枢		
会员	苏攀仲		
会员	王隆惠		
会员	傅政	德记洋行买办	
会员	吴星南		
会员	曾昆山	米商	约3万元
会员	叶崇禄	汇兑、砂糖、杂货，和海运业	
会员	黄恢		
会员	林松馨	钱庄	约3万元
会员	林逢贵	米商	约4万元
会员	黄榜三		约5万元
会员	黄观澜	钱庄	约3万元
会员	邱曾三	钱庄	约4万元
会员	吴瑞奎		
会员	林清汉		
会员	庄文泽		
会员	石佳才		
会员	苏子谦	德臣洋行	
会员	阮镜波		
会员	陈秀津		
会员	龚州	德律风公司	
会员	林淑材		
会员	欧阳芸		

资料来源：日本厦门帝国领事馆：《厦门商务总会》，第22~24页；田原祯次郎编：《清末民初中国官绅人名录》(北京：中国研究会，1918)。

综合上述名单来看，厦门商会干事共 10 人，除 2 人不明经营业务外，从事金融业者（银行、钱庄、当铺）4 人，占已知经营业务干事 50%；贸易业者（北郊）2 人，占已知经营业务干事 25%；粮食及消费品销售者 2 人，占已知经营业务干事 25%。商会共有会员 45 人，除 18 人不明经营业务外，从事金融业者 10 人，占已知经营业务者 37%；贸易业者（北郊、茶商及纸商）5 人，占已知经营业务者 18.5%；粮食及消费品销售者 7 人，占已知经营业务者 25.9%；兼营金融及贸易者 1 人，占已知经营业务者 3.7%；买办或为洋行雇员 2 人，占已知经营业务者 7.4%；从事新式生产事业或专业人士者 2 人，占已知经营业务者 7.4%。可知金融业商人在商会内所占比例最大，亦最具实力。

第三节　商会与辛亥革命前夕的城市民众运动

清廷设立商会的目的主要是振兴工商及增强官商联系，但客观上各省商务总会通过遍布各地的分会，构成一个拥有共同利益，及互通信息的全国性网络。1905 年 7 月的抵制美货运动及同年 8 月的抗税运动，表现出厦门商会在 20 世纪上半叶民众运动中所占有的领导角色。

先言抵制美货运动。1894 年美国政府与清廷签订《中美会订限制来美华工保护寓美华人条约》，内有许多苛待华工规定。1904 年条约期满，中国商民要求废除条约，遭美国政府拒绝，更再度提出续订新约，旅美华侨在旧金山中华会馆集会，发起拒约运动。菲律宾经 1898 年美西战争后划归美国统治，当地与厦门经贸关系密切，假若限制华工条约继续施行，商人赴菲律宾营商将遇上更大困难，引致厦门商人团结一致，联合上海等地商会，参加抵制美货运动。1904 年 9 月 10 日厦门各界人士成立"拒美约会"，推陈纲及黄廷元为正、副会长，连城壁任书记兼宣传，在武庙口（今大同路镇邦路口）演讲三天，遣员调查美货商标和式样，列单公布，呼吁各界抵制美货。

1905 年 7 月 18 日晚上，鼓浪屿美国领事馆旗杆上的旗绳被人割断，并在旗杆下遗下粪便，美领事安德生（George E. Anderson）借题发挥，要求兴泉永道向美国国旗鸣炮致歉，20 日商会坚持执行上海泉漳会馆订抵制美货的五条办法：

1. 美国来货一概不用，机器等件包括在内。

第二章　厦门商会与辛亥革命

2. 华人不应为美船装货。
3. 华人子弟不应入学就读美人所办学堂。
4. 华人不应受聘为美国人开设洋行之买办或通译等职务。

会议同时决定印发抵制美货的传单，函请漳州、泉州各地派代表前来厦门商会开会，讨论共同行动方略。会后厦门所有商店执行商会通告，贴出"本号抵制美货"的标语和传单。

同年8月，厦门发生抗税运动。1901年清廷签订《辛丑和约》，规定通商口岸50里内常关统归新关管辖。1904年10月法人嘉兰贝（P. M. G. de Galembert）代理厦门税务司，全面整顿厦门常关，大量裁员减薪，只许商船在白天装卸货物，缩短红单有效期，改3年为半年，扩大报关范围，增设厦门岛上关卡，更实施船钞包商承包制，包商任意勒索商户，激起厦门商民强烈不满。

1905年2月，厦门各大商行联名致兴泉永道玉贵，要求照会嘉兰贝删除不合理新章条文，嘉兰贝不允。8月初厦门商会列举新章弊端六条，通过商部参议王清穆转告外务部札饬总税务司过问此事。商会总理林尔嘉电禀福州将军崇善和外务部，递交控词18张，要求革去海关官员布里南（W. H. Breunan）、海士（Hayce）等人，嘉兰贝置之不理，兴、泉、永、汀、漳、龙六地商人遂发放传单呼吁群众罢市。8月30日早上厦门商民开始罢市，聚集海后滩英租界新关前，兴泉永道玉贵、水师提督黄少春、厦防分府黄遵楷等官员亲自带兵守护新关，商民向嘉兰贝投掷砖石，更冲入海关大院，三次皆被关役推出，地方官令关员差役退至验货场，商民穷追不舍。至11时群众开始放枪，同安商民加入闹事，拆毁海关附属建筑物，水师提督黄少春亦被流石所伤，商民冲入海关大楼，嘉兰贝劝阻无效，开枪轰毙5人。12时英国军舰派水兵60人登岸保护新关，商民始告散去。

事件发生后，黄遵楷酌放恤款予死者。福州将军崇善提出六条结束处理意见，一方面主张对商民从宽免议，革办洋、常两关被告关员、修改关章，及撤换嘉兰贝，平息商民怨忿；另一方面主张捉拿滋事分子和筹款复修被毁关房，保存海关洋员颜面。总税务司赫德改任包罗（C. A. V. Bowra）任厦门关税务司，修订常关税则，训示日后厦门关修订常关税则，必须顾存商人利益，与商会另订新章二十四条。兴泉永道亦召见陈纲，要求后者退出抵制运动。1906年1月1日，福建全省洋务总局、省会商政总局贴布告示，宣布中美政府已就工约问题再度谈判，谕令商人照常贸易，慎勿滋生事端，抵制美贸运动正式结束。

1905年厦门的两次反帝斗争，商会均担当重要角色，美国驻厦副领事立顿（Stuart K. Lupton）称商会成员是"麻烦制造者"（trouble makers），漳州商人听从厦门商人劝告，停止输入美货。在另一份报告中，立顿声称商会雇用厦门附近地区村民参加捣毁海关事件。不论事实真相如何，此两次斗争与此前的类似城市集体运动，在组织及抗争内容上出现明显差异。随着近代城镇社会结构与功能的变化，商人在城市集体运动中扮演更主动的角色。1905年厦门抵制美货运动及新关事件，正是商民群体意识的增长和社会主体意识的提高，商会在与群众利益一致前提下，领导民众起来抗争。立顿指称黄廷元提供100元支付印制反美传单费用。同时商会成员资助的新式报业亦在鼓动群众方面扮演了重要角色。抗税运动前夕，黄乃裳主办并由黄廷元资助的《福建日日新闻》，抨击美领事要求中国官方道歉的无理行径，具体揭露海关人员贪污舞弊详情。冲突后嘉兰贝迁怒《福建日日新闻》报社，联同美国领事致函厦防分府黄遵楷，责令该报社辞退主笔连横，要求黄乃裳公开登报谢罪，黄氏拒不屈服，《福建日日新闻》停刊一星期，易名《福建日报》恢复出版，至1906年因财政问题结业。

　　此外，晚清商会的全国性网络为厦门城市民众活动带来新的斗争目标。民众活动目标与视野亦从狭隘的地方利益扩展至全国，这种转变在抵制美货活动中表现尤觉明显。在1899年虎头山事件中，当地居民反对日租界的主因是恐怕祖坟迁移及不满失去避风港影响生计。这种出于保卫乡梓的排外表现，固然显露民族意识，然尚未具备近代民族主义争取国家主权、民族独立自主的觉醒。1905年抵制美货运动宣传内容则更富近代民族主义特点。1905年4月《福建日日新闻》刊载《筹拒美禁华工公启系之以论》一文，称禁工之约并非单是广东人的问题，更是"中国四万万人之大辱"，筹拒美禁华工之举是国人"爱国心"和"保种心"表现，若中国同胞均有此心，"则中国之前途可贺，中国国民之前途尤可贺"。厦门商会号召商民抵制美货启事更指出："我政府甲午以来，兵力不支，内政未备，外交权日失日甚，国权所未及者，当以民权辅之"，说明抵制目的是使美国人"知我国未尝无人，后此不敢不以人类相齿事"。这些言论标志厦门城市的民族意识日渐滋长，透过商会全国性网络互通声气，争取整个民族共同利益与经济生存权，开20世纪中国民族运动之滥觞。

第四节　商会与辛亥革命

武昌首义爆发，革命浪潮席卷全国。厦门革命形势与其他省垣城市如福州相比，出现两个特点：

第一是厦门革命党人力量相当有限。革命前福州革命党人非常活跃，不论在军、政、华侨、教育、及知识界均有代表人物。福州党人由于表面致力地方公益事业而密谋革命，与立宪派合作无间，奠定光复初期立宪派与革命派合作基础。厦门革命派力量相对薄弱，从海外受命或个人自愿回厦从事革命活动的党人数量不少，但各自成系统，单线联系活动，组织非常松散。

第二是立宪派在厦门势力薄弱。福州为福建行政中心，士绅是社会舆论之中坚，又晚清福建推行新政，兴办之新式近代化事业多集中于福州，新知识分子远较省内其他城市为多。相反士绅及新知识分子在厦门人数有限，影响力未如福州般强大，且厦门经济结构以商业为主，商人在民间舆论占主导地位。革命前夕厦门高级官员逃遁一空，地方驻军陷于群龙无首局面，商会在声望、财力和城市管理经验上，均为其他社会团体所无法比拟，故在商会热心分子推动下，毅然承担稳定厦门政局之责任。

1911年11月上旬福州局势紧张，第十镇统制兼水师提督孙道仁投入革命阵营。福州革命党人发布告示劝告满员归降，后者力谋备战，官僚绅富之家纷纷迁徙。厦门地区亦受影响，兴泉永道庆藩匿不见客，各界分别拜访厦防分府王子凤，表示假若清吏退让，地方人士亦不与为难，庆藩托疾离厦，王子凤亦离开厦门，福州方面委章拱北署任兴泉永道。商绅假商会举行会议，商会总理洪鸿儒、会董叶崇华鼓动会董议决宣布独立。8日晚上福州党人起事，次日商会请章拱北至商会会面，致电省垣宣布独立，由章氏掌军政事务，后章氏接到革命党人恐吓，不敢正式接任道尹一职。商会为防政局恶化，联合各界组织保安会，公举6人分部办事，下设财政、演说、民团诸部，宣布截留厘金关税作团练之用。厦门各商高树白旗，大书汉人万岁，燃炮庆祝。

保安会为安抚地方大姓及籍民维持地方治安，设保安团五队，本议定招揽丙州陈姓及石浔吴姓为团丁，兵额200名，由保安会向提署商供枪支。后续招揽纪姓及草仔垵台湾籍民加入，每名队员月薪12元，子弹由保安会供应，举刘炳臣和陈少梧分任正、副统帅，晚上带枪巡逻各街道。据美国领事报告记录，保安团约有团丁1000人，其中半数携有枪械。费用由各商铺摊分，大店月捐20元至30元，小店月捐8元至10元，劝谕厦门岛各保仿办，将游手好闲分子编入保安队，沿用保商局措施，雇用小火轮巡逻海面。

革命党人起事未久，旋即发生内讧。起义前厦门党人本分两派：一派由连江人张海山领导，张氏曾任福州革命刊物《建言报》编辑，为福州同盟会会员，革命前被指派至厦活动，成员以福州人为主。另一派是由王振邦领导的泗水光复会，成员以华侨及厦门本地人为主。省垣光复消息传到厦门，张海山召集党人，假寮仔后（今晨光路）天仙茶园开会宣布共和，王振邦忙于联络漳码盟员和商会代表工作，未及出席会议，会上张氏被推为厦门军政府统制，丘汝明任警察局长，王振邦未获委派任何职务。张氏宣布每名参加起义者光复后可得5元，次日张氏率众占领各政府机关。王振邦不服，双方纠集党人打斗，造成2人死亡，28人受伤。保安会联同革命党人在提台衙内召开会议调解，张海山辞去统制职务，避居鼓浪屿，王振邦亦有忌惮，不敢担任统制，保安会电请省垣派员来厦维持秩序。

福州局势底定，孙道仁遣都督府参事员宋渊源兼理安抚事宜。宋氏集合各界代表开会，取消军政分府，恢复道尹制，改厦门海防厅为民政厅，任原鸿逵为兴泉永道、曹春发为司令，并撤销保安会，另组由16人组成的参事会议决政事（后华侨庄银安回国加入参事会，成员增至17人），交兴泉永道执行。兹以曾任参事会秘书的李禧的回忆文字，及田原祯次郎编《清末民初中国官绅人名录》为蓝本，辅以其他参考数据，把新政府重要官员及参事会成员名单表列如下。

厦门新政府重要官员表

职位	姓名	籍贯	出身背景	资料出处
兴泉永道	原鸿逵	甘肃	前清国子监毕业，历任署理闽县知县、厦防分府、惠安县知县	田原祯次郎编：《清末民初中国官绅人名录》，页273。
司令官	曹春发	湖南	出身行伍，宣统末年署理福州巡防队督中协，前水师提督曹志忠之弟。	田原祯次郎编：《清末民初中国官绅人名录》，页503。

续表

职位	姓名	籍贯	出身背景	资料出处
财政长	叶崇禄（寿堂）	厦门	菲律宾华侨巨商，经营汇兑、砂糖、杂货和海运业，厦门商务总会总理叶崇华之兄。1912年4月因病辞去财政长职务，由其子昭道接任。	田原祯次郎编：《清末民初中国官绅人名录》，页604；厦门市地方志编纂委员会办公室整理：《厦门市志（民国）》，页643—644。
财政长	叶昭道	厦门	菲律宾华侨巨商叶崇禄之子，前清监生，曾捐赀充任广东候补道。	田原祯次郎编：《清末民初中国官绅人名录》，页604。
民政厅长	陈文纬		原同安县长。	李禧、余少文等：《厦门辛亥革命见闻录》，页15。
副财政长	庄银安	同安	缅甸华侨，同盟会缅甸分会会长及主盟员。	李禧、余少文等：《厦门辛亥革命见闻录》，页18；中国社会科学院近代史研究所近代史数据编辑组编：《华侨与辛亥革命》（北京：中国社会科学出版社，1981），页175—176。

参事会成员表

姓名	籍贯	年龄	出身背景	资料出处
叶崇禄（寿堂）	厦门	64	菲律宾华侨巨商，经营汇兑、砂糖、杂货和海运业，厦门商务总会总理叶崇华之兄。	田原祯次郎编：《清末民初中国官绅人名录》，页604；厦门市地方志编纂委员会办公室整理：《厦门市志（民国）》，页643—644
吴颂三	同安	46	厦门三大姓吴姓族人。	田原祯次郎编：《清末民初中国官绅人名录》，页128。
周墨史（殿熏）	厦门	30多岁	前清举人，曾任教厦门官立中学堂及充吏部主事。	田原祯次郎编：《清末民初中国官绅人名录》，页231；厦门市地方志编纂委员会办公室整理：《厦门市志（民国）》，页540。
洪鸿儒	同安	45	前清贡生，咨议局议员，厦门商务总会总理。	田原祯次郎编：《清末民初中国官绅人名录》，页302。

续表

姓名	籍贯	年龄	出身背景	资料出处
陈纬（子挺）	厦门	30多岁	经营兑换店及茶叶生意，厦门自治会会长。	田原祯次郎编：《清末民初中国官绅人名录》，页419。
黄秀烺	厦门	40多岁	经营汇兑和南洋贸易。	田原祯次郎编：《清末民初中国官绅人名录》，页527。
黄瑞坤	厦门	约40多岁	经营汇兑生意。	田原祯次郎编：《清末民初中国官绅人名录》，页532。
黄鸿翔（幼垣）	厦门	30	革命党人，前清举人，毕业于日本东京法政大学，曾任《南声日报》主笔、厦门教育会会长，及福建临时省议会议员。	田原祯次郎编：《清末民初中国官绅人名录》，页539；厦门市地方志编纂委员会办公室整理：《厦门市志（民国）》，页558；丘廑兢：《辛亥革命在厦门》，页9、12。
杨景文（子晖）	厦门	33	前清秀才，福建师范学堂简易科毕业，1908年创办淘化罐头食品厂，亦为厦门去毒社社长。	田原祯次郎编：《清末民初中国官绅人名录》，页594；厦门市地方志编纂委员会办公室编：《厦门市志（征求意见稿）》，卷50，页181。
黄廷元	厦门	44	经营豆油豆糟贩卖，曾领导抵制美货运动，并向革命党人捐助100元印刷《图存编》(即《革命军》)一书。	田原祯次郎编：《清末民初中国官绅人名录》，页525；丘廑兢：《辛亥革命在厦门》，页4、12。
黄约瑟	厦门	约30岁	革命党人，毕业于英华书院，任职美资三达洋行（即美孚行）书记。	丘廑兢：《辛亥革命在厦门》，页3、12；厦门市地方志编纂委员会办公室整理：《厦门市志（民国）》，页619—620。
曾沧舲			革命党人，美国领事馆职员。	丘廑兢：《辛亥革命在厦门》，页12；王云青：《光复厦门的回忆》，页26。
傅政（孚伯）	厦门	60余	英商德记洋行买办，曾任商会协理。	田原祯次郎编：《清末民初中国官绅人名录》，页549—550；厦门总商会、厦门市档案馆编：《厦门商会档案史料选编》，页33。

第二章　厦门商会与辛亥革命

续表

姓名	籍贯	年龄	出身背景	资料出处
庄银安	同安	57	缅甸华侨，同盟会缅甸分会会长及主盟员。	李禧、余少文等：《厦门辛亥革命见闻录》，页15、18；刘德城、周羡颖主编：《福建名人词典》，页190。
钱宗汉				李禧、余少文等：《厦门辛亥革命见闻录》，页15。
许春草	祖籍安溪生于厦门	37	出身泥水工人，后为建筑工程包商，1907年加入同盟会，亦为基督教徒。	李禧、余少文等：《厦门辛亥革命见闻录》，页15；张圣才：《厦门辛亥革命的鳞爪》，《厦门文史资料》，18辑，页21；高令印：《厦门宗教》，页139—140。
陈天恩			医生，亦为革命党人及商会会员。	李禧、余少文等：《厦门辛亥革命见闻录》，页15；王云青：《光复厦门的回忆》，页26。

　　参事会成员除1人出身不明外，革命党人占6人（占已知出身成员37.5%），其中1人兼为商会会员，商人占8人（占已知出身成员50%），商会成员5人（占已知出身成员31.25%），地方大姓占1人（占已知出身成员6.25%），士绅代表占1人（占已知出身成员6.25%）。厦门商人习惯在营商时使用不同名字，亦因1910年日人调查报告未有将会友名单列入，故商会成员数字实际上可能更多。厦门政府及参事会成员以前清官僚、地方缙绅、华侨、商人和政见较为温和的革命党人为主，原因有四：一为在厦门活动的革命党人经内讧事件后尽失人心，都督府有见及此，起用地方缙绅及商会领导人物稳定局势。二为革命党人普遍缺乏政务经验，且厦门地处闽南要冲，政务繁重，加上日本素对厦门虎视眈眈，厦门日籍台民数量众多，若处理失当，必招日本干涉，唯有倚靠前清官吏负责实际政务。又革命党人在厦门并未拥有一支可靠的武装力量，省垣驻军忙于剿平黄濂、苏亿等民众起事，无法调派军队稳定厦门局势，唯有依靠孙道仁旧部曹春发维持地方驻军。三为都督府领导人物多属福州人士，对闽南形势了解不深，稍具经验的宋渊源，尔后亦改充福建省临时议会议长，厦门政务遂交由当地绅商自治。四为都督府财政匮乏，必须倚赖华侨汇款挹注，故亦有委任若

【43】

干华侨出任参事员。

参事会自成立以来,成员怠于出席会议,逐渐丧失监督地方政务之功能,最后在1912年5月解散。此后福建都督府与厦门商务总会大致维持良好关系。福建都督府需要厦门商会协助维持地方税收稳定,厦门商会成员则寄望在襄赞革命的过程中,既能保障社会安定,复能促进商人群体利益。在这种互惠互利情况下,构成两者合作基础。革命政权接管厦门之初,面临严峻财政问题,各署局公款多被清吏卷逃。保安会除推销革命军用票外,捐募巨款支持参事会警政及民政等改革,驰函海外及天津、上海等地劝捐。此外,福建都督府忙于巩固自身统治,无暇重建厦门城市税收体制,唯有倚靠商会承担城市商税的任务,后者为避免捐蠹剥削,亦乐于承包。以棉线入口为例,途郊按进口比例向商人征收进口商税,由商会呈交政府。这种由商会承包商税的城市税收体制,成为军阀割据时期厦门城市税收体制的特点。

厦门商会兼理侨务的角色亦有所改变。辛亥革命前夕,华侨对保商局护侨不力已感不满。1911年2月,新加坡中华总商会宣布华侨不会再向保商局申请护照保护,每名返乡侨商改将1元的费用缴交半官方的华侨公会,由后者给予保护。次年1月,福建都督府取消保商局,另在厦门设置福建暨南局办理华侨事务。孙道仁为酬谢商会对都督府支持及补偿商会在南洋牌费收入上损失,特拨岛美街海关旧址予商会兴建会所。新会所在1912年8月动工,至次年12月竣工。

厦门商会对革命政府予以财政支持,然绝大多数成员的革命热情始终有限。此可略从革命经费捐输及剪辫问题两事上略窥一二。

在革命经费捐输问题上,辛亥革命为商会带来经济困境,革命前商会财政收入全赖南洋照费支持,各行商店捐助所占比重不大。南洋照费例由厦门海关代收,悉将所得存入汇丰银行,由商会备文提用。光复后税务司巴尔(W. R. M. D. Parr)坚持中主,分文不付,商会总理叶崇华唯有请银行作保,向税务司商借2万元以济燃眉之急。华侨热烈接济厦门革命政府,至1912年上旬捐款已达七万余元;相反本地商绅未尝一破悭囊,屡遭华侨指责,对于国民捐一事,反应极形冷淡。1912年7月12日国民捐总会在天仙茶园开会,出席者寥寥可数。

其次是剪辫问题。光复伊始,福建都督府通饬行政官吏、商会、农业会办事人员悉行剪辫,厦门警察局长丘汝明率革命学生巡逻街道,强行剪去路人发辫,然参事会竟尚有三分之二人尚未剪去发辫,参事会共有成员

17人，革命党人共有6人，按此比例推算，几乎所有商会成员未有剪去发辫。

　　事实上，福建都督府财政困绌，加上内部政争日趋激烈，无法完全满足商人要求一个稳定政局的期望。都督府宣布废除厘金和各项杂税，岂料光复后出现财政困难，唯有在1912年2月23日宣布征收商捐，惹起厦门商界普遍反感。同时革命后厦门商况未有好转，市面百业萧条，山西票庄全部倒闭，夏布、药材、纱罗等消费品乏人问津。北方商贩因政局不稳，停止糖类入口，对厦商打击不少，林尔嘉亦暂时返回台湾避乱。省垣哥老会分子彭寿松专擅闽政，激起"驱彭运动"，榕城士绅与部分革命党人致电北京政府请求干预，袁世凯派岑春煊抚闽。岑氏委寓居鼓浪屿的前清官僚黄培松至厦督办清乡，厦门商会遣商团兵弁为向导协助，可见商会在态度上已渐渐倾向北京政府。

　　二次革命爆发，福州宣布独立。厦埠市面人心惶惶，富户纷纷搬徙，盗贼乘乱而起，商会建议整顿商团，电请黄培松率军来厦防卫。未几革命失败，福州革命党人如许崇智等纷纷离开福建。1913年10月袁世凯令海军总长刘冠雄率第四师第七旅旅长李厚基，带北洋部队三千余人自沪赴闽，各机关悉由北军驻守，11月29日北京政府任李厚基为福建镇守使，裁去黄培松福建护军使职务。12月5日任刘冠雄暂兼福建都督，次日孙道仁离榕赴京，厦门炮台司令官李心田匿居家中，袁世凯密令刘冠雄到厦门诱杀李氏，至此厦门反袁势力全遭铲除，商会唯有俯首称臣，听令于袁世凯政府。

第三章　厦门辛亥风云

孙中山领导的辛亥革命从一开始就得到厦门人民的热烈响应。

1906年2月,孙中山在新加坡主持成立中国同盟会南洋支部,推举祖籍厦门的新加坡华侨陈楚楠为会长。

此后,在新加坡的厦门籍或闽南籍华侨林文庆、陈嘉庚、庄希泉、陈新政、邱明昶、郑永春、郑螺生、王雨亭等,在缅甸的厦门籍华侨庄银安、徐赞周、陈仲赫,在菲律宾的厦

1908年孙中山先生致仰光中国同盟会会长庄银安的亲笔函

门籍华侨郑汉琪等资产阶级激进分子也先后加入同盟会。庄银安、徐赞周还被推举为中国同盟会缅甸分会的正副会长;郑汉琪被推举为中国同盟会菲律宾分会的会长。

第三章　厦门辛亥风云

清光绪三十一年（1905年），同盟会会员、华侨黄乃裳带着革命的火种《图存篇》从新加坡回到厦门，《图存篇》被暗中散发，青年学生接受了民主革命思想的萌芽。第二年夏初，黄乃裳离厦南返。越年二月，同盟会又派他回厦门任主盟人，着手建立同盟会组织。日后担任福建同盟会负责人的郑权（郑祖荫），就是在黄乃裳主盟时于厦门加入同盟会的。光绪三十三年（1907年），溪岸基督教堂的长老许春草也在黄乃裳和林文庆的介绍下，成为厦门最早的同盟会会员之一。

接着，印尼、新加坡、菲律宾的同盟会，又陆续派了厦门籍的王振邦、施铭、黄约瑟等人回到厦门，加强革命宣传活动和发展盟员。更有华侨陈国等人，秘密运输武器弹药进入厦门，筹划起义。

第一节　辛亥革命前同盟会的组织发展与宣传活动

同盟会会员利用各自的关系作为掩护，进行革命活动，发展组织成员。

清光绪三十三年（1907年），从新加坡回来的施铭（一说为施明）因病住进鼓浪屿救世医院，结识了在医院学医的王兆培、周明辉。当时施铭虽称病，但出入频繁，进门就把门关上。王兆培、周明辉见而生疑，从门缝中偷看，发觉施的辫子是伪装的，因而认为施是革命党人。王、周两人都具有进步思想，与施铭相谈甚欢，不久，由施铭介绍加入同盟会。救世医院的革命工作也因此开展起来。

随后的两年，清宣统元年（1909年），王振邦（南安人）从泗水回到厦门。王当时已剪发，怕引人怀疑，不敢外出，先寄宿在鼓浪屿友人黄金安家，不久，搬到厦门，住在中街（今新路街）的万成客栈。万成客栈拥有外国籍牌照，清政府不敢触犯，因此比较安全。王振邦在万成客栈设联络站，取名"耻亡窝"。清宣统元年五月（1909年6月），邱汝明成为王振邦在厦门发展的首批同盟会会员。同时施铭和黄约瑟也发展了一批人入盟。

为避免引起清廷的注意，保证组织的安全，起先各同盟会机构各自活动，并无联系。凡参加同盟会的人，必须由两名会员介绍，并写誓词，起立举手宣誓。入会的仪式，慎重严肃，参加的人都必须严格保守秘密。

经过数年发展，厦门同盟会组织渐成规模，主盟的有施铭、王振邦、陈德辉、黄约瑟、丘廑兢等人，较有活动能力的还有黄蕴珊、陈金芳、林振寿、刘乌记、周明辉、王金印、曾沧华、杨山光、许春草、张海珊等。

初期入会者多为知识分子和回国海外侨胞，后来逐步在警察和军队中发展会员。如黄蕴珊、陈金芳、陈德晖等人在厦门组织"中华侠团"，联络下层群众，还在厦门警察界活动，秘密发动总巡官和各区警长加入同盟会。王振邦则冒险到胡里山和白石炮台游说，鼓动清军中同情革命的一些官兵加入同盟会组织。

同时，厦门中国同盟会组织发展扩至泉州、漳州。许卓然、叶青眼、王泉笙在厦门参加同盟会后，被派到泉州发展会员，先在同安发动庄育才（尊贤）、庄佑南、庄文泉、杨浩然等人加入。他们在灌口建立同盟会组织，并成立"公益社"、"农务公会"、"天然养生畜牧公司"，吸收 200 多人组成革命军，秘密进行军训，准备举事。庄育才、陈仲赫等人利用同安立宪派设立的"同安自治研究所"作为同盟会外围组织。陈仲赫、李增辉、林云登、周少波等成立"同安青年自治会"，吸收研究所学员参加，推吴瑞甫、陈延香为正副会长，陈庆云为总干事。同安的中国同盟会会员约数百人。

辛亥革命前夕，清宣统三年（1911年）三月间，王振邦、陈天赐、林振寿、黄金安、蒋度甫等人在厦门万美信局王良添寓所设秘密机关，并以钟廷辉、陈仰高为引线，联络胡里山、白石等炮台及各营士兵。另外许多通讯联络点也成为同盟会的秘密机关，如黄蕴珊等人在美利时洋行，黄约瑟、王振邦等在三达洋行，丘魁迎等在振昌洋行。

同盟会除了秘密发展组织，也不断进行革命宣传活动。

清光绪三十二年（1906年）起，厦门同盟会就根据"驱除鞑虏，恢复中华，创立民国，平均地权"的宗旨和"民族、民权、民生"的三民主义精神，开展革命宣传。

早期的宣传工作危险性极高，清政府一经发现反动言论便立即逮捕、处刑，甚至杀头，一般民众也不理解。宣传工作先是秘密而有计划地寻找适当对象，以多种方式进行口头传播，后来才逐渐转为书面宣传。

书面宣传早期也是隐秘的。邹容写的《革命军》在清末是禁书，新加坡的厦门华侨陈楚楠将《革命军》改名《图存篇》，以此躲过清政府的审查，寄回厦门。同盟会负责人施铭和王振邦、陈德辉、黄蕴珊向当时同情革命的黄廷元募得白银 100 元作为印刷费用，由刘成沛与鼓浪屿萃经堂接洽，印刷 1000 册，印出的书籍一部分由邮局寄给个人，一部分乘夜黑从门缝塞进店铺里。没几天，厦门到处都在议论此书。倾向进步的民众将该书在亲友中传阅。清政府大为恐慌。

光绪三十年（1904年），华侨黄乃裳在厦门太史巷创办《福建日日新

第三章　厦门辛亥风云

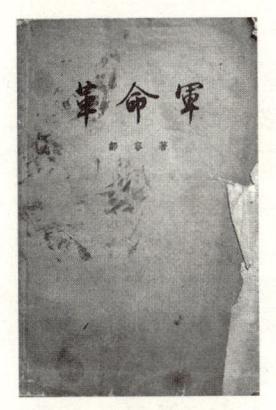

邹容及《革命军》

闻》报社。黄乃裳加入同盟会后，先后聘请连横、郑权、蔡怡宜等具有进步思想的同道作为主笔，旗帜鲜明地鼓吹革命，市民争相传阅报纸，一时报纸销路大涨。

　　同盟会中人认为必须启发民智，使人民了解国内外形势，明了中国积弱的原因，才能发奋图强，因此决定设立阅报所，方便群众阅报，并利用这个场所进行宣传，结交有志者，发展组织。光绪三十四年（1908年），王金印、丘廑兢、周明辉等人租了鼓浪屿河仔墘（今泉州路）的一处房子，设立"鼓浪屿阅报所"，由王金印（安溪人）主持。翌年，王金印、丘廑兢一起出国，该阅报所停办。黄约瑟、黄金安、张扬波等人又在鼓浪屿大河墘（今龙头路）创办"闽南阅报社"。此社取得群众的支持，群众将阅过的报刊赠给社里，使社里书报逐渐充实。人们通过在阅报社阅览书报，吸收进步思想，结交朋友，谈论革命，一些人就此加入同盟会。

　　宣统三年九月十二日（1911年11月2日），辛亥革命武昌起义前夕，张海珊等人在厦门创办的《南声报》应运而生，张海珊为总编，黄鸿翔（幼垣）、苏君藻、张海珊等为主笔，宗旨"标榜革命主义，鼓吹民权"，其宣传时局，及时报道各地革命活动的消息，因为电讯多，消息灵，很受读者欢迎，发行量从1300多份增至近2000份。

革命党人创办的《南声报》

同盟会会员还利用教会、学校、洋行等场所宣传革命，建立联络站。周明辉将救世医院宿舍作为联系同志和收藏宣传品的地点，并和王兆培一起在救世医院和基督教会里组成基督教自立会，鼓动青年基督教徒自行集会。许春草、黄乃裳利用教会礼拜堂和同文书院等学校为据点，开展民主革命宣传，举行秘密会议。

　　同盟会通过宣传，唤醒民众同情与支持革命。鼓浪屿救世医院一女工自愿为同盟会会员周明辉收藏宣传品，支持儿子参加同盟会。丹麦人办的大北电报局华人高级职员李搏用，遇有关妨碍革命的密电，立即通报消息，后李博用参加同盟会，兼任宣传工作。美国驻厦领事馆职员许某从美国人那边探知有关革命情报，即向同盟会会员传达。蔡宾涵是日本人开办的三五公司的职员，同情革命，将鼓浪屿洋墓口（今晃岩路）的住宅作为革命党人临时集会地点。

第二节　厦门光复前同盟会的社会变革活动

　　厦门同盟会员绝大多数是知识分子，他们在决心推倒清政府的同时，也抱有改革社会陋习，破除迷信和去毒（即禁鸦片）的热情。在秘密进行革命活动的同时，他们通过各种方式公开进行活动。

一、破除迷信

　　清朝末叶，科举废除，学校兴办，具有进步思想和科学知识的人，认识到迷信的危害，因此，同盟会成员相约，以破除迷信为革命工作的一部分。清宣统二年十一月二十四日（1910年12月25日），他们拆除光山寺，改建为厦门自治会会所，同盟会成员邵贞茂动手推毁佛像。当时迷信者眼看大势所趋，敢怒而不敢言。

二、禁烟

　　厦门去毒社由林则徐之孙林炳章到厦门督促，以杨子晖、陈寿星、李禧、吴钟诚、林廷清、卢蔚其等人组织成立，杨子晖任社长。初期去毒社雷厉风行，不少"瘾君子"惧而自行戒除。顽固者则关门闭户，提心吊胆，聊过其瘾。清宣统三年五月廿二日（1911年6月18日），地方士绅陈少梧在南普陀吸食鸦片，去毒社获知，由丘汝明带领四人当场抓获。此事在全市轰动一时。

三、禁缠足

封建时代，中国妇女以小脚为荣，除女婢外都缠足。清朝末叶，妇女逐渐觉醒，但多数人仍沿袭旧习，心存观望。同盟会成员相约以身作则。妻子或亲属缠足的，鼓励其解放。年轻人则立志非天足的对象不与之结婚。

四、发动同文书院学潮

同文书院创办于1898年。由美国驻厦门领事馆的领事任董事长，厦门海关税务司任副董事长，聘请一些地方豪绅和资本家任董事，称为华董。当时华董中有叶清池、傅孚伯、林菽臧、黄秀烺、钱三、丘振祥等。他们除自己出资捐助外，还负责向地方有财力的华商募捐，以此作为学校经费。学校院长则由美国人韦荼霁担任，掌控权力。教师中通英语的占90%以上，其余教师为国学渊博者。英华书院则是以英国教会名义创办，开始没有董事会，后经过一段时间组织成立，董事大多以该院校友充任，经费大部分来源于菲律宾华侨。英华书院采取教会形式，每天上午上课前，一定要举行礼拜，并且以圣经为主要课程之一。

两书院为发展本院势力，钩心斗角，尽力把自己的毕业生介绍到厦门海关、邮政、电报局、洋行和外国银行任职。并以此为饵，诱使学生就读

1898年的同文书院主楼全景

同文书院创办时师生合影

其学校。

当时同文书院的第七班（毕业班），因为该院课程大部分用英文教授，中文课每天仅有一节，不能满足学生学习中文的要求，学生提议要求增加中文课钟点，院长韦荼霁当然反对，全班愤而离校，形成学潮。

其实此次同文书院的学生学潮，是与陈大弼、徐屏山两位教师和学生杨山光革命思想的传播分不开的。陈大弼是该院毕业生留院任教，经常向上海和海外订购进步报刊，经英国驻厦领事馆邮政转递（当时我国邮政权旁落，列强得在各地领事馆自设邮政，收受所属洋行和挂籍牌的洋行的信件，与外埠通邮，免受检查。厦门也设有此类外邮）。陈大弼将这些进步报刊介绍给学生传阅。其时林季商的秘书吴玉崐也订阅不少进步刊物，陈大弼也向吴玉崐借来供学生传阅。另一位教师徐屏山原为台湾籍，因日本占领台湾，不愿做日本的顺民，迁住厦门，任同文书院汉文教员。徐屏山博学多闻，富有民族思想，受他哥哥徐明山（同盟会会员）的影响和鼓励，在编写讲义、讲课以及与学生接触时，向学生灌输革命思想。而学生杨山光年青时即考中秀才，为进修外文，入同文书院肄业（同时期参加同盟会）。陈、徐、杨师生对同文书院当局高压学生极为不满，分头鼓动第七班学生向学校提出增加汉文课时的要求。

不料院长美国人韦荼霁无视社会进步人士对学生行动表示的同情和支持，悍然拒绝学生要求，并把全班学生开除，引起第七班学生反抗到底。

事前杨山光请其岳父陈子琏出面创办公立中学。陈子琏开设建兴钱庄，平时颇注重教育，其子陈松寿、陈松熙和建兴钱庄经理吴维钦的儿子吴金声、吴金秋都是第七班学生。加上该班学生马大庆、吴锡璜的活动，陈子琏本着义愤，又得到了吴荫庭、黄廷元、杨子晖等大力支持，乃毅然出巨资，并成立校董会进行募捐，创办厦门公立中学。陈子琏任监督（即校长），陈大弼、徐屏山联袂脱离同文到公立中学任教，另延聘李禧为图画教师，陈河洲为汉文教师。设正、备斋两班，正斋是同文书院第七班学生，备斋是公立小学一班程度较高的学生。

公立中学开办后，由于有陈大弼、徐屏山二位教师的主持及杨山光、马大庆等在学生中当骨干，生气勃勃，除根据当时学制设教外，特别注意灌输革命思想及加强体育训练。学生经常进行军事体操，他们脚扎绑腿，肩荷木枪，随时准备为国尽忠。

遗憾的是，清宣统三年（1911年），公立中学创办三年后，因经费困难停办。

第三章　厦门辛亥风云

第三节　厦门光复的经过

清宣统三年三月二十九日（1911年4月27日），广州起义失败，黄花岗七十二烈士慷慨殉难。消息传来，举国震动。尤其是学生和青年，无不义愤冲冠，大有一触即发之势。

宣统三年一月（1911年2月），林觉民在回国参加广州起义时，先到厦门与施铭密谈任务。宣统三年四月（1911年5月），同盟会派王振邦来厦，与施铭、黄约瑟等人举行秘密会议，讨论如何加强组织、推动革命，议案三点：（1）分别与海外有关方面加强联系。（2）利用当前有利时机，发展组织。（3）物色适当的人选向厦门驻军（包括炮台）策动反正。第一、二点一致同意，第三点颇有争论，但后来也通过了。但因为当时厦门同盟会的组织不健全，缺乏有力的核心领导，也没有经费，虽有提案，难以贯彻执行。

宣统三年八月十九日（1911年10月10日）武昌起义爆发，消息传到了厦门，人心大振，接着各省相继起义，革命发展势如破竹。厦门的革命党人连夜赶印标语、传单，派人上街分发。同盟会会员张海珊等人认为，在厦门应该有自己的报纸来鼓吹革命，宣统三年九月十二日（1911年11月2日），《南声报》创办，张海珊自任总编辑。《南声报》每天刊登各地起义胜利的消息，鼓舞斗志。同时，在王振邦的联系下，印尼泗水阅书报社汇来1万元捐助革命，并答应将再捐助1万元。一时革命风声大振。

一、清吏闻风先遁

革命风声日紧一日，厦门商人深恐一旦爆发，市面秩序将发生混乱，忐忑不安。清宣统三年九月十五日（1911年11月5日），市上忽有人传说"革命军来了"，一呼四应，商人纷纷关闭店门，举市骚然。闹了一会，查无其事，只是海后有人打架而已。街道店铺重新开门。但一场虚惊，人心更加浮动。在这段日子里，"人心恐慌"，"有避于鼓浪屿者"，"商店有一日开闭数回者"。

兴泉永道台刘庆藩看到时局越来越不妙，先是托病躲着不见客，经此虚惊，更加害怕。于宣统三年九月十七日（1911年11月7日）夜，化装逃到海关巡船"并征号"，第二天再搭英轮"广西号"，逃至上海躲到租界里。

刘庆藩已跑，厦门提督也早已潜逃，海防同知王子凤及一般官员，也先后逃跑。

至此，厦门清政府的统治已名存实亡，正是光复的好时机，革命党人准备行动。而就在刘庆藩逃走的两天后，宣统三年九月十九日（1911年11月9日），传来福州光复的好消息，厦门人心更为振奋。同盟会福建分会即派祁暄来厦门联络起义，并介绍原福州《建言报》主笔张海珊、铁路局黄蕴珊与同盟会厦门负责人之一的施铭共理事务。

福州光复的当日，厦门同盟会王振邦、邱汝明联合四名社会知名人士共六人，与厦门自治会会长陈子琏会面，商讨厦门光复的办法。陈子琏认为厦门无须武装起义，只等待福州派员来接收政权便可。前往商讨的六人中，四位非同盟会成员皆赞成陈子琏的主张，而同盟会会员王振邦、丘汝明则坚决反对，认为省会福州虽已光复，可是光复伊始，地方维持和改革千头万绪，短时期内无法顾及厦门。况且武装光复厦门，是厦门人民正义的表现和光荣的壮举。

无奈陈子琏等人不同意，同盟派与地方派无法取得一致。

二、市民起义易帜

与陈子琏无法达成一致，第二天（1911年11月10日），同盟会在天仙茶园秘密开会，决定起义事项。王振邦认为各省光复，一切官制仍袭其旧，厦门也应沿用道台名义。当时刘庆藩已逃跑，章拱北接替刘庆藩被清政府委任为厦门道台，形势紧张，章拱北胆子也小，不敢上任，暂住在鼓浪屿。王振邦托工部局委员曹幼兰向章拱北说明，表明厦门向各领事照会及炮台营盘换旗等光复事务，由同盟会机关负责，章拱北可到任，以保地方安宁。如此交涉过三次，章才敢接任。不料同盟会中有意见不合者，私自写信给章道台，说章如果敢到任，一定以炸弹侍候，章拱北吓得在光复前一天也跑走了，远遁香港。

同盟会决定于农历九月廿四日（11月14日）起义，并确定集合地点及收复的机关，会上推举张海珊为正司令，谢承为副司令，林廷勋等人为军务，邱汝明等人为参谋，并组织了进攻队、巡防队、民军义务队、华侨炸弹队以及侦察、外交、财政、军医、粮食、账房、书官等小组。

尽管形势大好，光复在望，厦门不少地方士绅仍小心旁观。为此，厦门商会会长洪晓春召开会议，动员会董参加起义，他说："……此次革命可望成功，征兆已明，不用怀疑。兴泉永道庆藩报病离职，省派章拱北接替。'章'字独'立'头，'革'命尾。"会董叶崇华接着说："《三字经》有'不

第三章　厦门辛亥风云

再传，失统绪'之句，说明清朝当亡于光绪、宣统，早注定矣！"

听了这些话，会董们拍掌大笑。于是，不再犹豫不决而表示赞同武装起义。

时厦门两大姓陈姓、吴姓械斗，铳子等武器落在美舰上，又没有行政官员与美方交涉，时局危险。省同盟会派谢承、陈敏、吴修、吴恺元、黄浩南到厦，与厦门同盟会在吴德春行里星夜办事，又在铁路局备办文件。

宣统三年九月二十四日（1911年11月14日）一早，黄福元被派往将照会送达各国驻厦领事及海关税务司，说明起义情况，并请各国保持中立。此时厦门弥漫着紧张气氛，市民公开谈论革命和地方光复的事。午后，气氛更为浓烈，工人、农民、手工业者、城市贫民和市民们，从四面八方向寮仔后（今晨光路）行进，顷刻间，天仙茶园（西班牙籍民黄瑞曲经营的戏园）挤满了人，大多数人赤手空拳，只有极少数人携带手枪，有的甚至拿着用香烟罐伪装的假炸弹。在嘈杂的人声里，张海珊走到主席台，他简单扼要地说了几句慷慨激昂的话，宣布起义，并通知进攻地点——提督衙门。

凡参加起义的人，左臂扎上"革命军"三字的白布条。这时台上忽然有人喊：光复胜利后，凭白布条领光洋五元。有人不同意这种雇佣式的革命军，但已无法收回。

哨笛一响，同盟会员领先，分为两队，一队从关隘内（今大同路第七市场）入西门，一队从刮狗墓（今台光街）入南门。100多名铁路工人手执武器，走在队伍前列。几千人列成长蛇队，浩浩荡荡向提督衙门进发，沿途不断有民众加入，阵容更加雄壮。到达提督衙门（原市政府，厦门图书馆旧址）时，仅见几个衙役在传达室里神色不安地站着发抖。原来提督逃跑以后，其他小吏也逃走一空。起义民众未受到任何抵抗便占领了提督衙门。接着革命军到达海防厅（现破狱纪念馆附近）、审判厅，也如入无人之境，没遇到武力抵抗。

起义期间还发生了一个小插曲，当革命军向城内挺进时，有一个小走马路的眼科医生陈某手执大刀直奔提督署，他不断跳跃欢呼，不料刚走到南门城口，忽然晕倒，抢救无效身亡。革命军给予30元丧葬费，并在出殡时派人为之执绋。

翌日，同盟会各派系主干召开会议，因厦门是福建南部，光复之举又基本由南洋华侨组织，决定成立军政南部分府，推举张海珊任统制，丘汝明任警察局长，邵贞茂、林万山为巡官。收回"革命军"白布条，按条领

【55】

闽南的中国同盟会会员叶独醒、许春草等在厦门聚会的合影。

回银元伍元。

　　同日，同文书院学生军负责人、同盟会员杨山光带上一把锈痕斑驳的指挥刀，率领数十志士，前往接收湖里山炮台。唯恐驻军有枪有炮要抵抗，为避免不必要的损失，杨山光先派陈宝瑚到湖里山炮台劝说，队伍留在镇南关（现大生里）等候消息。陈宝瑚回来复命，表示炮台官兵愿意服从。队伍一到，炮台刘管带同十几个兵士列队出迎，缴出大炮和枪弹。胡里山炮台至此不费一兵一卒，顺利接收。

　　就这样，厦门宣告光复，清政府在这个城市的统治结束了。至宣统三年九月二十七日（1911年11月17日），海关、常关和邮政局大楼都不再悬挂清朝的"龙旗"。

　　厦门光复，市民欢欣鼓舞。为庆祝厦门光复，老百姓搭戏台唱戏；各中小学接连几天放假举行庆祝会；教师学生自编自演新剧目文明戏，在演武场（今厦门大学大操场）连续演出3天，其中有嘲讽清政府的新剧目《满清终局》等等。当时溪岸礼拜堂小学的老师胡道成还创作了一首歌，歌

第三章　厦门辛亥风云

词唱道：
>庆祝汉士光复，中华我民国。
>政权江山挽回，中华我民国。
>英雄战胜凯旋歌，推倒满清专制立共和。
>战旗辉映竟成维新之世界；
>壮志攀登欧风美雨名。
>祝光复！祝光复！
>请君同唱凯旋歌。

三、光复后政权机构的改变

厦门军政分府（或称军政府、统制分府、统制府）成立后，推举张海珊为统制。福建省军政府都督孙道仁闻讯，第二天即派省参事员宋渊源为宣慰使到厦门。宋渊源是永春人，本来要带同安民军前往收复泉、漳各地，因统制府一事到厦。宋渊源一向办事明决，深为孙道仁倚重，宋渊源认为厦门光复在福州之后，不得另设军政分府，应予取消。于是以公事为名向张海珊取印信回福州，上报闽省都督孙道仁，准备取消"统制府"改为"道尹制"。

厦门光复后，还发生了一段小插曲。1911年11月16日，汕头巡警某总办抵厦。原来武昌起义后，汕头言论纷传，谣言四起。汕绅商各界邀集多人，到警局寻求保护。该总办以巡警人少，不敢担当。各界人只得退出。不料当夜有不知姓名者多人，闯入局里，再三请求接见，接见之后，总办探其口风，好像革命党人。这些人说明如果是同志便罢了，如果不是，请速离开。总办不敢争辩，说明自己年老请求回乡，这些人就赠送他150两银元让他速回，并为他搬运行李搭船来厦。

张海珊与厦门同盟会主要负责人王振邦合作，组织领导了厦门辛亥起义。王振邦的革命活动，在联系海外华侨、联络泉州、漳州的革命志士，以及筹集革命经费，组织革命力量等方面的贡献，大大超过张海珊。然而厦门光复后的革命政权军政分府却没有王振邦的职位。王振邦派不服，形成张、王两派势力，福州派推张海珊为首，厦门派以王振邦带头。双方各纠集打手，于光复后的第四天（1911年11月17日）以手枪刀棍，进行械斗。死二人，伤二十八人。厦门派人多占优势，死的是福州人，伤的也是福州人较多。医生蔡世兴等人不得不为受伤者进行抢救治疗。

第二天，同盟会与保安会的中人在原道台衙内召开紧急会议，对双方

进行调解。谁知王振邦派的几十个打手赶到附近威胁,张海珊自知不敌,辞去统制职务。王振邦也有所顾忌,不敢接任。时民兵因奖赏五元,而警察欲奖赏十元,分饷不均,又酿成兵警闹事,军政分府无人主管,社会秩序混乱。各界人士通过保安会通电省府,要求解决。

孙中山先生与福建都督孙道仁

于是福建都督孙道仁委派原鸿逵任厦门道尹,原鸿逵曾任海防同知,深得民心。原鸿逵于农历十月初八日(11月28日)来厦就职视事。当时旧道署正在修葺,暂时就以金新河柳州府为办公地点。办公地点与厦门自治会邻近,但人众嘈杂,门禁荡然,地势局促。农历十一月二十日(1912年1月8日),旧道署修葺就绪,原鸿逵即迁至旧道署办公。

厦门道尹原鸿逵到任后,着手组织成立厦门参事会。参事会由同盟会、保安会及商会、教育会等各界代表组成。许春草、陈天恩、杨子晖、黄幼垣、黄廷元、洪晓春、黄约瑟、曾沧舲、杨砚农、蔡德远、傅孚伯、钱宗汉、陈子琏、周墨史等人任参事员,李禧、孙印川任秘书。各种内政、外交均由参事会议决定,交由厦门道尹施行。参事会会址设于旧道署西花厅。参事会成立后,保安会即予撤销。同时改厦门海防厅为民政厅,任命原同安县长陈文纬为厅长,办理民事。

1912年1月3日,厦门道尹原鸿逵发布一道通告声称,为实行中华民国总统关于采用外国历法的命令,并根据从福建都督处收到的电令,旧历的十一月十三日改为中华民国元年1月1日。

1912年4月,厦门自同安分出,成立思明县。同年9月,思明县升为思明府,兼辖金门。第二年,思明府复改为思明县。

四、海内外捐资支援

厦门光复初期军政、警政费用开支浩繁。而共和党人由于缺乏组织和完善的领导,弃用了所有国内的征税机构,因而国库空虚,经费无法补充,

不得不依靠同情革命的海外华侨和地方拥护者的捐献来应付不断增长的官府、军队和警察的开支。

为此厦门道尹、参事会采取紧急措施：1.遣散军队。当时的革命军是临时招募的，人数多，费用大。参事会主张遣散，前后发放遣散费数万元。2.由协济会推销革命军用票共数万银元。3.截留常关课款数万银元，发给炮台军饷共计二个月。地方军队同时拨给饷银。5.动员"挥春"协饷。共和党人先是在外关帝庙、福寿宫等最为热闹的地方，向写春联的先生们宣传革命主张，劝其捐出所得。外关帝庙由柯伯行等主持，福寿宫则由吴士麟等主持。其他路段的人们听到消息，也主动要求参加"挥春"协饷行动。其间共有二十多位先生加入。那些在街上求写春联准备带回家张贴去的人听说笔资可协作筹饷，也给先生们增加了润笔费。

海外侨胞在厦门光复前后，也不断接济革命经费。各侨团自动组织募捐队，向侨胞进行募捐。缅甸首先成立"筹饷局"，由厦门华侨徐赞周任局长，并派庄银安携款来厦主持临时筹饷局，协助地方财政工作。庄银安抵厦后，被推选为厦门参事会议长兼副财政长。丘廑兢也离开缅甸公报经理职务，返厦协助庄银安处理内部事宜。槟城吴世荣、陈新政、黄金庆、丘明昶等也筹款汇厦。泗水派庄以卿、庄少谷、王少文带二万元到厦支援。华侨杨景藩等四十七人，则自备旅费，分别从缅甸仰光、日里（今属印尼）、吉隆坡、太平、槟榔屿（现均属马来西亚）以及新加坡等地，奔回厦门，为国效劳。他们之中的二十六人，要求前往湖北参加敢死队，甚至愿为彻底推翻清政府统治而捐躯。当时，海外华侨上至殷商财团，下至伙夫走贩，都为厦门革命踊跃捐款，前后共计七万余元。

五、保安团、学生军等维持治安

厦门光复前后，地方政权处于无序状态，市面萧条，社会秩序动荡不安。甚至白天发生拦路抢劫事件及杀人案，曾查出一持械勒索行人的勒索者竟是道署卫队队员许毕。

海面治安也不稳定。一方面海盗纷起。1911年11月，有西部渡船与新垵的厦门船，一起载着洋人，到宝珠屿海面，突然遇到摇着六桨向他们开过来的海贼船，盗匪们持枪喝令他们停船，海员们手无寸铁，只得任其劫掠一空。第二天又有新垵渡船三艘，在大屿岛边遇盗，其中一艘因距离远得以逃脱，其余皆被抢劫。12月29日，有商人运米到海门（海澄界），忽然被数艘贼船劫去四百多包白米。如此事件，令人胆寒。

另一方面，因为辛亥革命的影响，各国势力也对我国虎视眈眈，据报载有十艘左右各国兵舰聚集于长江一带，这些外国兵舰或绕道或借道厦门而行，有的在外港休息片刻，有的抛锚在厦门多日，当时停留在厦门港的有英、德、美、法等国兵舰五六艘，甚至有一德国兵舰停留在鼓浪屿。宣统三年九月十七日（1911年11月7日），即兴泉永道台刘庆藩逃走的那天，日本海军大臣命令马公要港司令官："因恐厦门方面亦将发生事变……令麾下之一艘以巡航舰之名义派往该地，承担警备任务。"

厦门才光复，日本乘革命政权尚未巩固，竟然在厦门唆使台湾浪人杀一日人，制造口实，派遣海军陆战队登陆，向厦门军政府提出无理要求，企图强占厦门。厦门军政府分府都督张海珊据理力争无效，见日方气焰嚣张，交涉无果，非常愤慨，接连发电报给省都督孙道仁，要求迅速派外交人员到厦协助。由于孙都督的次子孙克修在福建管理盐务为时很久，驻闽各国领事对他也颇推崇，孙道仁因此即派孙克修带领队伍前往厦门。孙克修一到厦门，立即宣布水陆各要塞实行戒严，一面根据国际法向日方严正交涉，一面联系驻厦各国领事出面调停，最终迫使日方表示道歉，并撤回海军陆战队。

为安全计，有代表提议必须加强治安组织。于是各界代表在厦门自治会所开会，决定组织保安会，推举黄鸿翔、洪晓春为正、副会长，下设财政、演说、民团诸部。首先招募陈、吴、纪三大姓及草仔垵台湾籍人成立保安团，共5个分队。每名保安团员月薪12元，每月支出饷银3000余元，子弹照给。保安会又劝谕各保仿照办理，把地方上无业市民都编入保安队。同时为保海面安全，保安团设置水警，雇小轮船加强海面巡逻。

除了保安团，各学校也组织学生军参加社会治安工作。其中鼓浪屿寻源中学就有30多人报名参加，占全校学生一半以上。学生郑子辉、蔡江宁等人参加了学生军。各校学生组成100多人（一说为300多人）的学生军。叶赐福被推举为厦门学生军队长，负责组织与管理学生。

地方秩序逐渐恢复后，学生军没有存在的必要，一些学生回原校复学，一些学生受到新形势的鼓舞，眼看有几省和本省的泉州、永春等地还没光复，准备开赴前方，参加战斗。他们由马育才带队，宋渊源率领准备开往泉州。后因各地迅速光复，厦门学生军随之解散。

曾为学生军队长的叶赐福不久在强攻泉州火药库的战斗中，因火药爆炸当场牺牲。

六、剪发辫、鸣爆竹

"留头不留发,留发不留头"。长发辫一向是清朝统治下汉民族的固定发式。清末反清势力迅速发展后,剪发辫成为反抗满洲贵族的一个标志,特别是出国留学的留学生及旅居国外的革命志士,早已剪掉从小蓄留的长发辫。武昌起义后,全国各地自觉剪去长发辫的人就更多了。

然而厦门有些守旧的绅商官僚仍视长发辫为第二生命,认为"发肤受之父母,发辫系数十年长成,宁一旦剪去耶?"这些人不仅守旧,同时也害怕清朝统治者卷土重来。为此,警察局长邱汝明率领学生巡视大街小巷,遇到留长发辫的人,立即动员甚至强行剪去,同时鸣放爆竹一串表示祝贺。

一天晚上,有自称剪发团的学生,一拥而至,直入道尹公馆,称"贺道尹剪发",爆竹齐鸣,道尹原鸿逵无可奈何,只好放弃了辫子。

光复后新成立的参事会,虽经过一段时间,但参事员未剪去发辫者竟有三分之二。某日参事会收到一封信函,拆封后是一张图画,中间绘有一个铜柱,猪、猿、狗、鸡都把尾巴系在柱上。秘书处在参事会开会时,将图当众展示。会上某翁苦笑说:图中的猪定是指我,小狗、小猿当是某人,而鸡必是某甲,因为他是有翎顶的。会上大家听了都暗笑。从此,参事会参事们的辫子才都剪掉了。

七、调整、改革中小学校

华人在厦门自办中等学校教育,创始于清光绪三十二年(1906年)。先是玉屏书院绅董改玉屏书院为官立玉屏中学堂。把玉屏、紫阳二书院公产,除划留一部分为书院祭费外,余均充作校产;所以玉屏中学堂经费宽裕。至于公立中学及各小学则均为公立性质,经费本来支绌。厦门光复初期,地方财力匮乏,各校经费无着落,有停办之虞。为此,教育界同人相约集合在玉屏中学开会3天,制定厦门教育预算案:

1.把公立中学停办,原有学生并入玉屏中学。该校附设之竞存小学升为两等小学(即初小、高小两级合校的小学,后来称为完全小学),使用原公立中学的校舍。竞存小学及大同小学可招收高、初两等的小学生。其余公立小学如鸿麓小学、普育小学、紫阳小学、宝善小学、吉祥小学则专收初等小学生,以免级多而学生稀少,虚糜经费。

2.学校经费指定地方猪肉捐、水仙花捐为各校经费,不足部分由官款初助。本教育预算案经参事会核准施行。

第四节　思明县的诞生

　　清代之前，厦门只是同安县的一个里——嘉禾里。清康熙二十二年（1683年），福建水师提督署改设厦门思明府，显示厦门在军事上的重要地位。康熙二十三年（1684年），清政府在厦门设立海关，厦门在经济上的地位再获提升。康熙二十五年（1686年），泉州府海防同知移驻厦门。雍正五年（1727年），兴泉道移驻厦门，大大地提高了厦门的政治地位。至此，厦门的重要性已远远超越同安，成为闽南的军事、政治中心。第一次鸦片战争之后，厦门又成为国际性港口，声名更加显赫。

　　但是，在行政区划方面，厦门还是隶属于同安县。这种状况成为厦门地方绅士和商界人士的一块心病。

　　清末开始在地方设立民意机构，推选议员之类的民意代表时，均以行政区划作为分配名额的依据。而厦门归属于同安，这直接影响到厦门地方绅士和商界人士发表政见、从事政治活动的权利。

　　辛亥革命爆发，厦门光复之后，成立了参事会，同时改厦门海防厅为民政厅，任命原同安县长陈文纬为厅长，办理民事。1912年4月，福建省临时议会召开。按规定，每个县可推选议员1名。厦门如果仍旧依附于同安，则必须与同安合选1名议员。于是，厦门各界人士联合致电福建都督孙道仁，称厦门"户口之繁盛，财产之雄厚，均较同安为最。民国成立，自应脱离同安羁绊而独立。请饬临时议会，加入厦门区域议员，以符共和平等之旨。"（《厦绅电争选举权》，《申报》1912年4月26日）

　　同时，厦门人民议事机构的参议会派了参议员黄鸿翔、黄廷元亲赴省城，面见都督孙道仁请愿，要求将厦门、金门并附属各岛域改设思明县。1912年4月18日（一说为4月15日），经政务院议决："厦门改设县治，以厦门、金门及附属各岛为界。"（《申报》1912年4月25日：厦门改设思明县）。

　　8月23日，省参议会接到庶政科的审查报告，以"厦门本漳泉咽喉，通商巨埠，人口达20万以上，自应将金门并就近各岛改为思明县，不必复隶同安县管辖。"同时任命原同安县知事陈文纬（紫垣）为思明县知事，并分配给新设立的思明县1个议员名额。

　　思明县设立没有多久，情况又发生了变化。《申报》刊登了一则题为《府印到厦》的消息，消息称"厦门自改华洋分府为民政厅后，厦绅决议脱

第三章　厦门辛亥风云

离同安改设思明县。旋省议会以厦门系通商巨埠，为各国观听所系，又改思明县为思明府，本月十二号，已将思明府印信由省民政司颁行到道，转交陈府知事紫垣启用矣。"(《申报》1912年9月24日：府印到厦)

在短短的5个月内，厦门由同安的一个辖区变为思明县，又提升为思明府。这足以使厦门的士绅们心满意足。

但中国是传统的中央集权国家，历史上只有中央政府才能决定一个县的设置。按照这个传统的法则，思明县的设置显然在合法性方面是值得怀疑的。

但是，在辛亥革命爆发到中华民国初期，这一传统的法则出现了明显的裂隙。武昌起义之后，各个省先后成立了军政府，与清王朝相抗衡。而在1912年2月之前，中国政局出现清王朝和中华民国临时政府并存的局面，这就为各省的军政府提供了显示独立性、扩大自主权的机会。

清王朝宣布退位、袁世凯任第二任临时总统之后，中央政府同各省之间的关系也未能理顺。"革命之后，大多数省政府都提出，要在官员任免、财政、立法甚至军事上实行自治。""有些地方议会在政治上更加胆大妄为，甚至擅自选择行政官员，包括县长。"(费正清主编《剑桥中华民国史》第一部，第226页、第240页。)思明县、思明府的设置，正是地方政府自治、扩权主张的表现。

1912年3月，参议院通过《中华民国临时约法》。4月，袁世凯将中华民国临时政府从南京迁至北京。随后，便开始了中央集权的努力。6月，袁世凯表示：承认各省都督的合法地位，请求他们"与政府合作。"7月，在福建，袁世凯正式任命孙道仁为福建都督。实际上，孙道仁于1911年11月就被推举为福建军政府都督，到袁"任命"之时，他实际主持福建军政已有半年多了。袁的重新任命，不过是给各省一个信号：地方官员的任命权在中央政府。

但不知为什么，福建省议会竟然在袁世凯表态2个月之后将思明县提升为思明府，并任命原县知事为府知事。在袁世凯看来，这肯定是无法容忍的。11月，袁世凯正式指示各省当局：县长的任命须经中央政府批准。并强调，任免官员是《中华民国临时约法》赋予总统的权力。

1913年1月，袁世凯任命的福建民政长张元奇到任。2月，袁世凯任命福建东、南、西、北道的观察使。3月30日（一说为3月20日），福建方面不得不废除设置思明府的决定，同时向中央政府上报一份县知事的名单。4月17日，袁世凯对这份名单作了任命，其中之一便是思明县知事陈文纬(《申报》1913年4月20日)。

在短短不到一年的时间里,厦门经历了由思明县到思明府,再到思明县的过程。时间由1912年4月18日开始,厦门、金门从同安县划出,设"思明县",县署设在厦门港。同年9月20日,思明县升为"思明府"。翌年3月30日,又废府改回"思明县"。

1935年4月,思明县裁撤,改制为厦门市。

注：

本文以李禧的《紫燕金鱼笔记》所载时间为准,如：

厦门设立思明县时间：民国元年4月18日(李禧《紫燕金鱼笔记》),4月15日(《申报》1912年4月25日：厦门改设思明县)。

思明县升思明府时间：民国元年9月20日(李禧《紫燕金鱼笔记》),9月12日(《府印到厦》,《申报》1912年9月24日)。

第五节　厦门的护国护法运动

辛亥革命胜利后,袁世凯篡夺革命果实,1913年3月,袁世凯派人在上海火车站暗杀宋教仁；同年4月又向英、法、德、日、俄五国银行团"善后大借款"2500万英镑,作为发动内战的军费。

6月袁世凯借口江西都督李烈钧、广东都督胡汉民、安徽都督柏文蔚曾通电反对"善后大借款"是不服从中央,下令予以免职。

李烈钧、柏文蔚被免职后潜往上海,与孙中山先生共商起兵讨袁事项。同年7月12日李烈钧在江西湖口宣布独立,通电讨袁。广东、四川、湖南、安徽等省先后响应。福建都督孙道仁亦于是时宣布福建独立反袁。

李心田,字冕斋,于1913年6月12日被孙道仁委任为厦门炮台司令官。他与孙道仁采取一致行动,通令厦门各炮台,如有发现北舰来厦门,立即开炮攻击阻止其进港。

8月至9月,各省反袁的革命军节节败退,纷纷取消独立。

袁世凯对福建采取的措施是撤销福建都督,1913年11月,袁世凯派海军总长兼南洋巡阅使刘冠雄率陆军第10旅旅长所辖唐国谟、姚建屏两个团由海道入闽,同时派黄培松为福建护军使,任命李厚基为福建镇守使,总揽军事大权。整个闽南地区都处于北洋军阀的统治之下。孙道仁见革命势

第三章　厦门辛亥风云

力逐渐瓦解，即宣布取消独立向袁世凯请罪。袁世凯召孙道仁到北京，加以软禁。而时任厦门炮台司令官的李心田却躲在家里休息，不敢有任何动作。

1914年，袁世凯见大局已定，而反袁分子未尽剪除，恐伏祸根。乃密令海军总长刘冠雄到厦门诱杀李心田。

3月，刘冠雄到厦门，各官厅设宴欢迎。刘不动声色，第二天说要在本月31午间宴请厦门各机关首长和社会人士，请柬当然也包括李心田。

李心田不知其计，欣然赴宴。酒至中巡，思明县县长来玉林起立宣读袁大总统命令："查有前厦门司令官李心田，曾通令厦门各炮台，遇有国舰来厦，应立即开炮攻击。实属甘心叛逆，罪无可宥。李心田着即押赴市曹枪毙，以申国法而昭警戒。此令！"

李心田是日身穿蓝缎长袍，体形壮大，却吓得面如土色，哀求宽免。来玉林无奈回答：我只奉行上峰命令，并无其他权力。

李心田想再说话，来玉林即呼唤军士押出墙外枪毙。见者无不为之悲叹。

袁世凯软禁孙道仁，诱杀李心田，妄想杀一儆百，为他的帝制扫清障碍。然而厦门的反袁斗争仍然在暗中进行。1914年7月，孙中山先生在日本创建中华革命党，同盟会员许卓然派傅无闷前往东京，申请加入中华革命党。当时正在香港进行革命宣传工作的叶青眼经过廖仲恺等人的推荐，孙中山先生正式委任叶青眼为中华革命党福建支部长，与许卓然、陈金芳等人在厦门负责筹建中华革命党福建支部的组织机构。中华革命党总部委派在菲律宾开展活动的党人陈贵成等同厦门的中华党人保持联系。在厦门组党之初，陈贵成就根据上级指示，将中华革命党人的入党志愿书夹在一对水银镜框里带来厦门。凡在厦门加入中华革命党者，均需按《中华革命党总章》之规定，填写入党志愿书，经两名介绍人的介绍，并缴纳党费，履行入党手续，方为正式党员。因为入党的组织手续较严格，中华革命党福建支部吸收的党员素质较高。首批加入者，有厦门英华学院、廻澜书院和寻源中学等校的进步师生，以及溪岸礼拜堂的牧师和基督教徒等等。到1914年秋，中华革命党福建支部正式成立时，已拥有100名党员。其中华侨占了相当的数量。

中华革命党福建支部在厦门成立后，一面指派人员到省内各地发展组织，一面着手开展反袁斗争。为加强闽南地区讨袁运动的领导，中华革命党总部先后指派原在香港负责讨袁军事统筹部工作的宋渊源和总部代表派朱震（仁济）前来厦门，直接参与福建支部的领导工作。中华革命党福建支部的领导机构由下列成员组成：支部长叶青眼，常务委员许卓然、政治委员宋渊源、军事委员朱震、财政委员陈金芳、总务委员丘廑兢、秘书傅无闷（振箕）。

反袁活动开展后，整个福建支部的大本营设在厦门，支部长叶青眼等人留守厦门，主持支部领导机关的工作。许卓然、余羽生、傅无闷等人奉命赴省会福州组织反袁力量，开展倒袁运动；王泉笙、钱竹轩等人到泉州建立组织机构，发展反袁势力；陈智君等人到漳州设立分支机构，发动反袁斗争；而庄育才等人到同安建立军事基地，组织"闽南讨逆军"；杨持平等人则到仙游侨乡联络革命志士，开展反袁斗争。

庄育才等人的"闽南讨逆军"，选定同安寨仔湖为根据地。开始只有20多人，以英厝农场的场员为基本队伍，由在灌口经营畜力碾米厂的杨洁然管粮食，林幸福任总务，丘仁心任军需，仅十多枝旧枪。为解决武器与经济困难，他们突袭长泰林墩、岩溪保安队，夺枪七枝，并化装袭击角尾北军哨所，夺快枪五枝，先后共收集40多枝新旧枪。后通过许卓然、宋渊源等的关系，庄育才联络永春民军王荣光（即王温、润中），南安庄武，安溪扬汉烈、林本柳、林敬根、林有义、陈友福、陈岳等，组成"讨逆联军"。1916年"闽南讨逆军"改组成为闽南地区护国军的第二支队。

中华革命党福建支部派扬子照（湖南人）赴香港学习炸弹的制作技术，学成回厦，在新垵丘仁心家中制造炸弹，制作炸弹的原料、弹壳则藏在岛美路鸿记洋行仓库的丘廑兢住所，协助制造炸弹的还有学生苏行三、陈兆麟（在大屿制造）等，炸弹成品则秘密藏于深田里的古墓中。4月清明前夕，丘仁心、吴坤元、林洛之假装扫墓，炸倒思明县府后墙。

时黄培松任福建护军使，驻厦，与厦门豪绅、商会总理黄世金合作，共同镇压反袁护法的革命运动，时人称为"二黄"。为密除"二黄"，革命党人于1915年7月25日夜，派扬子照（也有写为：杨子熙）在普佑街附近伏炸黄世金，等黄世金经过，扬子照从裤袋里摸出一枚炸弹，对准扔去，黄世金被炸伤脚，其轿夫当场毙命。黄世金被炸事件惊动厦门。后革命党人又派庄汉民利用黄培松到泉州之机，企图在泉州南门拦截黄培松，未成。又谋在镇邦路伏炸福建巡抚使许世英，计划因党人意见不合流产。

1915年12月上海肇和兵舰起义后，中华革命党福建支部决定发动厦门起义，起义军由青年学生、部分民军和倾向倒袁的北洋军组成。胡里山炮台驻军的管带也答应为内应。起义军由叶青眼任总司令，朱震负责指挥

第三章　厦门辛亥风云

学生队伍兼任联络工作，上级派来的军事干部赵刚负责指挥敢死队和民军。起义经费得到南洋华侨革命党人，特别是菲律宾革命党人的资助。起义前夕，槟城和吉隆坡的中华革命党人曾派专人携款来厦，当他们到达香港得知起义流产后，仍将款送到厦门协助处理善后事宜。厦门爱国人士也慷慨解囊，如鼓浪屿崇记洋行经理林桂园除了拨出楼房供敢死队员住宿外，还借出大洋7000多元充作起义经费，周明辉捐献100套军服面料。

1916年2月2日夜，支部召开军事会议，研究起义各项部署，计划分三路渡海：一路由厦门港鱼仔路头登陆，攻打思明县政府；一路从双涵上岸，进攻厦门道尹公署；一路从鼓浪屿渡海策应。同时，由事先入岛的学生军负责占领电话公司、电灯公司和中国银行。

不料军事会议混入了李厚基的一名密探，袁世凯接获密报，命海军总长刘冠雄率两艘军舰赶到厦门，在厦门各山头及要隘布防。革命党人为免牺牲，不得不解散起义队伍。反袁起义流产。

1916年3月，在众叛亲离中，袁世凯被迫宣告放弃帝制。4月，袁世凯放弃帝制一个月后，厦门要塞司令唐国谟派辛桂芳营的一连人驻灌口凤山寺，当晚包围庄文泉染坊，捕杀两同志。数日后（1916年4月24日）又夜袭闽南护国军入山据点山口庙。护国军失利，退入寨仔湖，大本营迁至长泰天柱山。

同年4月，因约期起事，攻取泉州城事泄，泉州统带阎广威（冠臣）包围闽南护国军第一支队副官汤文河家，抓捕汤文河及第一支队长钱凤鸣、教练官吴瑞玉、苏炳楷等五同志。五人在泉州南校场被杀。为报五人之仇，讨逆军张源德在厦门买到土造的短枪20枝，后膛枪30支，经厦门机关批准，于1916年6月5日（一说为6月2日）凌晨三时，由护国军第二支队庄育才、潘节文率领，猛攻同安城，不料北洋军早已得到密报，设下埋伏，庄育才、潘节文阵亡。北洋军乘机反扑，护国军损失惨重。据中华革命党福建支部长叶青眼回忆，护国军拟先夺取同安，"造成声势，然后解决厦门"，可惜功败垂成。

1916年6月6日，袁世凯内外交困，众叛亲离，在护国运动的四面楚歌中死去。袁世凯死后不久，6月13日，护国军第一支部与北洋军战于南安泥皮芸，战士尤枝阵亡。同日，护国军第二支部也于同安罗岩与敌军遭遇交火，排长林八战死。是月，许卓然在厦门谋夺炮台，失败。叶青眼等拟发动厦门起义，亦以事泄被迫取消。

此后随着袁世凯的去世，黎元洪继任大总统，南北停战，各地反袁斗争平息下来。

至1917年，张勋复辟，解散国会，孙中山先生发动护法战争，宋渊源赴广东参加，并派王荣光、赵光、宁益生等回闽南组织民军。援闽粤军入闽后，永春、德化、安溪、仙游等地民军组织闽南护法军，宋渊源被公推为总司令。

1918年1月，许卓然被孙中山先生委任为闽南靖国军司令，杨持平为副司令。许卓然与杨持平、林翰仙等赴内地，以南安、同安、晋江、安溪边界的凤巢山为根据地收编民军，后扩大到收编晋江、南安、同安和安溪民军，编为闽南靖国军。同年3月，闽南靖国军进攻灌口，直逼厦门。福建督军李厚基急调二千兵马救援灌口。6月至8月，经过激战，杨持平率领的靖国军攻陷同安。但北洋军驻厦师长臧致平很快由厦门反攻同安，靖国军败退安溪及王巢山。同年秋，杨持平率兵联合粤军许崇智军队，围攻驻扎在莆田、涵口一带的北洋军，取得多次胜利。不久，南北再议和，许崇智部队退出莆田，杨持平率领靖国军移师南安。随后，粤军总司令陈炯明勾结军阀李厚基，进逼闽南靖国军，杨持平率兵反击，大败陈炯明军队，此时孙中山先生从中调解，杨持平奉命停战。

厦门的护法战争最终也成为中国护法运动的冰山一角，留下一声沉重的叹息。孙中山先生此后被排挤，护法战争失败。1921年，靖国军首领、第三旅旅长杨持平在泉州被北洋军阀杀害。同年，以宋渊源为首的护法军被李厚基收编。

第六节　厦门革命志士小传

王振邦

王振邦（1881—1947），泉州南安人。少时随父习医。1905年南渡至印尼泗水。后回厦做烟丝生意，将烟丝出售到泗水赢利。因荷兰殖民者禁止厚烟丝进口，王振邦于1908年再次南渡泗水催收欠款，并于闹市中重操医诊，为侨胞治病。

王振邦经常到泗水"阅书报社"阅览书报，与朋友谈论时事，交流思想，受孙中山先生同盟会的宣传和影响，由此萌发了反清思想。他和"阅书报社"社员联系，秘密交往，不久加入同盟会，剪去发辫，以示革命决心。

1911年，王振邦偕友人前往广州欲参加起义，到广州后，因起义已失败，便转回厦门。由于担心清吏逮捕，起先居住在鼓浪屿友人家，后住厦门新路头挂外国籍牌的万成客栈，将万成客栈发展为秘密联络站，宣传革命并吸收同盟会会员。

王振邦到厦门后，成为中国同盟会在厦门的主盟人之一。他与新加坡回厦门组织同盟会的施铭、马尼拉回来的黄约瑟等人聚会（先前他们各守秘密，不相联系），决定：（一）分别与海外有关方面加强联系；（二）利用当前有利时机，发展组织；（三）物色适当的人选，向厦门驻军（包括炮台）策动反正。

由于当时厦门同盟会组织不健全，没有核心领导，没有经费，赤手空拳，以上三项决定难以贯彻执行。王振邦积极与海外侨胞联系，得到泗水阅书报社的资金捐助，于是加强宣传组织工作，联系一批社会人士，一时革命风声大振。

清宣统三年八月十九日（1911年10月10日）武昌起义后，各省响应，厦门革命形势更加紧张，市民公开谈论地方光复事项，清朝官吏闻风逃窜。有了泗水阅书报社汇来的1万元捐资以及将再汇来1万元的承诺作为经济后盾，王振邦和张海珊于宣统三年九月二十四日（1911年11月14日），率同盟会起义光复厦门，第二天成立厦门军政府。王振邦忙于漳码盟员和商会代表的工作，无暇出席军政府会议，会议推举张海珊为统制。

王振邦的革命活动，在联络海外华侨、联络泉州、漳州的革命志士，以及筹集革命经费、组织革命力量等方面的贡献，大大超过张海珊。然而厦门光复后的革命政权军政分府却没有王振邦的职位。王振邦派不服，因而发生内讧，分为福州、厦门两派。前者以张海珊为首，后者由王振邦带头。两派于军政府成立的第三天（11月17日），各带手枪木棍，进行格斗。福州派死2人，伤者较多；厦门派人多占优势。社会人士对此流血事件深感痛心，于第二天召开紧急会议进行调解。张海珊辞去统制，会议改推王振邦为统制。王亦有所忌惮，不敢就职。后省都督府委派原鸿逵任厦门道尹，着手组织厦门参事会，推举各界士绅、商人及同盟会会员代表为参事员。

革命政权在数日间瞬息变化，王振邦百感交集，得咯血症病倒。他返回南安养病，不问政事，病后重返厦门行医。1938年避难香港和菲律宾。抗战后期回南安隐居。

张海珊

张海珊（生卒年不详），福建连江人。晚清秀才，先在连江执教，后到福州，在西城学堂任教员，加入同盟会。

张海珊参加同盟会后，仍与立宪派保持往来，受立宪派委托，与福州同盟会外围组织"桥南公益社"协商，双方各筹集五百大洋，创办《建言报》，由他出任总编辑。《建言报》刊行一个月后，厦门同盟会会员黄复初到福州，谈及要在厦门筹办同盟会机关报。于是张海珊来到厦门办报，参与厦门同盟会活动。

宣统三年九月十二日（1911年11月2日），张海珊等人在厦门创办《南声报》，张海珊为总编，苏君藻、黄幼垣等为主笔。这份在辛亥革命前应运而生的报纸，宗旨为"标榜革命主义，鼓吹民权"，及时报道各地革命活动的消息。因为电讯多，消息灵，很受读者欢迎，发行量达到了1300多份，后更增加到近2000份。

厦门辛亥革命中，张海珊是同盟会的实际领导人之一。宣统三年九月二十四日（1911年11月14日）下午三点，厦门弥漫着紧张气氛，西班牙籍民黄瑞曲经营的天仙茶园挤满人。大多数人赤手空拳，只有少数人携带手枪，有的拿着用香烟罐伪装的假炸弹。在人声嘈杂中，张海珊走到主席台，简要说明清政府的腐败和革命的意义，宣布起义开始。起义民众未遇到任何抵抗便占领了提台衙门。翌日同盟会各派系主干召开会议，决定成立军政分府，推举张海珊任统制。

张海珊与厦门同盟会主要负责人王振邦合作，组织领导了厦门辛亥起义。然而厦门光复后的军政分府因没有王振邦的职位，引发以张海珊为首的福州派和由王振邦带头的厦门派内讧、械斗。厦门派势众，福州派死伤较多。张海珊因此辞去统制一职。

邱汝明

邱汝明（生卒年不详），名光华，字汝明，厦门人。世家为清廷知名战将。

辛亥革命前夕，同盟会南洋支部派王振邦等人回厦门开展活动。宣统元年（1908年）五月，邱汝明成为王振邦发展的首批同盟会会员。

邱汝明在进行革命活动的同时，走上街头，发动群众改革社会陋习，破除封建迷信和戒食鸦片。他参加厦门去毒社，开展禁烟运动。清宣统三年五月二十二日（1911年6月18日），地方士绅陈少梧在南普陀吸食鸦片，邱汝明知道后，率去毒社成员当场将陈少梧抓获。此事在全市轰动一时。

武昌起义爆发后，宣统三年九月十九日（1911年11月9日），福州宣布光复。当天，邱汝明与王振邦联合四名社会知名人士共六人，与厦门自治会会长陈子琏会面，商讨厦门光复的办法。陈子琏认为厦门无须武装起义，只待福州派员来接收政权便可。但邱汝明与王振邦坚决反对，认为省会福州虽已光复，但光复伊始，地方维持和改革千头万绪，短时期内无法顾及厦门。况且武装光复厦门，是厦门人民正义的表现和光荣的壮举。无奈陈子琏等四位非同盟会成员不同意，无法取得一致。

第二天同盟会骨干秘密开会，决定于九月廿四日（11月14日）起义，会上推举张海珊为正司令，邱汝明等人为参谋。宣统三年九月二十四日（1911年11月14日），厦门光复。翌日，同盟会成立军政分府，推举张海珊任统制，邱汝明任警察局长。

厦门光复后，人们纷纷剪去头上的长辫，但顽固留辫的仍大有人在，一些守旧的绅商官僚仍视长辫为第二生命。为此，警察局长邱汝明率领学生上街巡查，遇到蓄长发辫的人，立即动员甚至强行剪去，并放一串爆竹以示祝贺。一天晚上，剪发团直入原鸿逵道尹公馆，祝贺道尹剪发，同时大放鞭炮，原鸿逵道尹只好接受现实，剪去长辫。

民国元年（1912年）12月1日，厦门成立警务局。邱汝明为第一任局长，在任内处理了许多积案。一任后离开警局，与人联合开办诊所，几年后又到学校任教。因办案时得罪了地方势力人物，被设计谋害，中毒身亡。

黄廷元

黄廷元（1861—1936），号复初，同安马巷西侯乡（今马巷西炉村）人。自幼失怙，在私塾读两年书即到厦门商店当学徒，渐有积蓄后赴台学医，回厦后开牙科诊所，由此开始发家。

清末政治腐败，外侮内患。黄廷元在厦门先后参与创办《福建日日新闻》、《厦门日报》，宣传革命思想。光绪二十年（1894年），美国胁迫清政府签订华工新约，厦门发起"拒美约会"，时为商务总会会长的黄廷元被推举为"拒美约会"副会长，与会长旅菲华侨陈纲一起，发动各

黄廷元

界人民抵制美货。

光绪二十六年（1900年），黄廷元在黄乃裳的介绍下参加同盟会。辛亥武昌筹划起义时，他电汇二千元响应，同时与厦门同盟会同志策划光复厦门。一方面与军界疏通，争取得到军界的同情，一方面发动宣传。

黄廷元捐资白银100元作为印刷费用，秘密刊行邹容的《革命军》，将之改名为《图存篇》，由鼓浪屿萃经堂接洽，印刷1000册。一部分由邮局寄往全国各地，一部分于深夜投入商店。没几天，厦门到处都在议论此书，倾向进步的民众将该书在亲友中传阅。清政府大为恐慌。

厦门光复前后，政权空虚，为防止盗匪乘机作乱，黄廷元与杨子晖、洪晓春等组织保安会，责令各保自筹经费，日夜派人就地巡逻，并由保安会电省会协助解决治安问题。省都督即派原鸿逵为道尹，成立厦门参事会，聘请黄廷元、杨子晖、洪晓春等为参事。

厦门光复后，黄廷元先后任厦门军政府民团部长、福建省交通司路政科长、省府高等顾问、省议会会员，并被授予光复一等勋章。民国三年（1914年）回厦门任总商会会董。

民国八年（1919年），厦门各界组织"保全海后滩公会"，黄廷元为主要领导人之一，他呼吁国内外各界支援，并作为首席代表与他人一起赴京请愿。在以黄廷元为代表的厦门人民的抗争下，民国十九年（1930年），英国被迫无条件交还厦门租界。

黄廷元还是厦门近代著名实业家。光绪三十四年（1908年），他与杨子晖等人创办厦门淘化食品罐头公司，这是福建最早的罐头食品企业。同时他还拥有自来水公司、电灯公司、福建药房、江东制冰公司等十多家工商企业股份。黄廷元致富后不忘社会福利和教育事业，先后捐资民立学校、公立厦门中学、普育学校、崇德女校、大同小学、大同中学和鼓浪屿平民医院。

黄廷元晚年在鼓浪屿病逝后，归葬于故乡同安马巷西侯乡。

许春草

许春草（1874—1960），安溪人。生于厦门。出身寒微，12岁当泥水工，后成为包工老板。基督教徒。

许春草早年深受孙中山先生民主革命思想的影响，参加爱国运动。清光绪三十三年（1907年）被推为溪岸基督教堂的长老。同年在孙中山先生的好友黄乃裳和林文庆的介绍下，参加中国同盟会，成为厦门同盟会最早

第三章 厦门辛亥风云

会员之一。

参加同盟会后，许春草以基督教堂和教会学校为据点，进行革命宣传与组织活动。他以孙中山先生是基督教徒为例，广泛动员教会兄弟姐妹参加革命，将溪岸基督教堂的长执、牧师等都介绍加入同盟会，并利用礼拜堂的会议室以"祈祷会"的名义举行秘密会议，布署革命工作。当时经常参加会议的成员有新街礼拜堂的执事卓耕文、刘成沛，鼓浪屿养元小学教员叶青眼，鼓浪屿英华书院教员陈金芳，浔源书院教员傅无闷，以及郑昭文、丘廑兢等。黄花岗起义失败后，溪岸礼拜堂每天晚上举行时事演讲会，介绍全国各地起义情况，当时观众满堂拥挤。

许春草

在厦门光复的起义中，许春草率领近千名革命军进攻厦门清政府的"提督衙门"，兵不血刃，占领清廷在厦门的权力中心。许春草身骑赤马，手执五色旗，背负长枪，率起义军鱼贯进城。

辛亥革命胜利后不久，袁世凯篡夺了革命政权。民国三年（1914年），孙中山先生在日本组织成立"中华革命党"，进行反袁斗争。许春草和许卓然、叶青眼、陈金方等加入中华革命党，许春草被推为闽南党务主任。时厦门为省内各地反袁反日斗争的中心，革命党人发动群众，以各种斗争形式，揭发袁世凯的卖国罪行和日本侵略的野心。其间策动了两次反袁武装起义，但都没取得成功。

袁世凯死后，讨袁斗争告一段落。孙中山先生认为中华革命党内部复杂，有必要加以整顿，其时福建省内仍处于军阀混战的局面，在处理武装队伍去留的问题上，许春草头脑清醒，主张坚持遵照孙中山先生的指示，给予解散。但这一主张却没能得到其他革命党人的赞同。其后，许春草转而继续经营建筑行业。

1918年，许春草组织的"厦门建筑公会"在鼓浪屿龙头街正式成立。

1920年，正在广州进行护法运动的孙中山先生派人到鼓浪屿找到许春草，要他参加中国国民党。1921年，许春草应孙中山先生电召，前往广州。根据孙中山先生的提议，建筑公会改名为"厦门建筑总工会"并修改了章程。厦门建筑总工会发展迅速，到1925年，已在厦门成立9个区分会，拥有正式登记的会员达3000多人，非正式会员近5000人，成为当年厦门最大的民众团体和厦门群众爱国运动的主要力量。

1922年6月,陈炯明在广州发动政变,炮击孙中山先生的总统府。孙中山先生派郑螺生与许春草联系,任命许春草为福建讨贼军总指挥,要求他尽快夺取厦门,后因各种原因,攻占厦门的计划未能实现。

孙中山先生去世后,许春草淡出政治,全力经营建筑公司,在鼓浪屿承建50多幢洋楼别墅,并在鼓浪屿亲自设计建造了自住的"春草堂"。1926年,许春草担任鼓浪屿工部局"华董";1929年,创办以解放婢女为宗旨的"中国婢女救拔团",在鼓浪屿设立收容所,教婢女学手艺谋生,得到日内瓦国际联盟"反对奴隶组织"考察团的肯定。他还在厦门和鼓浪屿成立9个"建筑工人消防队",置办消防器材,义务救火。

"九一八"事变后,许春草邀请厦门大学教授黄幼垣,双十中学校长王连元等十多人同建筑总工会执行委员会举行联席会议,讨论成立"厦门抗日救国会",这是当时全国第一个公开的群众抗日组织。与此同时,他还联络闽南各县反日志士组成"闽南二十二县抗日团体联合会",并与张圣才等人创办了《抗日新闻》社。厦门沦陷后,他又以个人名义到南洋等地向华侨募集捐献,并率领一批爱国华侨青年回国参加抗战,直到日寇投降。

抗战胜利后,他参加陈公培在上海组织的进步团体"中国自然科学研究会",是该会的发起人之一。1947年,他被选为厦门市参议员。翌年,他以厦门建筑总工会的名义制发传单,抗议国民政府强抓壮丁。中华人民共和国成立后,他两次担任厦门市人民代表大会特邀代表。1960年在鼓浪屿家中去世。

洪晓春

洪晓春(1862—1953),名鸿儒,号悔庵。同安马巷窗东乡人,恪守"达则兼济天下,穷亦独善其身"的信念。清末中举,后弃儒从商,到厦门洪本部开设经营粮食的源裕商行,逐渐扩展至兼营信局、出入口贸易、钱庄等行业。

洪晓春早年参加孙中山先生领导的民主革命运动,是老同盟会员。厦门光复初期他被推举为"保安会"副会长和临时参事会的参事员。

厦门光复前后,地方政权处于无序状态,市面萧条,社会秩序动荡不安。土匪小偷乘虚而入,甚至白天发生拦路抢劫事件及杀人案。同盟会、商会等各界代表决定组织保安会,下设财政、演说、民团诸部。洪晓春被推举为副会长,他与会长黄鸿翔一起,招募陈、吴、纪三大姓及草仔垵台湾籍人成立保安团,共5个分队。每名保安团员月薪12元,每月支出饷银

3000余元，子弹照给。又劝谕各保仿照办理，把地方上无业市民编入保安队，海面上也雇轮船加强巡逻。同时，各书院、学校亦组织学生军参加社会治安工作。在黄鸿翔和洪晓春为领导的保安会的管理下，厦门地方秩序逐渐恢复。

厦门光复后，同盟会领导人王振邦和张海珊为争夺军政权发生内讧。洪晓春和黄鸿翔促保安会电省府要求解决。厦门道尹原鸿逵来厦就职视事，组织成立厦门参事会。洪晓春与许春草、陈天恩等人被推举为参事员。参事会成立后，保安会撤销。

洪晓春急公好义，凡商业纠纷、帮派冲突、宗族械斗，他都出面调解，息事宁人。他关心文教事业，参与创办启智学校

洪晓春

（马巷中心小学前身）、窗东小学，担任厦门大同小学、民立小学董事长，并被公推为厦门教育会会长和慈善机构"益同人公会"名誉会长。他关心市政，曾任市政会董事、副会长、会长，厦门早年的市政建设，他都参与，并独自出资兴建中山公园的晓春桥。

1923年，他参与领导厦门各界收回海后滩运动，同时组织"保全海后滩公民会"。迫使英人将圈地的……发后，他任厦门各界抗敌后援会劝募部长，带头捐款，……救国，支援前线。厦门沦陷后，因不愿出任伪职避居海外，受尽折磨，直到日寇投降才出狱。

1946年，八十多岁的洪晓春终于回厦，厦门民众自发到码头迎接。市商会、教育会等九个团体联名上书国民政府，请求给予嘉奖。翌年国民政府颁发"忠贞爱国"匾额褒扬。1950年，他被任命为福建省人民政府委员，并被福建省人民政府聘为省工商联筹委会主任。1953年病逝于厦门。享年91岁。

王兆培

王兆培（1890—1989），漳浦县人。早年丧父。在漳州中西学堂肄业，

萌发了革命意识。

　　清光绪三十二年（1906年），王兆培来到厦门鼓浪屿医院习医。期间发现从新加坡回国求医的病人施铭行动诡秘，出入都将房门紧闭，王兆培从门缝中偷看，发现施铭的辫子是伪装的，因此认定施为革命党人，遂与施经常接触，在施铭的介绍下，第二年与同学周长盛同时加入同盟会，并暗中吸收医院的有志青年，在外国人控制下的救世医院里，成立了"自立会"。

　　在施铭的领导下，王兆培经常与同志们在医院宿舍与日光岩山洞内秘密研究反清部署，一方面继续发展会员，壮大队伍。不久，又争取开明人士周寿卿牧师的支持，由周提供场所，借传教名义宣传革命思想。

　　王兆培的这些活动引起清廷的注意，他们准备逮捕王兆培等人。后在院长的通知下，王兆培连夜乘船逃往台湾，在台总督府医学校继续以习医为名，在师友中间寻找革命伙伴。宣统二年（1910年），王兆培奉命创立同盟会台湾分会，先后发展会员76人。

　　辛亥革命爆发后，漳州同盟会陈智君电催王兆培返漳组织学生军，协助革命党光复漳州，后欲委任王兆培为卫生局长，王兆培坚辞不就，决心在医学上深造。1912年3月，他以公费生资格进入东京慈惠会医学专门学校学习。这期间，他被推选为福建留日学生同学会会长。时孙中山在日本，对留日学生演讲革命道理，不久王兆培加入中华革命党，领导在日闽籍留学生参加反袁护国运动。

　　王兆培曾先后受聘于东京慈惠会医院、东京帝大医院任医师。与夫人婚后，夫妇俩爱国心切，相偕返回福州。1918年在福州开设兆培医院，设立产科讲习所培养助产士人才。王兆培同时还被聘为福建学院、英华中学等大中院校校医。翌年被福建省清乡处督导萨镇冰聘任为清乡处医官长。

　　五四爱国运动爆发时，军阀李厚基派遣大批军警镇压为抵制日货上街游行的学生，许多人被殴打致伤，王兆培以治疗为名，掩护帮助爱国学生脱逃。

　　抗日战争时期，王兆培积极响应抗日救国主张，担任防护团副团长，负责救护工作。并不顾日机轰炸，驾车赶赴被炸地点，配合各部门组织抢救受伤群众。

　　1941年，他任福州地方法院法医，不徇私情，处理500多起大小案件，为受害者申冤。曾被福建医学院聘请为法医学教授。

　　福州第一次沦陷时，他停止行医，坚决拒绝日寇多次邀请出任伪卫生局长职务的要求。

新中国成立后,曾先后被推选为民革福州市市委会主委,连续担任第三、四、五届政协福州市委会副主席,福建省政协委员和常委,1980年当选为第七届福州市人大常委会副主任,同年又被选为省民革副主委、民革中央顾问、监委等职务。

1989年因病逝世,享年100岁。

杨山光

杨山光(1884—1947),名岳,字仲觐,泉州北郊洋塘村(今属鲤城区北峰乡)人。13岁中秀才,后到厦门当家庭教师,考上京师大学堂,毕业后进日本明治大学专攻法律。留学期间加入兴中会,结交革命党人。宣统年间回国到福州应考,被录取为选士(相当于贡生)。

孙中山先生联合革命党派,组织同盟会后,杨山光即加入同盟会,在国内外参加各种秘密活动。辛亥革命前,还是学生的杨山光与陈大粥、徐屏山两位教师发起了厦门同文书院的学潮。师生鼓动第七班学生向学校提出增加汉文课时的要求,同文当局悍然拒绝,并把全班学生开除,引起学生的彻底反抗。杨山光向其岳父陈子珽陈情,由陈子珽出面创办公立中学。师生脱离同文书院到公立中学任教上课。公立中学开办后,除根据当时学制设教外,特别注意灌输革命思想及加强体育训练。

武昌起义后,杨山光在厦门联络海内外同志,策划光复事宜。宣统三年九月二十四日(1911年11月14日),革命军占领厦门提台衙门。第二天,成立军政分府。是日,杨山光率领几十民众准备接收胡里山炮台。为避免不必要的损伤,杨山光预先派陈宝瑚前往劝降官兵,队伍暂时在镇南关(今大生里)等候。陈宝瑚很快回来复命,说明炮台官兵愿意投诚。杨山光率领队伍到达炮台后,炮台刘管带率十几个士兵列队欢迎,缴出大炮炮弹和若干步枪。胡里山炮台顺利接收。

泉州光复初期,社会治安混乱,杨山光和同安的庄尊贤带领灌口义勇队数十人,携带枪械弹药前往支援,协助恢复治安。杨山光并倡议组织泉州参议会,处理善后事项。

民国成立后,杨山光当选为众议院议员,住北平。北洋军阀曹锟贿选总统,他不愿同流合污,化装潜逃,南下广州参加孙中山先生召开的非常国会。有人提议仍选孙中山先生为总统,杨山光以到会议员不合法定人数,力争不可,最后选孙中山先生为大元帅。

北伐胜利后,杨山光返回厦门,在中学任教,继而被福州法政专门学校聘为教务长。以后他又在厦门设事务所,组织律师公会;又诚邀热心人士筹办大同中学,被选为校董事会主席,兼教学工作。

"七七"事变后,杨山光在厦门开展抗敌后援活动。厦门沦陷前,他返回泉州在中学任教,期间在集美高级中学、海疆专科学校担任教师。抗战胜利后各校迁回泉州,杨光山回泉州继续执教,积劳成疾,卧病不起。病重时嘱咐儿辈:"我以贫病,亦以贫死,你等当以贫自立。"

黄约瑟

黄约瑟(生卒年不详),长泰人。其先祖迁到厦门鼓浪屿,就此居住下来。

辛亥革命前,黄约瑟加入同盟会。还是学生的黄约瑟与黄金安等人在鼓浪屿大河墘(今龙头街)创办闽南阅报社,大力宣扬民主革命。人们通过在阅报社阅览书报,吸收进步思想,结交朋友,谈论革命,一些人就此加入同盟会。

黄约瑟也是最早剪发辫的同盟会员之一。广东起义失败后,朋友们担心他的安危,他说:"匈奴未灭,何以身为?"英华书院毕业后,黄约瑟任厦门三达洋行书记,以三达洋行作为同盟会秘密联系的机关,宣传革命思想,发展同盟会员,甚至辞去洋行书记一职,专心革命事业。

厦门光复起义中,黄约瑟贡献很多,但因为他在外规划,又功成身退,大多数人不知其事。厦门光复后,黄约瑟被选为参事会会员。他说:"满奴已去,吾志酬矣。以后政治革命,须让有政治学识者为之,于我无与焉。"

他去菲律宾经商,死于肺痨。年仅三十五岁。

丘仁心

丘仁心(1889—1916),海澄新垵人。辛亥年间,他参与厦门光复起义,奔走于厦门、海澄之间做军事联络工作,兼负责理财。民国四年(1915年)初,拥护孙中山先生的反袁护国运动,参加在厦门成立的中华革命党闽南支部,到同安寨仔湖组织福建下游护国军第二支队,出任支队军需官。建议"帮请"霞阳社巨富杨章训解决经费困难,开始整军反袁。当年夏,与志士杨子照在新垵家中制造炸弹,后与吴坤元、林洛之(台湾)携炸弹冒险爆毁思明县政府后墙。1916年6月5日,参加闽南革命党武装反对袁世凯的"同安之役",支队长庄尊贤和教练官潘节文阵亡。"同安之

役"失败后，丘仁心率队撤往天柱山，整旗再起，发誓"袁贼不倒，决不罢休。"

丘仁心为反袁护国奔走于厦门、同安两地。后不幸传染时疫，病逝于天柱山根据地。

丘廑兢

丘廑兢（1888—1977），漳浦杜浔人。幼年时家庭贫寒，父母双亡，由其叔婶抚养，后为海澄新垵举人邱春江收养。

清光绪三十年（1904年）中秀才，科举废除后，转入漳州中学堂学习，接受进步思想。光绪三十三年（1907年），未满20岁的丘廑兢加入中国同盟会，是厦门最早的同盟会会员之一。翌年，与同盟会会员周明辉、王金印在厦门一带进行秘密活动，租了鼓浪屿河仔墘（今泉州路）的一处房子，设立"鼓浪屿阅报所"，经常进行讲演，宣传反清思想。

宣统元年（1909年），他赴新加坡转缅甸仰光，参与组织同盟会仰光秘密机关"觉民书报社"，出任评议员，后又任《缅甸公报》经理，经常撰文抨击清政府。宣统三年（1911年），丘廑兢回国参加辛亥革命，协助庄银安处理华侨捐赠、地方财政等内部事宜。三年后，丘廑兢成为孙中山先生颁授的中华革命党闽南支部总务主任，参与组建"闽南讨逆军"，加入讨袁运动。

大革命时期，受中国国民党福建临时省党部派遣，他到海澄组织临时县党部，任筹备委员会主任。民国十六年（1927年），被人密告为中共党员，于4月27日在福州被捕入狱。被营救出狱后，回厦门任《民国日报》副经理。民国十九年（1930年），担任海沧沧江小学校长，后又应聘为厦门双十中学附属小学部主任兼中学教师、总务主任。

抗日战争时期，他携长子南渡缅甸仰光，执教于仰光中学，并创办仰光龙山小学，同时被聘为仰光《中国新报》经理。先后担任缅甸华侨抵制日货委员会委员、缅华救灾总会理事、缅华青年救亡"六联团"（即救亡宣传工作团、学生联合会、救亡工作者联合会、缅华妇女联合会、店员联合会、缅华总工会）主席。作为当地侨领之一的丘廑兢，全力团结华侨、组织侨团、发动募捐，支援国内抗日事业，为修建、维护滇缅公路筹款奔走。他组织排演的话剧在缅甸各地上演，每当演出完毕，台下华侨们都把钱往舞台上抛掷，支持全民族抗战。

皖南事变爆发后，革命诗人光未然（即张光年，《黄河大合唱》歌词作者）被迫从重庆出走缅甸。丘廑兢与光未然合作创办了《新知周刊》，宣传反日、反内战。

日军占领缅甸后，1942年丘廑兢返国久居厦门，在海沧组织海澄归侨产销合作社，任福建省赈济会委员。抗战结束后任厦门互惠公司经理。1949年秋，因参加中共领导的地下活动，于9月21日深夜在鼓浪屿复兴路家中被厦门警备司令毛森派遣的宪兵逮捕，入狱25天，直到厦门解放后获救。

中华人民共和国成立后，任福建省第二、三届政协委员，厦门市第一至第三届政协常委，厦门市第一至第三届、第五届人民代表，中国国民党革命委员会厦门市委员会副主委，厦门市归国华侨联合会副主席，厦门市郊区（现集美区）侨联主席。1977年10月病逝。

黄燧弼

黄燧弼（1879—1937），厦门人，出生于玉屏书院附近一家书香门第。

青少年时代的黄燧弼，耳闻目睹厦门变为帝国主义殖民地、沦为列强乐园的那段历史。19世纪末，黄燧弼进入由中国人创办、外国人主持校务的同文书院学习，因被同文书院院长发现他的美术才华，后由院长出资送黄燧弼到菲律宾国家艺术大学留学深造。

黄燧弼在菲律宾一面学习美术，另一面接受革命思想。宣统二年（1910年），孙中山派郑汉琪在菲律宾组织中国同盟会，不少在菲的厦门人加入了中国同盟会，其中一位从台湾迁居厦门的陈金方与黄燧弼有亲戚关系，在陈金方介绍下，黄燧弼参加了同盟会。1911年，黄燧弼化名黄瑞伯，回国参加广州"黄花岗起义"，并成为幸存者之一。

辛亥革命期间，黄燧弼与孙中山先生、廖仲恺等革命领导人关系密切。武昌起义后，黄燧弼回到厦门，一面从事美术教育，筹办美术学校；另一方面，积极参加各种革命活动。1914年7月，孙中山先生在日本建立中华革命党。同年中华革命党闽南支部成立，黄燧弼出任党务副主任。

20世纪20年代初，黄燧弼在黄厝宫创办了"真庐画室"，招收学员。其后在1923年又与林学大、杨赓堂等人在顶释仔街租用民房，开办"厦门美术专门学校"，并被推选为首任校长。20世纪30年代初，学校迁入中山公园西门通俗教育社旁的新址，一些同盟会老会员陈金方、翁俊明等，分别任校董和教职员。

1926年，厦门市新辟中山公园，工程负责人周醒南决定在公园南门建造一个富有革命意义的雕塑，黄燧弼设计的"醒狮球"成为中山公园的标志性雕塑。这是一头后腿蹲着作怒吼状的雄狮，它站在地球仪上，寓意着中国人民的觉醒。

1935年，黄燧弼前往新加坡创办广告画室。因受疼病缠身之苦，于1937年在儿子陪同下回厦门，不幸病逝在船上，时年58岁。

苏眇公

苏眇公（1888—1943），原名郁文，幼名维桢，号眇公，字监亭。龙溪县港尾格林村人（现属龙海县）。他六岁入学，十六岁应试中秀才，后被保送往福州，入全闽师范学堂深造。在校时，他一面倡办"阅报书社"，购买各地出版的进步报刊，介绍给同学们阅读；一面积极从事反清革命活动。

得知清政府谋划逮捕他时，苏眇公立即逃往日本。在东京，他结识了孙中山先生，参加了同盟会。不久，被派往印尼爪哇，任《公报》编辑。由于在报上写文章抨击清政府，鼓吹民主革命，结果被当地政府驱逐出境。

此时，正值黄花岗起义失败，但革命风暴已席卷国内。苏眇公立即回到福州，和同盟会员秘密策划八闽光复大计。1911年10月，武昌起义成功，福州于11月9日宣告光复。苏眇公认为漳州组织起义时机已经成熟，又立即赶回漳州参与起义，于11月11日光复漳州。

苏眇公先是任漳州参议员，不久被选为临时会长。参议会撤销后，他转回福州，担任《群报》主笔，从事革命活动。当时，福建都督孙道仁和参事长彭寿松，恃功行霸，摧残民意，暗杀同盟会员及记者。苏眇公不畏权势，在报上发表文章，猛加抨击，触怒了孙道仁和彭寿松，《群报》横遭抄封，苏眇公被捕入狱。

苏眇公一案传到京沪后，各界人士大力声援，经海军司令杨树庄搭救，他才出狱前往上海。

1913年袁世凯复辟称帝，迫害革命党人，苏眇公再度逃亡日本。第二年，苏眇公由日本转赴南洋群岛，从事倒袁运动。后于1915年回国，取道香港到达厦门，不久出任《江声报》编辑。

尽管屡经坎坷，苏眇公仍然一如既往，不避权势，挥动手中铁笔，撰文猛烈抨击袁世凯帝制，结果又横遭逮捕，备受酷刑，因此失去左目，从此自号"眇公"。后经王选闲等人奔走呼吁，才得以释放出狱。

出狱后的苏眇公，革命锐志丝毫不减，1916年初，他又与一些同志秘密召开"倒袁军事会议"。第二年，他再回报界，担任《闽南报》编辑，仍撰文评论时政。到 1921 年，他转任集美中学国文教员，并编《集美周刊》，因不满校长专横作风，曾鼓动学生起来罢课闹学潮。离校后，又任《厦声报》编辑。10 月，因英国要在厦门海后滩建造码头，五十七个团体组成"保存海后滩公民会"，掀起反对英帝国主义强占海后滩的斗争，苏眇公又以自己犀利的笔锋，痛斥侵略者。因在报上发表触怒当局的信件，又被迫辞职。接着，应陈文总的聘请，到上海创办《昌言报》。

1933 年，眇公离开上海后，再度返回厦门，先后在厦门中学、大同中学执教。卢沟桥事变后，厦门沦陷，苏眇公跟随大同中学先迁海澄，再迁南靖县山城。1943 年病逝，终年 56 岁。

苏眇公生前写下了许多抒发革命情怀，抨击时弊和反动恶势力的诗文。他的好友李禧（绣伊）搜集整理其诗 170 多首，书名《眇公遗诗》，在新加坡出版。

汤铭盘

汤铭盘（1884—1923 年），又名篾九，号瞻耽，福建云霄峛屿人。

清宣统二年（1910 年），汤铭盘就读于漳州府中学堂，与同学张善兴（即张贞，诏安东峤人，后为国民党陆军上将）结为兄弟并一起加入同盟会。宣统三年，武昌起义成功，他加入"漳州学生光复队"，赴榕参加福州光复斗争。同年年底，与张贞两人应募参加江苏都督陈其美组织的学生北伐队，赴上海受训半月后到南京，被编入南京陆军入伍生队，不久加入大总统府卫士队。

1912 年 8 月，汤铭盘转为中国国民党党员。10 月，汤铭盘、张贞同被选入陆军第二预备学校受训。1913 年春，又同被选送保定军官学校第三期工科深造。

1915 年，袁世凯企图恢复帝制，汤铭盘、张贞奉命回闽反袁，在同安寨仔湖负责福建护国军第二支队军事训练，曾率队夜袭长泰林墩、海澄角美保安队，后在灌口山口庙与袁军辛桂芳营激战失利，转移至长泰天柱山。

1916 年 1 月，汤铭盘到鼓浪屿参与策划厦门反袁起义，因叛徒告密未遂。同年 6 月 1 日，参与指挥进攻同安县城，6 月 6 日袁世凯死，与张贞同回军校至年底毕业。翌年往广州任护法滇军第四师第二工兵营第一连连长，不久升为副营长、代营长。1918 年 7 月入闽，兼任东山县知事。当时张贞任福建靖国军第四路军司令兼第七团团长，驻扎泉州凤巢山，汤铭盘投往张贞，任第七团营长。不久，在诏安起义的浙军陈肇英部与张贞部联合，

成立靖浙联军，汤铭盘被派往厦门募款筹措军需。

1920年8月，张贞等人鼓吹"闽人治闽"，成立"福建自治会"，建立"福建自治军"，汤铭盘被委为自治军司令部军需主任，仍留厦门秘密置办军需。后因靖浙联军讨桂失败，加之募款账目不清，愧与张贞相见，遂回云霄家居。

陈炯明叛变后，孙中山先生成立广州大元帅府讨伐陈炯明，张贞请缨为前驱，任东路讨贼军第八军军长，汤铭盘被任为参谋长兼前敌指挥官。1923年5月，讨贼军总司令许崇智作战失利，汤铭盘与张贞由晋江率部经平和入粤东。7月7日，汤铭盘率先遣队进攻饶平，连克浮山、东里，9日，陈炯明自香港返回汕头指挥反扑，双方鏖战于浮山一带。17日，讨贼联军臧致平部受挫，李烈钧部两旅阵前倒戈，浮山失守，张贞部陷入被夹击之中。战事惨烈，汤铭盘臂部受伤，仍然执机枪血战，后中流弹牺牲。

汤铭盘牺牲后，被追认为陆军少将。他的遗骸由同乡战士掩埋于浮山田野中，次年迁回，葬于故乡剡屿白衣山。

杨持平

杨持平（1882—1921），原名人杰，号俊民，莆田城西延寿村人。

杨持平家境贫寒，从小就立志为民报国。光绪三十一年（1905年）考中秀才。宣统元年（1909年），他赴福州参加优、拔贡考试时，发现教官恶取"卷金"，遂愤然具状上告，遭到报复，被抑为"次列"。

革命党人策划武昌起义，杨持平主动去找黄兴，积极投身到起义活动中去。后转至上海参加北伐军队，并连连投书沪军都督陈其美，"促其早日出兵"。不久他返回莆田，与叶华磁等人创办《兴化报》，揭露福建政务院院长彭寿松种种罪行，提出兴利革弊诸多主张。随后，又到厦门任《闽南报》编辑，当时袁世凯窃取革命果实，企图复辟。杨持平在报上屡屡撰文抨击袁世凯叛国行为，其尖锐言行为北洋军阀所不容，杨持平被迫流亡东南亚。

云南反袁护法起义后，杨持平冒险回国，加入中华革命党，发动民众讨伐北洋军阀。又到厦门任《民钟报》编辑，继续抨击北洋军阀卖国毁法恶行，并与庄文泉等人密谋起义。后因事泄，庄文泉被捕，杨持平只好远走暂避。

民国六年（1917年），杨持平联合杨汉烈、林敬根、黄炜、翁程诸部，在闽南长泰县山重组成闽南靖国军，通电响应孙中山先生护法号召。民国七年（1918年），又与许卓然部会合，进攻灌口，直逼厦门。福建督军李厚基急调二千兵马救援灌口，杨持平在同安西门外设伏阻击，大败北洋兵。同年秋，杨持平率军支援莆田民军，并与粤军许崇智部联手围攻莆田、涵江的北洋军阀驻军，连连大胜。

民国八年（1919年），广东军政府任命杨持平为福建靖国军第三旅旅长。次年，福建护法军支队司令王荣光叛投北洋军阀，杨持平不幸被诱捕，落入敌手。受审时，北洋军阀旅长唐国谟逼他下跪，杨持平坚贞不屈，厉声斥责："快杀我！革命者可杀不可辱！"并取笔写下北洋军阀卖国毁法以及自己护法的经历，大义凛然，弄得唐国谟不知所措。

在押期间，杨持平勉励狱外的部属们坚持斗争，他在信中写道："我自举义以来，但想如何救国"，"我死后，愿同志同体此意，要为贫苦之同胞打仗，为多难之祖国打仗"，仍念念不忘"国家有根本革新之一日"。

民国十年（1921年），杨持平在泉州被北洋军阀杀害，终年39岁。尸骨返葬莆田城外凤凰山麓。

宋渊源

宋渊源（1882—1961），字子靖，永春五里街镇儒林村人。8岁参加秀才考试，名列榜首。光绪三十一年（1905年），到福州福建优等师范学堂学习。翌年东渡日本，入东京体育会兵事科学习。

光绪三十五年（1909年）春，宋渊源再度前往日本进入明治大学攻读政治，同年晋谒孙中山先生，加入同盟会。1911年10月回到武汉，黄兴命他回福建策划起义，协助孙道仁、彭寿松等光复闽省。11月8日，福州新军都督孙道仁的军队在福州占据于山，拔掉山下满族旗人的大本营，旗兵组织敢死队准备反攻。在危急时刻，宋渊源赶到南门，当机立断，将把守南门的一连兵力调往于山增援。这一仗打得十分激烈，共用一天半时间，结果是闽浙总督吞金自杀，将军朴寿被捕杀，福州遂告光复。

福州光复，八闽震动。从11月11日到11月18日，前后仅7天，闽南的漳州、泉州、厦门相继和平光复，紧接着，参事会（同盟会领导下的组织）派宋渊源到厦门做宣慰使，从事安抚工作。孙道仁问宋渊源要带多少兵去，宋渊源考虑到厦门是通商口岸，多动干戈容易引起国际纠纷特别是日本人的滋事寻衅，就说他一个兵也不带。后为安全计，只带了一个书记和一个当差前往厦门。

宋渊源带了两个随从到厦门军政分府。了解到该府内两派斗争激烈。

遂召开由厦门各界人士参加的军事会议。与会者认为"统制府"妨碍了闽省的统一，于是决定取消"统制府"改为"道尹制"，并提请都督孙道仁派原鸿逵为道尹。经过各方努力，厦门政局日趋稳定。

民国元年（1912年），宋渊源任福建省议会议长，并被推选为国会参议员。"二次革命"失败后，他离开福州，转赴南洋各地发动讨袁斗争，并在香港成立讨袁军事统筹部。民国四年（1915年）秋，回闽参加领导讨袁斗争，与叶青眼、许卓然等在厦门成立中华革命党福建支部，宋渊源任支部政治委员。闽省反袁斗争失败后，宋渊源转往上海、香港等地，图谋再举。讨袁斗争结束后，宋渊源到北京参加国会工作。

民国六年（1917年），张勋复辟，解散国会，孙中山先生发动护法战争，宋渊源赴广东参加，并派王荣光、赵光、宁益生等回闽南组织民军。粤军入闽后，永春、德化、安溪、仙游等地民军组织闽南护法军，宋渊源被公推为总司令。1921年，护法军被李厚基收编，宋渊源因病赴粤疗养。

1922年6月，陈炯明叛变，宋渊源谒孙中山先生于永丰舰，建议先入闽收编闽省民军为讨贼军，此建议为孙中山先生采纳。后闽南各地民军拥宋渊源为东路讨贼军第八军军事委员长。10月，北洋军阀战败退出闽省，孙中山先生委任宋渊源为闽南宣慰使，统领闽南各地民军。

后宋渊源参加北伐，就任国民政府委员。1928年兼任侨务委员会常务委员，发动华侨捐资创办福州三民中学。

抗日战争爆发后，宋渊源至新加坡参加南侨代表大会，发动华侨支援祖国抗战。后回上海定居，就任国民参政员。1950年自福州经香港赴台湾，任国民党"光复大陆设计委员会"委员。1961年病故于台湾。

叶青眼

叶青眼（1876—1966年），原名拱，又名耀垣，字文星，泉州孝友里（巷）人。青眼是其参加同盟会时自取之名。

叶青眼18岁为邑庠生，21岁补上可以享受米禄的廪生，不久被宗亲聘为塾师。1906年，他受台湾宗亲邀请赴台任教，一年后回厦门鼓浪屿，担任英华书院教员。当时的台湾之行对叶青眼的思想产生了很大的影响。叶青眼承认自己在这个时期，"由旧塾师转变为新学教员；由保守的科甲中人转变为革命党人，参与时代变革。"

在厦门任教期间，叶青眼加入了同盟会。他把英华书院作为同盟会革命的活动中心。当时，王振邦、蒋以琳（麟）等先后从南洋回到厦门，与叶青眼等共谋光复厦门及泉州所属各县大计，此后叶青眼回泉州，与许卓然、陈仲瑾等积极筹划光复泉州事宜。

武昌起义一个月后，1911年11月18日（另有资料为14日或19日），叶青眼等人经过周密的布置及艰难的斗争，光复泉州。此时叶青眼又率领学生军和敢死队配合福建军政府参事宋渊源光复安溪、南安、永春三县。

中华民国成立后，叶青眼回厦门鼓浪屿继续执教。袁世凯背叛革命后，孙中山先生发动讨袁斗争，成立中华革命党。当时正在香港进行革命宣传工作的叶青眼认识了廖仲恺，经过廖仲恺等人的推荐，1915年秋，孙中山先生正式委任叶青眼为中华革命党福建支部长，与许卓然、陈金芳等人筹建福建支部的组织机构。反袁斗争开展后，整个福建支部的大本营设在厦门。

1916年2月2日夜，中华革命党福建支部在鼓浪屿召开军事会议，叶青眼主持会议。会议研究各项部署，决定发动厦门起义，起义军由叶青眼任总司令。后因军事会议中混入了密探，为避免牺牲，反袁起义宣告流产。

闽南地区反袁起义失败后，叶青眼赴菲律宾，在中西学校任教。

1921年11月，叶青眼回到泉州，在泉州担任市政局局长。两年后，协同晋江县知事陈清机在泉州城区掀起破除迷信、移风易俗活动。他还主持制订泉州市政规划，拓宽南门至指挥巷大街及扩建南大街部分路段，后因时局混乱而停工。叶青眼再次携眷前往菲律宾，创办马尼拉华侨公学，自任校长。不久举家回国，在厦门中华中学任教。寓居厦门期间，受泉州名僧会泉法师影响，转为笃信佛教。

1925年，泉州开元寺创办慈儿院，叶青眼受聘回泉州担任院长。自此主持院务21年，培养孤儿千计。先后被推选为泉州妇人养老院、温陵男老院董事，并担任花桥施药局董事长。此后，泉州历次水灾、瘟疫，叶青眼都奔走筹赈，办理善后。1927年春，叶青眼向当局提出在晋江上游造林固沙，筑库蓄水以治水患，在下游建堤防洪，筑坝导水的建设计划。因工程浩大，非一时所能办，乃求其次，倡议组建新桥溪导水工程董事会，集海内外同乡侨胞之力，在晋江南岸新桥与浮桥间建石护堤2处，导水坝4处，导引水流入新桥故道，以利泄洪，工程历时4年竣工。

抗战初期，厦门沦陷，难民纷纷逃来泉州，开元寺、慈儿院、承天寺等处均告人满，叶青眼积极筹募，提供食宿医药。

新中国成立后，叶青眼历任福建省文史馆馆员，政协泉州市第一、二届委员会委员，第三届常务委员。

第四章　辛亥革命在同安

辛亥革命时期，陈飐臣、庄尊贤领导灌口（时属于同安县）同盟会革命军，入同安作战，令同安县城和平光复，为闽南的辛亥革命写下浓重的一笔。不久，马巷十几个村庄的村民"火烧三府衙"，宣告马巷光复。同安、马巷光复，皆是兵不血刃，市面不惊。但此后的护国护法之役，同安飘摇在腥风血雨中。护国运动中，庄尊贤、潘节文牺牲，在同安县城至今都留存纪念此二人的"钟楼"。而在护法之役两个月的"南北拼"中，军阀混战，给同安民众留下的只有劫后的满目疮痍。同安的护国护法运动，逃离不开中国辛亥革命史上的沉重一页。

第一节　灌口同盟会的成立

清朝末年，南洋及闽粤沿海侨乡已成为中国同盟会的活动中心。清宣统元年（1909年），灌口山兜村（今灌口李林村）华侨庄依瓦回乡宣传、组织同盟会。经他发展介绍，陈飐臣、庄尊贤和其他教员以灌口凤山两等小学堂为据点，同年组织起灌口同盟会。除陈飐臣、庄尊贤外，先后入会的有陈仲赫、庄惠然、陈延香、陈少瀛、李增辉、林云登、周少波等。

鉴于庄尊贤十五岁时就能经营粮食和布匹生意，在灌口及同安一带具有一定的商业声誉，在庄依瓦的倡议下，宣统二年（1910年），由庄尊贤与庄佑南出面，发起成立了"灌口天然养生畜牧公司"和公益社农务分会，以经商为掩护。在侨领陈嘉庚、庄银安和张永福的资助下，同盟会很快招募到200多人组成革命军，购买枪支弹药，聘请教练，在仙灵棋山下以垦殖为名，进行秘密军事训练，准备举事。

当时清朝廷兴起立宪运动，要求县里设"自治研究所"，学习宪政。在同安则由举人吴炯棠任所长，招学员60人，学习一年毕业。灌口同盟会派出陈仲赫、陈延香、李增辉、林云登、周少波等人返回同安县城，以"自治研究所"成员及县学堂学生为主要对象，在铜鱼馆芝田书房成立"同安青年自治研究会"，推举人吴瑞甫（吴炯堂之弟，中医，同情革命）为会长，陈延香任副会长实际负责工作，陈庆云为总干事，以吴炯棠、吴瑞甫吴氏两兄弟为掩护，作为同盟会的外围组织。在同安光复前夕，"同安青年自治研究会"会员已达数百人，其中骨干分子如陈庆云等均转入同盟会。

由于革命形势的发展，加上庄尊贤、陈飏臣、吴瑞甫等人在地方上的威望，灌口地区及大同镇的下层官绅，逐渐由观望转而同情革命。

此时庄尊贤年届中年，他的父母妻子在灌口的一次流行瘟疫身亡，但他义无反顾地配合当时年仅二十七岁的陈飏臣共同进行起义的准备。

陈飏臣的养父陈廷辉也深明大义，不但同情鼓励他们的革命行动，而且还亲自投身于反清斗争中，参加同盟会，主持公司事务，资助革命经费，让陈飏臣和庄尊贤专心地筹划起义事宜。

而陈飏臣与庄尊贤也不分昼夜，往返于同安城关、灌口和山间谷地，了解敌情，熟悉地形，为反清事业做积极的准备。

第二节　起义光复兵不血刃

清宣统三年八月十九日（1911年10月10日），武昌起义成功。朝野震动，全国各省响应。消息传来，庄尊贤与陈飏臣商议后，变卖了自己的财产，并以南洋华侨的部分捐款充当军饷，果断率领灌口革命军起义。当天革命军身穿中山装、头戴六角帽，攻占灌口巡司衙和大老衙，取得首战胜利。

灌口光复后，各界开大会，联络乡下数百乡，插上民国旗，放炮庆贺，欢声震地（《南洋总汇新报》1911年12月30日）。

继而庄尊贤又率革命军光复泉（州）漳（州）两郡，所向披靡。据报

第四章　辛亥革命在同安

载：灌口革命军往漳州，所到秋毫无犯，各界欢迎，遂即盟旗布告，百姓安堵，齐呼国民万岁(《南洋总汇新报》1911年12月30日)。

宣统三年九月十九日（1911年11月9日），陈飓臣、庄尊贤与陈延香、陈少瀛、庄惠然等革命志士发动灌口革命军，与"同安青年自治会"会员一起，里应外合，组成同安民军，筹划会攻由北洋军阀控制的同安县城。

革命军声势浩大，势如破竹。在次子孔庆章——"同安青年自治会"会员的劝告下，守城的同安参将孔协台反正，阵前投诚，交出协台衙门的印信和令箭。

守军瓦解，革命军蜂涌入城，陈延香和陈少瀛把预先准备好的象征五大民族共和的五色旗分别插在同安五城门和县衙仪门上，随后庄尊贤、陈飓臣、吴瑞甫、陈少瀛等人率队进入县衙，逼令清朝末任知县陈文纬缴印投降，宣誓服从革命军。同安兵不血刃，宣告光复。

同安光复后，众人推举陈飓臣为代理民国首任同安县县长。陈飓臣随即手拟安民布告，宣布减捐、减赋、禁毒、放足、剪辫、禁赌、禁迷信、禁械斗、保护士农工商各业等法令，张贴于各城门及街衢通道。不数日，陈延香又率学生捣毁东门内城隍庙神像，以示除旧布新之革命决心。一时人心振奋，遗老向隅，城乡秩序井然。

一个月后，厦门统制署派郑一龙前来接任，陈飓臣调任安海分县长，不久升为晋江县长。其任内组织学生军配合安抚使宋渊源部队赴惠安、南安、安溪各县，制止农村械斗，稳定了闽南局势。庄尊贤则于同安光复后不久，功成身退，离开政界，与庄惠然在上海等地经营古董生意，以示"革命者不做官"。

马巷厅署建于清乾隆四十年（1775年），占地面积三万平方米，内设置三个机构，即通判署，照磨署，水师千总署，俗称"三府衙"。从乾隆四十年至宣统三年（1911年）的136年间，这里是马巷地区的政治中心。

"三府衙"衙门中的官吏敲诈勒索，鱼肉百姓。所到之处，民怨沸腾。1911年11月，同安光复，震动了马巷。同盟会洪晓春与时为马巷舫山小学堂堂长洪湛恩（名春如）等人在马巷鼓动反清，并同后亭绅士朱阳斧（俗名火鸟斧）取得联系，由朱阳斧联络后亭朱阳雪、朱阳玉、朱阳降、桐梓村朱承温、沈井村陈醒、曾林村蒋买、蒋兴龙、上内田陈教等人联合发起，成立战团武装组织。参加战团的人都具备一定功底的拳术。

宣统三年十一月二十三日（1911年12月24日），朱阳斧率领战团数十人在石茂冈（现同安油厂一带）秘密集结。这些来自马巷十几个村庄的壮汉,头戴竹板笠,有的扛着土造火药枪,有的拎着汽油桶,有的拿着长槌短棍,趁着夜晚向三府衙靠近。

朱阳斧、朱阳雪等人首先在后墙下向衙署的膳房和后堂泼汽油,投入火把。当晚守衙的只有几个"河南勇"(河南籍亲兵),混乱中,他们簇拥着白通判逃出大门。白通判只能穿着睡衣,躲进三乡楼仔内陈申家。

朱阳斧立即占领通判署。他们抄出衙署中的文书帐册,堆积在大堂上,举火焚烧。不料火串屋顶,燃着屋梁,官厅房舍皆成灰烬,民间称为"火烧三府衙"。

马巷光复后,同安县长立即派一县佐驻理马巷。马巷厅随废复属同安县。

同安、马巷的光复,并无深刻的社会改革措施。黄龙旗换成了五色旗,县太爷改称县长,只是见面不再下跪,其他并无多大变化,所有布告兴废之事多成空文。故同安民谚戏言:"清朝换革命,剃头变打枪"。

第三节　庄尊贤潘节文血洒同安

辛亥革命胜利后,袁世凯取代孙中山先生为总统,大搞独裁、复辟活动。同安落入北洋军阀的统治。1914年7月,孙中山先生在日本东京成立"中华革命党",发起讨袁运动。

1914年9月,叶青眼奉命组建中华革命党福建支部,召集已退出政界的庄尊贤参加,庄尊贤自上海返回灌口。1915年春,庄尊贤召集旧部于寨仔湖、蜘蛛湖、白虎岩、山口庙等处,组建闽南护国军第二支队,组织讨伐袁世凯。他电请永春人、保定军校毕业生潘节文(字奕敬)为教练官,训练军队,起兵护国。潘节文年轻有大志,常以班超自比,慨然应邀赴任,与庄尊贤联电讨袁。庄尊贤联合泉州、安溪等地民军,组成晋(江)南(安)同(安)溪(安溪)讨袁联军,先后袭击了长泰林墩、岩溪保安队与角尾北洋军哨所等地。

为解决军需武器,庄尊贤召集惠安火药师李扁星等人到灌口山兜的山口庙制造土枪弹药,又联络泉州许卓然、安溪林本有、杨汉烈、陈岳诸部民军等,下辖二营,以杨德胜(安溪人)、陈宗仪(永安人)为营长,丘仁心(海澄人)为军需官,厦门则派出林勺候、汤铭盘两同志上山协助。

1915年12月,袁世凯称帝,帝号"洪宪"。1916年1月7日,同安县

第四章　辛亥革命在同安

知事柏麟书奉令布告，改称民国五年为"中华帝国洪宪元年"。3月，在众叛亲离中，袁世凯被迫宣告放弃帝制。

袁世凯放弃帝制一个月后，4月20日，驻灌口凤山寺的北洋军一连突然袭击护国军联络站庄文泉染坊，捕杀两同志。24日夜又突袭离镇8里的护国军据点山口庙。双方激战，结果护国军连长王舫（安溪人）、曾海国（永定人）、排长张送（同安人）及战士柯养、林小贝、陈塔、陈藤、黄近等5名，均英勇战死。护国军战士郑青也于同日在灌口被捕遇害。护国军退入寨仔湖，大本营迁往天柱岩寺，秘密运回藏于深田内古墓中的大批炸弹，准备反击。

山口古庙

在举行誓师大会，并预拟安民布告后，1916年6月5日（一说为6月1日），庄尊贤、潘节文率领护国军180余人突袭同安县城，与城内北洋守军一营激战。

不料北洋军早已得到密报，预设下埋伏。庄尊贤率部突入北门后，冲至公馆头（今武装部门口），遭埋伏于屋顶的暗枪射杀，牺牲时年仅41岁。潘节文当时已突破朝元门（俗称小西门），听到庄尊贤的噩耗，率部赶去增援，冲至芦山堂后的陈太傅祠附近，也被炮火所阻，中弹牺牲。临终前潘节文倚墙指着敌人叫骂："我军为共和流血，死亦何憾，但恨不及身见汝曹随洪宪消灭耳！"死时仅26岁。

北洋军乘机反扑，同安护国之役惨烈失败。但中国各省烽火已燃起，6月，袁世凯在四面楚歌中死去，帝制丑剧收场。袁世凯死去没几天，6月13日，护国军在同安罗岩与北洋军遭遇交火，排长林八战死。

同安县城中心的钟楼

庄尊贤、潘节文牺牲的遗体，先由同安民众安葬于北门城下。1923年4月，国民革命军前敌司令张贞出面筹款，将庄、潘二烈士遗骸迁至同安城外南校场公路边厚葬（一说1927年北伐胜利后，由国民革命军驻同安团长王祖清和陈延香把庄、潘二烈士遗骸迁葬于城外校场）。陵墓为三层塔形，上层镌"庄育才潘节文二烈士之墓"，饰以国民党徽。中层镌"洪宪存则生不如死，共和复则死胜于生。呜呼，鲁连遗范，烈烈轰轰！国民十六年建"。下层镌碑文，详述庄潘革命事迹。周边环护铁栏杆，故民间称为"铁枝墓"，"文革"期间被毁。

1930年，同安县建设局长王卓生又于县城中心建造钟楼，钟楼坐北，南对"铁枝墓"，方形5层，通高23米。上镌"庄育才潘节文烈士纪念钟楼"，至今完好，为县级革命文物保护单位。

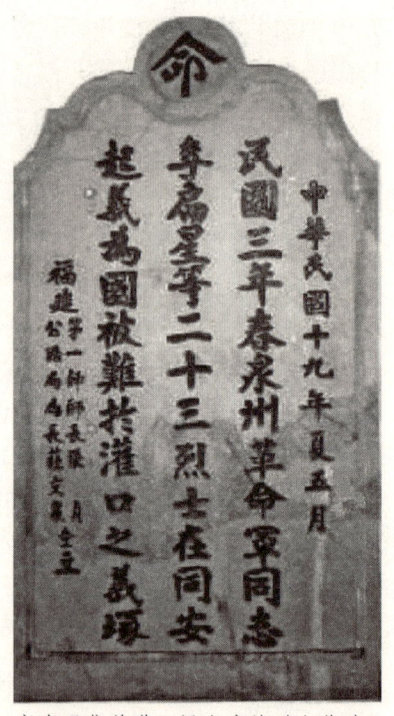

寄存于集美灌口凤山庙的烈士墓碑

据历史档案馆档案记载，同安护国之役牺牲的烈士除庄尊贤、潘节文之外，尚有军需官丘仁心（海澄人）、战士陈成（安溪人）、王炉（安溪人）、连以（同安人）。

第四节 "南北拼"护法之役

1917年7月，皖系军阀段祺瑞借"张勋复辟"事件赶走代总统黎元洪，自称"再造共和"，掌握北京政府大权，拒不恢复国会和《临时约法》。9月，孙中山先生南下广州，成立"护法军政府"，召开"非常国会"，就任海陆军大元帅，组织护法军北伐湘、蜀，想依靠南方地方军阀的力量打倒北洋大军阀。

福建省是北洋皖系势力范围。孙中山先生苦于兵力不足，便采取就地筹兵办法，于1918年初在汕头委任泉州许卓然、莆田杨持平为闽南"靖国

第四章　辛亥革命在同安

军"正副司令，委任永春人宋渊源、王温为闽南"护法军"正副司令，令其回乡树旗招兵，建军北伐。同时派粤军陈炯明、许崇智部驻兵永定、漳州，作闽南民军之后盾。

于是，闽南各县土匪武装乘机混入。比如同安土匪头子叶定国率部投入靖国军，担任营长；南安土匪陈国辉投入护法军，为营长。

同年6月29日，杨持平率靖国军十营计千余人围攻同安城，在大轮山梵天寺设司令部，与驻城北洋军激战一个多月。当时连日暴雨，东西溪泛滥，城内水深及腰，加上炮火连天，商店、民房水浸火烧、十室九空，《同安县志》称为"百年不见之惨祸，水深火烈！"

至8月1日，靖国军终于攻陷县城。但部署未定，北洋军驻厦师长臧致平由厦门反攻同安，靖国军败退安溪及王巢山。叶定国匪部见靖国军失利，遂投靠漳州粤军陈炯明，但不久即被陈缴械。8月底，陈炯明、许崇智率部反攻同安。9月5日激战1天，同安县知事纽成藩携官印及公款7000元潜逃厦门奔上海。

粤军与臧致平师激战于大小西山，粤军师长许崇智由莲花山冲至凤岗宝镇山，臧部旅长周永桂则在城郊祥路顶、杜桥、乌涂一带阻击。一场混战，粤军于11日败退打石山，16日退至灌口，20日再退至江东桥及角尾。两军在同安境内混战近月，不少村社夷为废墟。计自7月至9月，同安境内战争惨烈，史称同安"护法之役"，时人称为"南北拼"。

军阀混战，同安民众遭殃。西桥尾商业区，连遭叶定国匪部及北洋军先后焚劫，竟成废墟。

10月4日，驻同安北洋军营长张树成以靖国军设司令部于梵天寺为由，率兵围寺，枪杀梵天寺主持古峰禅师及僧徒15人，纵火焚毁千年古刹，天王殿、大雄宝殿、藏经阁及鼓楼皆化灰烬，寺内文物庙产洗劫一空，仅余钟楼与金刚殿风雨飘摇，惨不忍睹。

孙中山先生想依靠南方中小军阀反对北洋大军阀，结果是军阀土匪借护法之名抢劫争地盘。这场"南北拼"，给同安民众带来的只是劫后的满目疮痍。

后南北停战，军阀联手打击孙中山先生，护法之役彻底失败，在辛亥革命史上留下沉重的一页。

第五节　同安革命志士小传

陈飕臣

陈飕臣（1883—1936），同安角尾镇鸿渐尾村（现属龙海市）人。原名许成瓜，六岁时因祖父经商破产，其父把他卖给灌口盐馆主陈廷辉（一说为陈凌宵）为养子，改名陈飕臣。

陈飕臣幼时聪颖过人，过目成诵，有"灌口神童"之誉。十六岁时参加清末最后一次童试，连中文武秀才，声名大振。清末新政时，考入"福建师范学堂"就读，深受"教育救国"的思想熏陶，毕业后获得同安同乡会的资助，回到灌口创办了同安县第一所近代学校——灌口凤山两等小学堂（同时也在其出生地鸿渐村建立小学堂），自任堂长兼教员，并聘请同安和灌口地区的庄尊贤、陈延香、庄佑南、肖甸邦等志同道合者为教员。

当时南洋及闽粤沿海侨乡已成为中国同盟会活动中心，陈飕臣在回乡华侨庄依瓦的介绍下，于清宣统元年（1909年）加入同盟会，同年与庄尊贤等人以凤山两等小学堂为据点，成立灌口同盟会，并动员其养父加盟。父子参与组建灌口公益社与农务公会及天然农林种植公司，以经商为掩护，与庄尊贤一起，招募二百多人组成革命军，购买枪械，秘密军训。另一方面，陈飕臣与庄尊贤又利用清廷假立宪，同安设"自治研究所"之机，派陈延香等在铜鱼馆芝田书房组织"同安青年自治会"，使之成为同盟会的外围组织，会员达数百人。

武昌起义成功后，朝野震动。宣统三年九月十九日（1911年11月9日），陈飕臣、庄尊贤等率灌口革命军，包围同安县城，与陈延香领导的"同安青年自治会"里应外合，一举光复同安。陈飕臣被推举为民国首任同安代县长，随即手拟安民布告，5日内连颁布告14份，宣布减捐、减赋、禁毒、放足、剪辫、禁赌、禁迷信、禁械斗、保护士农工商各业等法令，张贴于各城门及街衢通道。不数日，又与陈延香率学生捣毁东关城隍庙，破除迷信等等，社会风气为之一新。

后陈飕臣调任安海县长，不久又升任晋江县长。任内组织学生军配合安抚使宋渊源部队赴惠安、南安、安溪各县，制止农村械斗，稳定了闽南局势。

1913年9月，国民党"二次革命"失败，陈飕臣弃职逃亡南洋，继续

第四章　辛亥革命在同安

为讨袁奔走呼号。至民国五年（1916年）袁氏败亡后，才回国寄居厦门，参加中华革命党厦门支部活动。民国七年（1918年）同安护法之役失利后，土匪头子、靖国军营长叶定国率部投靠驻漳州粤军陈炯明。陈飓臣闻讯，提笔书告陈炯明，历数叶匪之劣迹，促使陈炯明将叶部缴械。叶定国因此事发誓将捕杀陈飓臣，致使陈长久居厦，不敢回同安。民国九年（1920年），陈飓臣协助陈嘉庚向当局交涉演武亭地皮筹建厦门大学之事，陈飓臣文笔犀利，办事干练，深得陈嘉庚的赞许。

民国十年（1921年）夏，孙中山先生密遣广州大元帅府参谋总长李烈钧赴厦，与陈飓臣共商组建闽省护法军事宜，陈飓臣遭叛徒告密，被囚2个月，后经营救出狱。民国十二年（1923年）孙中山先生平定粤军陈炯明叛乱，命李烈钧电召陈飓臣入粤，主持收编潮汕粤军洪兆麟部，陈飓臣被孙中山先生委任为闽赣边防军司令，命其率所编2个团回驻闽南，以策应广东护法军再次北伐。民国十三年（1924年）春，国共合作，广东革命政府派中共党员杨奕章任陈飓臣部参谋长，陈飓臣移师闽西赣南，编入北伐东路军。

因时局突变，南方国民党内部冲突剧烈，陈飓臣灰心至极，于民国十五年（1926年）五月挂印回乡，寓居厦门。从此脱离军政界，在市区洪本部开设"四时春酒行"，以经商利润支持灌口凤山、鸿渐两学校。民国二十三年（1934年）后，陈飓臣患眼疾，几至失明，生意也失败，贫病交加，于1936年11月9日病逝于鼓浪屿家中，年仅五十三岁。身后萧条，家徒四壁。

庄尊贤

庄尊贤（1875—1916），字育才，同安灌口徐厝后（今属厦门市集美区）人。自幼好读书，聪明干练，很小就写下"天下兴亡，匹夫有责"的座右铭自勉。十五岁经商，经营粮食和布匹生意，立志"以其身为国家死"。后在"教育救国"的思想影响下，弃商从教，应至交好友陈飓臣之邀，任灌口凤山两等小学堂教员。

1905年孙中山先生组织中国同盟会，庄尊贤在灌口李林社华侨庄依瓦的介绍下，于1909年加入同盟会。同年，庄尊贤与陈飓臣、庄佑南等在灌口凤山书院组织灌口中国同盟会。翌年，由他与庄佑南出面，发起成立了"灌口天然养生畜牧公司"和公益社农务分会，以经商为掩护，在侨领陈嘉庚、庄银安和张永福的捐资下，招募到200多人组成革命军，购买枪支弹药，聘请教练，在仙灵棋山下以垦殖为名，进行秘密军事训练，准备起义。

庄尊贤同时还与同安县城的陈仲赫、陈延香、吴瑞甫等同盟会会员，以"自治研究所"学员为对象，在铜鱼馆芝田书房成立"同安青年自治会"，作为同盟会的外围组织。

1911年10月10日武昌起义成功，全国14个省响应。为顺应革命形势，庄尊贤率领灌口革命军，攻占灌口巡司衙和大老衙。首战告捷后，继而与同安同盟会发动青年自治会会员，组成同安民军，于同年11月9日（农历九月十九日），顺利光复同安县城。

同安光复后，庄尊贤功成身退，离开政界，与庄惠然在上海等地经营古董生意。

袁世凯篡夺辛亥革命成果，进行帝制复辟活动后，庄尊贤义愤填膺，决定响应孙中山的护国运动。民国三年（1914年）初，他从上海返回灌口，重新召集革命军旧部，组织讨伐袁世凯护国军，电邀保定军校毕业生潘节文为教练官，以凤山书院为司令部，重整旗鼓，在寨仔湖、蜘蛛湖、山口庙、凤山庙等地进行军事训练，继而联合泉州民军许卓然部、安溪民军杨汉烈部，组成晋（江）南（安）同（安）溪（安溪）讨袁联军，先后攻克长泰县的岩溪、林墩等地。

1916年6月5日夜，庄尊贤和潘节文率领联军180多人攻打同安县城。庄尊贤带领晋南同民军攻打北门，在与驻城的北洋军枪战中，不幸在北门内公馆头牺牲，年仅四十一岁。潘节文同时牺牲。

潘节文

潘节文（1890—1916），字奕敬，号离恨，福建永春达埔黄土乾山人，世代书香门第。

潘节文幼时聪敏，13岁应童子试，名列前茅，被誉为神童。其少时有大志，常以汉代班超自勉。科举废除后，目睹清政府腐败，内忧外患，民不聊生，毅然弃文就武，入福建陆军小学就读，毕业后升入南京陆军第四中学肄业。武昌起义后，他回福建响应，参加光复福建活动，被授予四等勋章。同年任闽南安抚使教练官，不久任新军营长。

后赴北京入清河陆军第一预备学校就学，毕

潘节文

第四章　辛亥革命在同安

业后,见习于陆军第十师模范团,继升入保定军官学校深造,为保定军校第二期毕业生。民国五年(1916年)袁世凯窃国称帝,福建省为北洋军阀李厚基所踞,当时全国各省先后开展倒袁运动,孙中山先生委派叶青眼、朱震、许卓然、宋渊源等在闽建立中华革命党福建支部,进行反袁斗争。是年春,潘节文刚从保定军官学校毕业,立即赶回福建参加反袁运动。先后在厦门、泉州秘密活动。后与庄尊贤等革命党人在同安灌口寨仔湖组织闽南护国军第二支队,庄尊贤任支队长,潘节文为教练官,负责军事训练,组织讨袁联军。

1916年3—4月间,福州、厦门、泉州等地反袁斗争均遭遇失败。为挽回局势,潘节文与庄尊贤等决议在同安发难,举行武装起义。5月底6月初,潘节文与庄尊贤率领闽南护国军第二支队180多人分为两队,向同安县城进军。临出发时,由潘节文撰写《安民告示》,并集中队伍进行动员演讲,历数袁世凯的阴谋,并带领全军高呼:"打倒卖国贼袁世凯!闽南护国军万岁!"

6月5日(一说6月1日),闽南护国军二支队在同安县城北门和西门发起进攻。潘节文带领安溪民军进攻大西门和小西门。当时潘节文已突破小西门,因听到庄尊贤牺牲的噩耗,率部赶去增援,冲至芦山堂后之陈太傅祠附近,被埋伏那里的北洋军炮火所阻,中弹牺牲。临终前,潘节文倚墙指着敌人叫骂:"我军为共和流血,死亦何憾,但恨不及身见汝曹随洪宪消灭耳!"死时仅26岁。

潘节文生前有诗云:"时局茫茫尽不平,满天风雨作愁声。穷途进退多奇险,乱世是非无定评。才大遭逸悲屈贾,功高罗吊祸韩彭。英雄零落千秋恨,读罢《离骚》梦尚惊"。抒发了"每饭毋忘邦国耻"的忧国情怀。

潘节文与庄尊贤牺牲后,后人在同安县城中心建造了纪念他们二人的钟楼。

陈延香

陈延香(1887—1960),又名树坛,字澄怀,号慧香居士,同安阳翟村人,出生于塾师世家。

清朝末年,陈延香在同安灌口、角尾一带当塾师。宣统二年(1910年),庄尊贤、陈飐臣等人在灌口建立同盟会地方组织,陈延香加入同盟会,担任文书、宣传等工作。后灌口同盟会利用同安立宪派设立的"同安自治研究所"作为同盟会外围组织,成立"同安青年自治会",陈延香被推举为副会长而实际负责。

武昌起义后,全国震动。宣统三年九月十九日(1911年11月9日),陈延香领导的"同安青年自治会"会员,与陈飐臣等领导的灌口革命军一起,组成同安民军,里应外合,致使同安驻军孔协台阵前投诚。革命军蜂涌入城,陈延香和陈少瀛把预先准备好的象征五大民族共和的五色旗分别插在同安县署及5个城门上,随后知县陈文纬缴印投降,同安光复。

民国二年(1913年),陈延香与陈仲赫创办阳翟学校,亲任校长,以举办学校培养人才为己任,多次到东南亚各国向华侨募捐。同年,年仅20多岁的陈延香被推选为省议会会员,期间,陈延香经历反袁斗争,因数次揭发贪官污吏遭受打击,其刚直性格毫不改变。1924年10月,他将所提的议案、公牍等编成《延香建言录》。

陈延香

陈延香热心慈善,对文教、医卫、交通、宗教、社团等公益事业,身体力行,并主持监造同安护国两烈士庄尊贤、潘节文的陵墓。

新中国成立后,因不服土改中对自己地主的评定,陈延香身陷囹圄,1960年病逝于狱中。

陈仲赫

陈仲赫(1882—1931),字希周,同安阳翟人。

清光绪二十七年(1901年),陈仲赫南渡缅甸仰光习商。光绪二十九年(1903年),庄银安、徐赞周等在仰光创办中华义学和益商夜校,陈仲赫被聘为教习。

陈仲赫思想激进,对康有为保皇主张不屑一顾,倾心于孙中山先生的革命思想。1908年3月,陈仲赫与徐赞周等3人加入中国同盟会。同年6月,中国同盟会仰光分会组建,陈仲赫为7个主盟人之一,任庶务长。8月,参与创办机关报《光华报》,一度任经理,并参与撰写、组织文章与保皇派论战,大振革命声势。此后,与同盟会员居正赴南洋各埠宣传革命思想,协助组建各埠同盟分会。

1910年,陈仲赫受命赴香港,组织筹款采购军火,以备广州起义。次年因染上恶性疟病,只好辗转返乡。回到家乡阳翟后,他参与灌口的中国

同盟会工作，与堂侄陈延香共同组织同安青年自治研究会，并和庄尊贤等人一起组织领导了同安的光复起义。

孙中山先生就任中华民国临时大总统后，汪精卫、胡汉民、居正多次函邀陈仲赫赴南京供职，并汇3000元作为安家费。陈仲赫退款复函婉拒："钟鼎山林，各有天性，男儿志在报国，功成身退，了无所憾。"

后袁世凯复辟帝制，陈仲赫潜往鼓浪屿加入中华革命党，为灌口庄尊贤的闽南讨袁军筹集经费枪械，被福建督军李厚基列名通缉，避难槟城。直到次年6月袁世凯败亡，陈仲赫才返回同安。1917年10月，陈仲赫前往汕头，参与张贞"闽南靖国军"的组建工作。次年闽南护法战争失败后，陈仲赫即脱离军政界。1926年11月，北伐军占领同安，陈仲赫面请104师师长张贞拨款3000元充作庄尊贤、潘节文二烈士抚恤金。他还参与筹款建造同安钟楼和校场烈士陵园，以此纪念庄尊贤、潘节文二人。

陈仲赫在乡期间，致力于发展教育、公益和实业。1913年，与陈延香创办阳翟小学，备函介绍陈延香往南洋各埠募捐基金。1917年，协助陈嘉庚创办集美女校。1924年，又协助陈延香到南洋筹款，创办公立中学。陈仲赫认为桑梓建设之急务，一在教育，二在交通。他曾参与筹办建设泉（州）安（溪）公路公司并任董事。1922年，协助陈嘉庚筹办同美汽车路公司，开筑同美公路。次年，又倡议建筑同（安）溪（安溪）公路，任同溪汽车路公司经理。

1917年10月10日，北洋军阀、厦门镇守使唐国谟以"暗中联络孙中山图谋不轨"罪名，密令军警追缉陈仲赫，陈闻讯避走广州。翌年9月返回家乡阳翟后，陈仲赫在致力于家乡公益事业的同时，对佛学有了浓厚的兴趣。他在家设佛堂，长斋修身。

1931年初，陈仲赫因病去逝，年仅49岁。陈仲赫育有二子，长子名世共，次子名世空。他对两个孩子的命名，表达了他人生前后两个阶段的思想追求，即从共和革命到万事成空。

吴瑞甫

吴瑞甫（1872—1952），名锡璜，字瑞甫，号黼堂，同安县同禾里石浔村（今属同安区洪塘镇）人，祖辈七代均以行医闻名。

吴瑞甫14岁学医，精读历代医书，是清末同安最后的举人之一。中举后，仍以悬壶济世为业，兼评注校订宋代医书。

辛亥革命前夕，吴瑞甫参加中国同盟会，任同安青年自治会会长，以行医为掩护从事反清活动。当灌口革命军兵临同安县城时，他率绅众开城迎接，主持光复仪式。

辛亥革命后，吴瑞甫长期在厦门行医，民国九年（1920年）应聘任厦门回春庐医院院长，民国十八年（1929年）创办厦门医学讲习所，两年后担任中央国医馆厦门支馆馆长，同时发起创办厦门国医专门学校，自任校长，大力培养中医人才。

民国十二年（1923年），应同安县长林学增之聘，主编《同安县志》，历时五年完成，该志成为研究同安（包括今天的金门、厦门、集美、翔安、龙海角尾）历史的重要文献。

抗日战争爆发，厦门沦陷。吴瑞甫避居鼓浪屿。后取道香港，迁居新加坡。在新加坡同安会馆行医，并积极参加陈嘉庚领导的抗日救国活动。新加坡成立中国医学会后，他被推选为主席，筹建新加坡中医学院和医学图书馆，成为新加坡医学界公认的"国医名家"。1952年在新加坡逝世。

吴瑞甫

附：闽南护国军史料

中国第二历史档案馆研究员　　陈长河

1915年12月袁世凯宣布帝制复辟，25日云南护国军起义，1916年1月孙中山令晋江人许卓然成立"福建护国军统筹部"。4月23日至5月25日，闽江上游与闽东起义，宣布独立。而闽南以同安、南安的反袁战争规模最大，称"闽南护国军"。辖二支队一独立营，每支队辖二营，第一支队长先后为钱凤鸣（字竹轩，安徽人）、陈民志（字魁甫，同安人）。第二支队长为庄育才（同安人）。第一支队教练官为吴瑞玉（南安人）、吴龙骧（字云楷，诏安人）；第二支队教练官为潘节文（字奕敬，永春人）。杨德胜（字盖军，安溪人）、陈宗仪（字盖三，永安人）等为营长。全军共官兵三千人，其中第一支队本部27人，第一营455人，第二营306人，计788人。其余为第二支队及独立营。1916年4月至6月，频频于同安、南安出击。闽督李厚基向袁求援，4月中旬，袁派海军"应瑞"、"通济"两舰镇福

第四章 辛亥革命在同安

州、派"肇和"舰镇厦门。1916年4月24日,二支队与敌激战于同安灌口山口庙,护国军连长王舫(安溪人)、曾海国(永定人),排长张送(同安人),兵士柯养(同安人)、林小贝(安溪人)、陈塔(安溪人)、陈藤(安溪人)、黄返(晋江人)等战死,郑青(南安人)于同日在灌口被捕杀。

1916年4月,一支队副官汤文和(泉州人)、支队长钱风鸣、教练官吴瑞玉、苏炳楷(字书田,南安人)、于万龙(安撤人)等潜入泉州城内,在汤家密设机关,以期联络民军,攻取泉州,不幸事泄,北洋统带阎冠臣率兵围捕,钱、汤、苏同时被捕,数日后,钱、汤被杀,苏后病死狱中。4月28日,一支队与敌战于南安霞井,吴瑞玉牺牲。

1916年6月2日凌晨,二支队在庄育才统率下,与事先潜入同安城内的战士里应外合,一举攻入同安城,与守敌一团二营第六连激战。庄、潘及军需官丘仁心(海澄人)、兵士陈成(安溪人)、王炉(安溪人)、连以(同安人)等牺牲,敌也重创。厦门北军师长威致平1916年6月6日致北京统率办事处电称:是役"巢匪百名,擒二十余名,阵获枪掸甚多,我军亡一伤十二",显系虚报战功。6月13日,一支队与敌战于南安土皮芸,兵士尤枝(晋江人)牺牲。同日,二支队与敌战于同安罗岩,排长林八(安溪人)牺牲。袁世凯于6月6日死,黎元洪接任大总统,相继发布大赦党狱,南北停战,撤退客军等令,孙中山于9日下令各省护国军"按兵勿动"。中华革命党总部于7月25日通告停止军事行动。但李厚基却抗命,公然纵容驻泉州团长马步云等于漳泉一带焚劫民军、党人住宅商号。福建护国军司令部分别于6月17日及22日呈电北京政府查办,并于南平、浦城、连江、古田等县再次组织起义,打击李之气焰。

南北停战后,闽南护国军司令部依协议委派张贞、陈照亮、林邦燕为代表,携闽南护国军编制案、官佐履历表清册及殉国烈士31人、被押党人8人名单,呈请北京政府改编,优恤旌表及释放,要求发还庄育才、汤文河、庄佑泉被没收焚劫财产。

1916年9月呈送的福建下游护国军第一支队将校军佐履历表列49人,其中同安籍8人:支队长陈民志(字魅甫,30岁,保卫团团长出身)、军需官陈乌甜(40岁)、军械官陈云天(32岁)、军医官周辉德(27岁)、连长何杰(字秀甫,30岁,原福建巡防营什长)、排长郭禄(25岁,平和小学教员,字得福)、江宽(字望洋,25岁,中学毕业生)、司书陈世杰(字俊生,20岁,同安小学教员)。

第二支队名单缺,编制本部27人,营编制缺,支队长庄育才,列闽南护国烈士名单 31 人，其中二支队 16 人：

庄育才，同安人，曾任同安劝业员，灌口公益社社长，辛亥灌口光复军司令，护国时任福建下游护国军第二支队长，1916 年 6 月 2 日，攻打同安城阵亡，其宅被马步云团焚毁。

潘节文，字奕敬，永春人，保定军校毕业，1912 年任闽南宣抚使卫队教练官，护国时任第二支队教练官，1916 年 6 月 2 日，同安之役阵亡。

丘仁心，海澄人，二支队军需官，死于同安之役。

曾海国，永定人，二支连长。1916 年 4 月 24 日战死于山口庙。

王舫，安溪人，二支连长。1916 年 4 月 24 日战死于山口庙。

张道，二支排长，同安人。1916 年 4 月 24 日战死于山口庙。

柯养，二支士兵，同安人。1916 年 4 月 24 日战死于山口庙。

林小贝，安溪人，二支士兵。1916 年 4 月 24 日战死于山口庙。

陈塔，安溪人，二支士兵。1916 年 4 月 24 日战死于山口庙。

陈藤，安溪人，二支士兵。1916 年 4 月 24 日战死于山口庙。

黄返，晋江人，二支士兵。1916 年 4 月 24 日战死于山口庙。

陈成，安溪人，二支士兵。1916 年 6 月 2 日同安之役阵亡。

王炉，安溪人，二支士兵。1916 年 6 月 2 日同安之役阵亡。

连以，同安人，二支士兵。1916 年 6 月 2 日同安之役阵亡。

郑青，南安人，在灌口经商，暗中支持二支队，1916 年 4 月 24 日被捕杀。

林八，安溪人，二支士兵。1916 年 6 月 13 日战死于罗岩。

列被扣未释党人八名：

邬金标（湖南人）、范治臣（安徽人）、李金山（湖南人）三人，因运动军界，被监于厦门狱中。

徐汉辉（湖南人），运动军界，被囚于同安狱中。同囚尚有王国栋、黄秋泉、杜怀远三人。

高启（安溪人），运动军界，被囚于安溪狱中。

——**据北洋政府陆军部档案**

（以上摘自陈长河《孙中山与福建闽南地区护国军起义》一文。原文中，一支队将佐名单 49 人全列出。闽南护国军一、二支队烈士 31 人，名单也全列出。以上仅录一支队同安籍军官 8 人及二支队烈士 16 人名单。完整名单详见如下。）

福建下游护国军第一支队将校军佐履历表（1916年9月）

职务	姓名	别字	籍贯	年龄	出身
支队长	陈民志	魁甫	同安	30	保卫团团长
教练官	吴龙骧	云偕	诏安	32	漳州师范体操科毕业
副官	林扬德	龙镇	南安	32	漳州侦探长
掌旗官	杞炳煌	耀卿	建宁	25	前清生员
军需官	陈乌甜		同安	40	商业
军械官	陈云天		同安	32	商业
军医官	周辉德		同安	27	陆军军医学生
司号长	周逸夫		湖南长沙	22	福建混成旅号目
二等书记官	张步云	怀登	南安	22	福州师范毕业
司书生	陈瑾元	宝生	南安	25	泉州中学毕业
护兵长	林寿松	鹤算	永定	32	汀州保卫什长
第一营长	杨得胜	盖军	安溪	31	安溪保卫团团长
副官	林秦	茂如	晋江	27	泉州中学毕业
连长	何杰	秀甫	同安	30	福建巡防营什长
连长	黄箕	拱星	南安	32	福建巡防营什长
连长	林宗珪	伯玉	惠安	26	华侨学堂学生
排长	郭禄	得福	同安	25	平和小学教员
排长	郭子寿	崧如	惠安	24	惠安小学教员
排长	江宽	望洋	同安	25	中学毕业
排长	林椿	茂甫	禾山	25	禾山小学毕业
排长	郭福	茂禧	禾山	25	茶商
排长	陈东明	一鹤	惠安	25	商业
排长	郭明	亮如	安溪	24	安溪小学毕业
排长	余振建	扶东	南安	21	南安小学毕业
司务长	杨刚	袁夫	泉州	38	厦门警察巡长
司务长	林豪	杰夫	海澄	30	华侨学生
司务长	陈仲禹	祖夏	惠安	31	厦门保卫什长

续表

职务	姓名	别字	籍贯	年龄	出身
军需长	吴瑞	一清	泉州	41	台湾商业
司记长	吴告士	瑞卿	邵武	24	厦门中学生
军医长	张仁德	济时	厦门	32	耶苏医院毕业
司书长	吴吉元	芝卿	邵武	19	思明小学毕业
司书生	吴逵	开华	邵武	29	厦门中学毕业
司书生	陈世杰	俊生	同安	20	同安小学教员
第二营长	陈宗仪	盖三	永安	42	商业
副官	吴达瑞	宝生	泉州	32	福州师范体操科毕业
连长	黄伯骏	骊生	湖南衡阳	37	永春警备队排长
排长	叶又清	景秋	延平（今南平）	30	永春警备队什长
排长	李眷官	寿荣	福州	32	永春警备队什长
排长	英秀清	镜如	建宁	35	永春警备队什长
排长	林伯唐	一虎	永春	36	商业
排长	林士元	骏人	永春	46	前清生员
排长	陈复	振东	永春	25	德化卫队什长
司务长	黄得胜	品烈	湖南长沙	34	永春警备队什长
司务长	何坤	海山	永春	35	永春警备队什长
军需长	吴气奇	伯勋	永春	41	
军医长	林鹤皋	松亭	邵武	30	邵武济世医院毕业
书记长	林元春	梅臣	泉州	30	永春小学教员
司书生	林树桂	得元	永春	19	永春小学教员
司书生	黄家驹	骏生	永春	20	永春小学教员

护国反袁期间福建殉国烈士及被拘未释革命党人

1916年9月

（一）福建殉国志士

庄育才　福建省同安县人。曾任同安劝业员，灌口公益社社长。辛亥革命时任灌口光复军司令。反袁护国起，在福建下游护国军第二支队任支队长。1916年6月2日，率部攻入同安县城，不幸阵亡。其家宅亦被袁军团长马步云所焚毁。

潘节文　字奕敬。福建省永春县人。毕业于保定军官学校。1912年任闽南宣抚使卫队教练官。云南反袁起义爆发后，即任福建下游护国军第二支队教练官。1916年6月2日，护国军进攻同安之役，战死于城中。

钱凤鸣　字竹轩。安徽省人。曾任泉州警备队副官。1916年4月，任福建下游护国军第一支队支队长，潜入泉州城运动军队，联络民军，约期起事。不料事尚未发，袁军统带阎冠臣即率兵前往围捕，竟被拘获，不数日，即为敌人杀害。

丘仁心　福建省海澄县（今龙海县）人。福建下游护国军组成后，任护国军第二支队军需官。1916年6月2日同安之役，于城中战死。

吴瑞玉　福建省南安县人。滇、黔起义后，即在南安一带组织民军。后任福建下游护国军第一支队教练官。1916年4月，与钱凤鸣等约攻泉州城。4月28日，率部至南安下井（霞井），与袁军相遇，互相对垒，不幸在战斗中阵亡。

汤文河　福建省泉州人。辛亥革命后，奔走革命甚力。福建下游护国军成立后，即任护国军第一支队副官，四出活动。后与钱凤鸣等在其家设立机关，不幸同时被捕，旋遭杀害。家中财物、器械均被毁无遗，家屋亦遭焚封。

余逢时　字雨生。福建省永春县人。清河陆军学校学生。1914年冬，受孙中山委任为中华革命党福建支部副支部长兼独立军司令后，乃由日本东京只身入闽，设立机关，运动革命。不幸事为侦探发觉，机关被破获，人被捕。未几，即慷慨就义。

曾海国　福建省永定县人。福建下游护国军成立后，任护国军第二支队连长。1916年4月24日，与袁军交战时，战死于山口庙。

王舫　福建省安溪县人。福建下游护国军成立后，任护国军第二支队连长。1916年4月24日，与袁军作战时，牺牲于山口庙。

涂德麟　福建省福州人。武昌陆军预备学校学生。1915年春，与刘玉楷、武剑雄一道来厦门，共谋革命。后以事机不密，为侦探破获，三人同时被捕，均惨遭杀害。

刘玉楷　福建省福州人。武昌陆军预备学校学生。事迹与涂德麟同。

武剑雄　直隶（今河北）省人。武昌陆军预备学校学生。事迹与涂德麟同。

萧其章　字闇然。福建省汀州武林人。与余逢时在闽共事，主任文件。1914年机关被破获，与余同时遭捕。1915年春，英勇就义。

林一杏　字农邨，号苦杏。福建省莆田县人。自袁世凯解散旧国会，即奔走于日本东京及国内，极力运动革命。1915年与吴爱群等在省城设立机关，不幸于11月间与吴同时被捕，不久英勇就义，吴被长期拘押。

张送　福建省同安县人。福建下游护国军成立后，任护国军第二支队排长。1916年4月24日在与袁军作战时，战死于山口庙。

林八　福建雀安溪县人。福建下游护国军成立后，任护国军第二支队排长。1916年6月13日在罗岩与袁军作战中不幸战死。

沈幼庭　福建省汀州人。福建公立法政学校学生。1915年由日本回闽，鼓吹"三次革命"，不幸在省城被捕并惨遭杀害。

于万龙　安徽省人。曾任泉州警备队排长。1916年4月，与钱凤鸣约期起义，不料事机未发，即在泉州被捕遇害。

柯养　福建省同安县人。为福建下游护国军第二支队兵士。1916年4月24日，与袁军作战时，战死于山口庙。

林小贝　福建省安溪县人。为福建下游护国军第二支队兵士。事迹与柯养同。

陈塔　福建省安溪县人。为福建下游护国军第二支队兵士。事迹与柯养同。

陈藤　福建省安溪县人。为福建下游护国军第二支队兵士。事迹与柯养同。

黄返　福建省晋江县人。为福建下游护国军第二支队兵士。事迹与柯养同。

陈成　福建省安溪县人。为福建下游护国军第二支队兵士。1916年6月2日战斗中，英勇牺牲。

王炉　福建省安溪县人。第二支队兵士。事迹与陈成同。

连以　福建省同安县人。第二支队兵士。事迹与陈成同。

尤枝　福建省晋江县人。为福建下游护国军第一支队兵士。1916年6月13日，与袁军战于南安泥皮芸，不幸阵亡。

吴日东　福建省漳州人。1915年夏，潜入德化从事革命活动。后以军机不密，为当局所捕，旋被杀害。

郑青　福建南安县人。向在灌口营生，暗中支持护国军第二支队颇力。1916年4月24日，袁军赴灌口，郑猝被逮捕，并遭枪杀。

苏炳楷　字书田。福建省南安县人。平素热心革命，1916年4月与汤文河、钱凤鸣等同谋泉事，事未发而被捕入狱，一月后病死狱中。

陈纯才　福建省南安县人。云南护国反袁起义前，即在南安鼓吹革命，南安县当局闻之大忌，被捕入狱。1916年4月间，因病重，乃具保领出在外调养。未几，即不治去世。

（二）被拘未释革命党人

邬金标　湖南人。因运动军界革命，被拘在福建省厦门狱中。
范治臣　安徽省人。事迹与邬金标同。
李金山　湖南省人。事迹与邬金标同。
徐汉辉　湖南省人。因运动军界革命，被拘在福建省同安县狱中。
高启　福建省安溪县人。因运动革命，被拘在安溪县狱中。

——据北洋政府陆军部档案

第五章 辛亥革命中的厦门与台湾

　　厦门与台湾，只隔"一湾浅浅的海峡"。厦门作为祖国大陆对台贸易的主要港口，两地人民往来密切。厦门人到台湾经商，在台湾安家落户者不少。屈辱的《马关条约》签订之后，具有中华民族骨气，且经济上比较宽裕台湾人，不愿入日籍，纷纷避居厦门。在厦门经商的台湾客商，也不在少数。

　　尽管辛亥革命时期的台湾，已沦为日本的殖民地，但台湾人民响应孙中山先生"驱逐鞑虏，恢复中华"的号召，投身反帝反封建斗争的热情，是日本殖民势力所无法阻挡的。1987年，兴中会在台湾成立分会；1900年孙中山领导惠州三洲田起义在台湾设指挥所，都得到台胞的呵护和财力上的支持。

　　1905年中国同盟会成立后，孙中山的革命思想逐渐传播到台湾。1910年，同盟会福建支会选派鼓浪屿救世医院的王兆培，前往台湾发展革命组织。王兆培到台后，一面在台湾医学校注册修习医学，一面秘密在师友、同学中寻觅革命伙伴，为在台湾建立同盟会组织打下基础。1910年中国同盟会在台湾建立分会。在革命宗旨的感召和王兆培的影响下，台湾医学校学生翁俊明成为同盟会第一位台籍会员，并于9月被漳州机关部任命为交通委员，负责发展台湾的会务。

　　武昌首义成功，极大地鼓舞了台湾同胞。在王兆培、翁俊明等人的积极推动下，中国同盟会在台湾的组织逐渐发展，至1912年会员增至30余

第五章 辛亥革命中的厦门与台湾

人,其中包括崭露头角的革命志士蒋渭水等人,会员分布的范围也由台北医学校推广到当时台湾高等学府的国语学校及农事实验场。

在台湾同盟会会员中,与厦门渊源最深的,当属翁俊明。

翁俊明(1892—1943),台湾台南人,毕业于台湾医学校。他父亲翁绍焕,是一位爱国医生,其亲撰的家训《好国民》中,有两句话曾在台南广为传诵:"为同文同种而牺牲者曰成仁,为异族异种而丧命者曰亏损。"其爱国勇气,令人肃然起敬。受父亲影响,翁俊明不仅走上救死扶伤的从医之路,而且毕生以爱国复台为己任。他的第一个爱国行为,便是参加中国同盟会。反对袁世凯独裁的"二次革命"失败之后,孙中山遭到通缉。1913年8月4日,孙中山乘坐日轮"抚顺丸"赴日,中途在台湾停留一天,于台北"梅屋敷"里,翁俊明等台湾同盟会会员秘密拜见了孙中山。与孙中山会面之后,翁俊明萌生了刺杀袁世凯、报效革命的想法。他与好友杜聪明、蒋渭清等人商量,决定运用自己的医学专长,培养病原细菌,欲毒死袁世凯。虽然他们的想法遭到同是医生出身的孙中山的坚决反对,但这几位爱国的年轻医科学生,还是决定展开暗杀行动。1913年,翁俊明等人在家中举行秘密行动宣誓仪式,誓言"以生命和鲜血拥护民国,为国除害,效忠、捍卫孙中山"。当年10月,翁俊明和杜聪明到北京在袁世凯住地周围一处水池可施放病原细菌,准备毒死袁世凯及家人或其同伙。由于他们配制的病原细菌毒性不大,未起到毒杀的作用。1915年,受台湾罗俊、余清芳抗日武装起义影响,翁俊明一家被迫离开台湾,迁居厦门,并在厦门创办"俊明医院"。

翁俊明与下述革命志士的事迹,充分说明在辛亥革命过程中,厦门与台湾因为地缘、商缘等因素,两地同胞同声相应、同仇敌忾,互相支援,团结斗争,谱写了光辉的战斗诗篇。

第一节 在台湾的厦门人支持孙中山

在台湾一众支持孙中山与辛亥革命的英豪中,其中有不少是漂洋过海来台打拼的厦门人。

一、吴文秀与台湾兴中分会的建立

1894年,孙中山在美国檀香山创建兴中会,其《宣言》提出"恢复台湾，巩固中华"的口号，不仅体现了孙中山对沦为日本殖民地的台湾同胞命运的关注，更重要的是阐明中国革命成功后要收复台湾、完成祖国统一大业的意志。1897年冬天，孙中山派陈少白到台湾组建兴中会分会。陈少白是广东新会人，曾经与孙中山在香港西医学院学习。他初次到台湾，人地生疏，工作一筹莫展。幸而不久找到一位老同学杨心如，又由杨心如介绍认识一位厦门人吴文秀，筹组兴中会台湾分会的大事才得以开展。

　　杨心如是广东香山人，与孙中山同乡，曾参加第一次广州起义，临危脱险，跑到台湾谋生，陈少白找到他的时候，他在一家良德洋行当会计。老板吴文秀，厦门人，其先世清嘉庆中叶从厦门移民台湾淡水河畔垦殖。几代人辛勤创业，到了他父亲吴良粪这一代，已经是小康之家。

　　吴文秀的父亲熟悉茶叶种植、制作和营销业务，受聘为美商美时洋行的"茶师"。小时候的吴文秀，被父亲送回厦门老家，在美国人任教的一家书院学习，擅长英文，兼通中国经史，肄业后回到台湾，跟随父亲学习茶叶产销知识，钻研茶艺。儿子有出息，老子便辞退美时洋行职务，在大稻埕建昌街自营良德洋行，主营茶叶卖到厦门。其后吴文秀继承父业，营业鼎盛，获利颇丰，成为台湾茶叶行业的翘楚，被选为台北茶商公会理事长，曾作为茶商公会代表前往巴黎参加万国博览会，顺途考察欧洲商业市场。

吴文秀

陈少白

第五章　辛亥革命中的厦门与台湾

当杨心如引介陈少白与吴文秀相识时，两人一见如故，坦诚交谈。早已倾心民主革命的吴文秀，乐意参加兴中会，成为在台湾参加兴中会的第一人。随后，吴文秀又介绍广东潮州人、义和洋行买办容祖祺，和祖籍广东的台北人、富商赵满潮等人加入兴中会。到1897年11月，连同杨心如已有五六个会员，于是正式成立兴中会台湾分会。这是继日本横滨分会后，兴中会设立的第二个分会，也是革命党人在台湾建立的第一个据点，又是台湾同胞直接参与祖国革命运动的开端。

兴中会台湾分会会员人数不多，但对革命的捐款十分踊跃，孙中山在香港创办《中国时报》，开办经费就是由台湾分会诸同志承担的，1900年孙中山到台湾设惠州起义指挥所，孙中山的首次台湾之行，在台湾长达44天，得到了吴文秀的鼎力支持。孙中山抵台后，吴文秀"与他周旋，无微不到"，还捐献革命经费，以助筹办《中国日报》。

二、李春生为孙中山提供在台住所

1900年6月，震撼世界的义和团起义爆发了，孙中山抓紧有利时机，决定策划在广东惠州发动第二次武装起义。计划起义后大军沿海岸挺进福建南部，进入厦门，两地联成一气，为夺取全国做准备。

因为台湾与厦门仅一水之隔，往来便利，在革命斗争中无论接济、内渡均比较方便，对革命活动十分有利。孙中山遂选定台湾为此次起义的司令部。9月25日，孙中山自日本乘"台南丸"号船赴台。28日抵达基隆，在台北新起町（今长沙街）设置起义指挥部。厦门鼓浪屿人李春生为孙中山提供了住处。

1990年惠州起义时孙中山在新起町（今长沙街）设立的革命指挥所

[111]

当年日本驻台湾总督儿玉源太郎和总督府民政长官后藤新平，承诺支持孙中山的计划，答应"等他们（起义军）接近厦门时，我们将你送去，并且给你们武器和弹药"。

1900年10月7日晚上，前线指挥官郑士良率领起义军在惠州的三洲田打响了第一枪，大败清军。起义军势如破竹，迅速发展到二万多人。起义的第七天，他们按照孙中山的命令，沿着海岸向东挺进厦门。但就在关键时刻，风云突变，日本新上台的内阁伊藤博文改变对华政策，决定维持清政府的统治，下令儿玉源太郎将孙中山驱逐出境。儿玉源太郎和后藤新平避不与孙中山见面，而是派一个名叫添田寿一的官员催迫孙中山离台，孙中山无可奈何，即派日本友人山田良政携带他的命令，赶往前线通知郑士良："政情突变，外援难期，即至厦门，亦无所得……"孙中山的计划就此付诸东流。

孙中山从这一事件汲取教训：只有靠中国人民的觉醒，才能取得革命的胜利。

日本殖民者背信弃义，但台湾同胞对孙中山先生不离比弃，极力支持。特别是李春生与孙中山的情谊，至今仍在台湾流传。

李春生15岁时在厦门现开禾路竹树礼拜堂受洗礼，入基督教；1865年从厦门到台湾，定居台北，是台湾茶业巨子。虽身为晚清社会的大买办，但李春生大力推动台湾乌龙茶在国际市场的畅销和蚕桑业的发展，也积极参与台北市政的建设中，为城市的发展做出了不可磨灭的贡献。李春生关注时局，经常向报社投稿，为祖国富强呼号，是个有着强烈爱国情怀的商界人士。李春生于1924年过世，享年八十六岁。李春生1915年8月在台北甘州街仿故乡厦门礼拜堂，设计兴建"台湾基督教长老教会大稻埕教会"。现在甘州街附近的贵德街有一座李春生纪念长老教会礼拜堂，是子孙辈与其信徒为纪念李春生而特别兴建的。

李春生

第五章　辛亥革命中的厦门与台湾

第二节　在厦台胞积极参与辛亥革命

辛亥革命期间，在厦台胞志士与厦门人民一起，积极参加反对清廷封建专制统治的革命运动。

台胞徐屏山、徐蕴山、徐萌山三兄弟，分别在厦门和漳州加入中国同盟会。徐屏山利用担任厦门同文书院汉文教员的机会，在编写的讲义中和课堂上，从历史讲到现状，从郑成功讲到孙中山，引导学生参加资产阶级民主革命，得到学生的热烈响应。1911年11月，他率领学生军参加了光复厦门的壮举。

台胞卢文启为开通民智，宣传革命思想，在厦门大走马路开设阅书报社，联络台胞林祖密、黄鸿翔，集资千余元赴沪购置新教科书和报刊，免费让人入内观览。台胞郑友福在厦门参加同盟会，以行医为掩护，到处宣传革命。台胞王人骥，热心于兴教办学，选择教育救国的道路，与地方绅士周墨史、叶大年等，积极组织创办厦门中学堂，开创厦门由中国人自办新学校的先河。1909年，他还出任厦门自治研究所所长，推行政治改革。

卢文启

尤其值得推荐的还有两位台胞：一位是陈金方，另一位是黄鸿翔。

陈金方在菲律宾参加同盟会，1911年与黄家声、吴宗明一起以菲律宾同盟会代表的身份被派回厦门开展革命活动。他原先曾是鼓浪屿英华书院的教员，由菲返厦，照旧到英华任教，利用课堂向学生们灌输革命思想。1912年民国成立，他代表菲律宾中国同盟会"普智阅书报社"和怡朗国民公会，在南普陀寺前竖立"光复民国殉难志士纪念碑"。

黄鸿翔，是辛亥革命期间厦门社会人士中最活跃的人物之一，身兼多种职务。厦门革命党人黄廷元等创办《南声日报》，张海珊任主编，黄鸿翔是编辑，为主撰写抨击时弊的文章。厦门成立推动新政的自治会、咨议局、去毒社以至保安会、参事会、参议会，黄鸿翔都是主要成员。清末民初，厦门各界人民展开规模浩大的反对英国占据"海后滩租地"的斗争，黄鸿翔搜集历史文献编成《厦门海后滩交涉档案摘要》一书，为收回"海后滩英租界"提供交涉的法律依据。

厦门的台湾名人林尔嘉、林祖密都参加了清末厦门咨询局、自治会的活动,并被推举为负责人。出生于台中雾峰望族的林祖密,本是富家子弟,但自幼即富有爱国思想。甲午战争后,毅然迁居鼓浪屿,成为向政府申请恢复中国国籍第一人。1915年袁世凯称帝,林祖密在厦门响应孙中山的讨袁号召,大声疾呼:"篡国殃民,弃义为诈。国且不国,更何有台!"他毅然变卖台湾家产,资助护国护法运动,并参加中华革命党,被孙中山任命为国民革命军闽南军司令,后任大元帅参军、孙中山侍从武官和大本营参议。1925年,林祖密在漳州被军阀张毅部杀害。

1911年广州三二九黄花岗起义之前,同盟会第十四支部(福建支部)支部长林文决定率领十九位同志由日本前往广东参加。然而由日赴粤的这笔旅费,都不易筹措。林文派遣同志前往台湾请林薇阁和蔡法平两位同志筹措。林薇阁立即捐款日币三千元。有了这一笔款项,林文、林觉民等志士们如期赶到广州,参加了轰轰烈烈的黄花岗起义。

目前,史料证实最少有两位身世与厦门有关的台籍志士迎着枪林弹雨,投身三二九之役:许赞元和罗福星。

许赞元是台湾著名爱国诗人许南英(窥园)的次子,名作家许地山(笔名落花生)的胞兄,参加广州起义时年仅23岁,在战斗中不幸被捕。审讯他的清军副将黄培松是南安人,清末的武状元,与许南英很要好,获知许赞元是许南英的儿子,偷偷地释放了他。许赞元幸免于难,回到厦门,继续参加同盟会活动,与他的大哥许赞书一起参加光复厦门的革命军。许赞书曾一度在同盟会厦门地方组织担任要职。

祖籍广东的罗福星,少时随祖父迁居台湾,在苗栗公学校读过书,因不堪日人的歧视和压迫,于1906年回到祖国大陆。在回广东老家的途中,罗福星在厦门加入中国同盟会。此后,罗福星在南洋从事教育工作,并担任同盟会设在缅甸的"书报社"书记,积极从事革命活动。1911年,他从南洋赶回国参加黄花岗之役和武昌起义,在广州进攻广东督署时,不幸左手受伤。脱险后,他与胡汉民等前往南洋活动,徐图再举。1912年10月,奉孙中山之命,罗福星回台湾成立中国同盟会支部,秘密进行抗日活动。1913年3月15日,他在苗栗召开各地抗日志士大会,发表《大革命宣言》,号召台湾人民团结起来,举行全省大起义,赶走日寇,收复台湾。12月18日,罗福星在淡水被日本警察逮捕,在狱中备受刑逼。1914年3月3日,在台北监狱英勇就义,年仅29岁。

第六章　厦门籍华侨与辛亥革命

19世纪末叶,"华侨"一词开始使用,经同盟会人的广泛传播,逐渐成为移居海外中国人的通称。厦门籍华侨,则指1955年前移居海外而籍贯为厦门的中国人。

辛亥革命时期,海外华侨的总人数约五六百万。据《东方杂志》估计,1907年华侨总数达6317389人,又据清末官方估计,散处世界各地的华侨人数"不下五百余万",其中90%以上分布在东南亚地区,其次分布在美洲、日本、澳洲、南非等地区。福建籍侨胞人数约占华侨人数的38%,约200多万人,主要分布在菲律宾、缅甸、英属海峡殖民地(现新加坡和马来西亚的马六甲、槟榔屿、吉隆坡等地)、荷属东印度(现印尼)、婆罗洲等地,侨居在暹罗、印度支那和其他地区的闽籍华侨相对较少,但也有一定数量。据《华侨革命史》上册有关数据,1905年印尼各地华侨达563000人;菲岛华侨1903年达41035人;而据法教士Pallogoix云,清道光年间华侨在暹罗150万人以上。随着19世纪英国取得马六甲统治权,鼓励移民,华侨也移殖日多。清咸丰十年(1860年)间,该地华侨已逾万人;清道光十六年(1836年),新加坡全岛人口29984人,华侨占13479人。清宣统二年(1910年),越南华侨增至232000人。清末至民国初,华侨在东南亚数量日趋增多。

清光绪十九年(1893年),清政府正式废除海禁,允许人民自由出入国,对闽籍华侨出国产生了巨大影响。而19世纪末至第二次世界大战前,东南亚的经济开发进入高潮，急需劳动力。这两个因素，对闽籍华侨出国产生了巨大"拉力"。

我们可从厦门口岸出国人数与规模，窥探端倪，了解前往东南亚厦门籍华侨一些情况。

厦门口岸出国乘客人数表（1875—1912）

年份	人数	年份	人数	年份	人数	年份	人数	年份	人数
1875	18996	1883	36154	1891	57760	1899	66276	1907	76166
1876	22764	1884	47370	1892	56343	1900	90625	1908	52121
1877	22871	1885	37626	1893	56951	1901	79399	1909	46336
1878	25723	1886	51250	1894	61245	1902	85673	1910	80071
1879	17945	1887	55880	1895	81080	1903	78231	1911	86840
1880	18677	1888	61638	1896	58284	1904	75537	1912	97572
1881	31190	1889	56351	1897	42706	1905	59178		
1882	50138	1890	54282	1898	57634	1906	72342		

依上表，1875—1912年，从厦门出境的乘客达2127225人。据统计，1880—1909年的三十年中，从厦门、汕头、香港三地出境移民达到6327398人，其中仅从厦门出去的移民就有3107013人。

期盼祖国强大做靠山

中国人移居海外，对居住地的发展做出了不可磨灭的贡献，具有促进人类文明进步的国际意义。东南亚的开发，渗透了华人的血汗。华侨带去中国当时比较先进的生产工具和技术，传播了养蚕、织绸、种茶、制瓷、造纸、冶金等生产知识。雅加达、新加坡、槟城、泗水、曼谷等城市，华人是奠基建城的基干力量；诗巫、吉隆坡等城市，是华工一手垦殖开辟出来的。马来亚、邦加、勿里洞、普吉的锡矿，缅甸的玉石矿，马来西亚的橡胶、油棕，苏门答腊的烟草，沙捞越的胡椒，班乃岛的甘蔗，越南、泰国的稻田，鸿基的煤矿，无不凝结着华人的斑斑血泪。东南亚华侨披荆斩棘、流血流汗，对侨居地的开发建设和经济发展做出了重要贡献。

第二次世界大战前，漂泊到海外谋生的华侨，绝大多数是中国农村的农民和手工业者。他们除当劳工外，主要经营小商业和饮食、洗衣、理发、

第六章　厦门籍华侨与辛亥革命

裁缝等服务业，也有从事种植业和工业的，他们以辛勤的劳动谋取蝇头微利以糊口。一小部分华侨，通过多年的辛勤经营、刻苦奋斗，有了一定的经济基础，甚至跻身中小资产阶级。但他们长期遭受当地殖民主义、帝国主义和种族主义分子的歧视、排挤和迫害，在居住地充其量也只不过是二三等公民。清朝政府曾长期视华侨为"背弃祖宗庐墓"的"化外之民"，非但不保护海外华侨的利益，反而对归国华侨和侨眷进行巧取豪夺。清末时期，清政府对海外华侨的政策有所变化，有意保护海外华侨，以利用华侨经济力量，但却没有实力真正"护侨"。

19世纪末，随着帝国主义列强对中国侵略步步深入，清王朝的国势日衰，华侨在国外的处境江河日下，苦不堪言。因此，海外华侨对清政府的统治有着强烈的不满，迫切要求改变祖国现状，希望有一个强大的祖国作靠山，改变寄人篱下的地位。同安华侨庄银安在谈到自己投身革命阵营的原因时说："年十八渡缅甸，耳目所及，始恶外人之所以欺我侮我者，皆我国势不振，有以致之。余因是革命思想油然而生，盖非革命不足以强国，非革命不足以唤醒侨民。"庄银安的思想变化，在华侨中具有代表性。

经历甲午战败、庚子赔款的清王朝摇摇欲坠，康梁推行戊戌变法，维新百日遭遇厄运，改良运动、义和团运动等救国行动均遭挫折。帝国主义蚕食瓜分中国，民族工业凋敝，生产生活方式落后，人民贫穷困苦。穷则思变，1905年的中国，内忧外患，革命运动暗潮汹涌，仿佛坐在即将喷发的火山口上。

从支持维新到参与革命

1905年前的东南亚华侨期待中国强大，支持中国社会变革，这种土壤孕育革命派的活动，并包容了保皇派的活跃。

1899年4月，由于清政府对日本政府施加外交压力，逃亡日本的康有为难以立足，被迫逃亡加拿大。7月20日，他在维多利亚的歌夫缅街171号召开保皇会成立大会，保皇会全称为"保救大清光绪皇帝会"，也称中国维新会。康有为分遣门生弟子徐勤、梁启田、陈纪俨、欧榘甲等分赴南北美洲、南洋、澳洲有华侨居住的200多个城市乡镇活动，一时组织遍布世界各地，会员不计其数，成为近代中国在海外华侨中建立最早、起过重要影响的救国团体。康、梁的保皇活动在南洋华侨中有大量支持者，有着广泛的思想基础和群众基础。1899年，改良派在南洋华侨中发起吁请光绪复位活动，得到新加坡、吉隆坡、巴达维亚、仰光、孟加锡等地600多名侨商的签名支持。各地大批侨团纷纷上书清廷，掀起反对废黜光绪皇帝的活动。新加坡改良派侨报大力宣传支持上海商界通电全国各界联衔公呈清廷反对罢废光绪帝的行动；暹罗有 3.2 万华侨签名响应上海商界的呼吁；法属越南有 780 名华侨签名响应；新加坡有的改良派华侨甚至建议设立永久的机构，筹集款项，研究方略，以拯救光绪皇帝。新加坡侨商丘菽园，敬佩康有为发动变法，救国救民，汇款千金，邀请他至南洋避难。1900 年 2 月 1 日，康有为前来新加坡，住在丘菽园家的"客云庐"。这时清政府正悬赏十万两白银缉拿康、梁，风声紧急。为保证安全，康有为被丘菽园转移到安全可靠的地方，接着又迁居华侨林文庆的住宅。在爱国华侨掩护下，康有为未遭清廷的荼毒。

保皇会在海外创办了约 30 种报刊，日本横滨的《新民丛报》为机关报，新加坡有《天南新报》、《南洋总汇报》，马来亚的《槟城新报》，菲律宾的《益友新报》，暹罗的《启南日报》，缅甸的《仰江日报》、《商务报》等。广大南洋华侨积极支持康、梁改良派，纷纷参加保皇组织，踊跃捐款，期待他们改变祖国和民族的衰败屈辱地位。新加坡著名的华侨革命党人陈楚楠、张永福等人，早年与丘菽园交往密切，受其影响以及阅览维新派发行的书报，均产生过改良思想，醉心保皇维新，支持康有为、梁启超。缅甸华侨庄银安还曾出任仰光保皇会会长。但后来目睹祖国危机进一步加深，康、梁改良派作风逐步暴露，同时经受革命思想的洗礼，华侨中的有识志士遂摒弃改良主张，成为当地华侨革命党人的先驱。

1903 年以前，以康梁为首的保皇派在海外华侨社会中十分活跃，他们的保皇主张阻碍了革命思想的传播，主导南洋华侨舆论导向的保皇派与革命派矛盾渐滋增长，为日后双方大论战，争夺话语权，广泛传播革命思想埋下伏笔。

1905 年 7 月，孙中山至日本东京，倡导筹备成立中国同盟会。8 月 20 日，在东京赤坂区头山满提供的民宅二楼榻榻米房，由兴中会、华兴会、光复会合并而成的中国革命同盟会成立，本部设在东京，孙中山被推举为总理，黄兴等任庶务；制定了《军政府宣言》、《中国同盟会总章》和《革命方略》等文件，并决定在国内外建立支部和分会，联络华侨、会党和新军，成为全国性的革命组织。

孙中山与厦门籍华侨的联系主要在 1900 年后。1900—1906 年间，孙中山为在东南亚华侨中宣传民主革命思想，建立革命组织，曾多次到新加坡和马来亚等地活动。1900 年 7 月 9 日，孙中山第一次来到新加坡，前往营

第六章　厦门籍华侨与辛亥革命

救劝说康有为跟自己合作而被殖民当局逮捕下狱的日本友人宫崎寅藏。期间，林文庆鼎力相助。与孙中山的接触，促使原来维新派立场的林文庆转向革命派，这在华侨社会中产生了很大的影响。林文庆的岳丈黄乃裳久慕孙中山，也在此时见到了孙中山，在孙中山的直接影响下，四年后也参加了革命派的实际工作。1906年2月，孙中山在新加坡亲自主持成立新加坡同盟分会，接着又去吉隆坡建立同盟分会。其后，槟榔屿、芙蓉等地也分别成立同盟分会。到1908年，仅南洋英荷的殖民地就有同盟会的分会和通讯处100多个。东南亚不是孙中山最早从事革命活动的地方，但是一经组织宣传，革命运动很快发展起来，成为日后最活跃的重要地区之一。

厦门籍华侨贡献巨大

爱国的闽籍华侨是一支重要的革命力量，而其中的厦门籍华侨对辛亥革命贡献甚伟，在倒袁运动中出力颇多。

首先在组织建设方面，许多厦门籍华侨投身革命阵营，成为南洋各地同盟会组织的骨干和中坚，身兼其职，奔走呼吁，发动侨民。

侨居新加坡的厦门籍华侨陈楚楠是南洋同盟会的创建者之一，担任过南洋英荷两属同盟会会长。另一侨居新加坡的厦门籍华侨林镜秋，曾被举为南洋同盟会书记，以后又担任同盟会中的福建帮长。

在马来亚各地，同安华侨黄金庆为槟城同盟会副会长。1910年，孙中山将同盟会南洋支部迁往槟城，任命黄金庆、吴世荣为支部负责人。同安华侨郑螺生是同盟会怡保分会会长，陈新政是槟城同盟会的主要骨干，厦门华侨李振殿是沙捞越同盟会骨干。

侨居缅甸的厦门籍华侨庄银安、徐赞周等人为在缅甸华侨中建立同盟会组织起过重要作用，庄银安被推举为同盟会缅甸分会会长。

菲律宾的同盟会组织成立于1911年春，当孙中山派人来发展同盟会时，厦门华侨郑汉淇等人的许多活动已为同盟会的组织建立奠定了基础，因此菲律宾分会迅速建立，郑汉淇当选为会长。

1914年，孙中山重新创建有战斗力的中华革命党，海外华侨成为其组织基础，共建立39个支部和45个分支部，党员发展到一万多人。新加坡、马来亚的中华革命党发展有11个支部和29个分部，许多海外同盟会员，是各支部、分部的重要骨干力量。孙中山曾致函槟榔屿陈新政，强调建立中华革命党，与以前办法不同，"首以服从命令为唯一条件，凡入党各员，必自问甘愿服一人，毫无疑虑而后可"，"本党系秘密结党"，要求介绍

【119】

党员要审慎，不必大张旗鼓。秉承孙中山意旨，厦门籍华侨陈楚楠、陈新政、郑螺生积极在海外扩展组织，汇集反袁力量。陈楚楠任新加坡副支部长，郑螺生为霹雳埠中华革命党负责人。

厦门籍华侨还是宣传革命思想的舆论先锋。1907年7月，上海发生了"苏报案"。由于《苏报》连续发表《读〈革命军〉》、《序〈革命军〉》、《介绍〈革命军〉》等文章，大骂皇帝和清政府，高呼革命为神圣"宝物"，要求建立资产阶级"中华共和国"，推荐《革命军》为国民必读的第一教科书。清政府照会上海租界当局，以"劝动天下造反"、"大逆不道"罪名将章太炎等逮捕。邹容激于义愤，自动投案，《苏报》被查封。陈楚楠、张永福等声援《苏报》主笔，用小桃源俱乐部名义致电上海英领事。革命派的斗争，挫败了清政府扼杀革命思想传播的阴谋。为了启发侨众，陈楚楠等人自筹资金印刷革命书刊报纸，翻印邹容的名著《革命军》，创办《图南日报》，在华侨中产生了较大影响。1908年，厦门籍华侨庄银安、徐赞周等在仰光创办了宣传革命的《光华日报》，成为当时颇具影响的革命派报纸，其"崇论宏议，与新加坡之《中兴日报》后先辉映。"

除了办报纸外，各地华侨还利用书报社等形式传播革命思想，联络革命党人，许多书报社本身就是同盟会机关所在。革命派陈楚楠、张永福等曾利用的同德书报社，陈新政等利用槟城阅书报社，庄银安、徐赞周利用的觉民书报社，同时也是同盟会的机关，发挥了重要作用。

光华日报

第六章　厦门籍华侨与辛亥革命

槟城阅书报社旧址

　　为革命慷慨捐款助饷——厦门籍华侨在这方面表现突出。1907—1908年，孙中山领导的同盟会曾经在粤、桂、滇三省连续发动多次武装起义。每次起义，孙中山均令陈楚楠等筹款接济。陈楚楠还在蔡厝港开设中兴公司，安置起义失败后退入新加坡的将士。庄银安也像陈楚楠一样，不遗余力，努力输将，从经济上支持各次武装起义。

　　1908—1911年四年间，同盟会先后多次派员到缅甸华侨中筹款，也是庄银安、陈新政等人努力输捐，奔走呼号募款。怡保同盟会主要领导人物郑螺生等带头捐助叻币，甚至变卖股票以充革命军饷。

　　1911年11月，福建光复后，闽军政府建立，百废待举，需款孔急。11月3日，新加坡福建会馆成立"福建保安捐款委员会"，陈嘉庚为主席，积极筹款。武昌起义的消息传到仰光，缅甸华侨也于10月11日设立了"筹饷局"，举徐赞周为局长。缅甸同盟会发出"告全缅侨胞书"，号召捐款支援福建光复。庄银安被推举为南洋华侨代表，回闽协助进行光复事业。光复后的福建新政府共计"得华侨汇款70余万"。除了汇款外，闽籍华侨还推派代表回到福建慰劳，并带去各阶层侨胞的捐款。陈新政"受同志推任代表回国，抵闽后，即电南洋各埠乞将伯，应者又收十万"。庄银安、丘廑兢携带仰光华侨捐款来厦门主持临时筹饷局，协助地方财政。泗水派庄以卿、庄少谷、王少文带 2 万元到厦门，支援光复斗争。华侨捐献的巨款，不仅支持了革命力量光复全省各地，而且使刚刚诞生的尚十分脆弱的革命政权得以稳定，从而有利于建立新的政权体系。

在反袁革命斗争中，中华革命党在东京建立负责筹饷的总机关——筹饷总局，采用认捐债券的办法筹款。陈楚楠被孙中山委以新加坡筹饷委员。当时正值第一次世界大战，华侨商业受到影响，但各地侨胞仍然踊跃认捐。1914 年 9 月中旬，革命党人朱执信到南洋马来亚各地筹款，仅怡保一地就筹募二万元，加上香港、安南等地筹款及借款，共得五万四千八百余元。朱执信致函霹雳埠中华革命党负责人郑螺生、李源水，说："弟此次南来，适当开战之后，各同志均于商业凋残之际，倾产相助，衷心感佩，非楮墨所能罄。"

厦门是闽南反袁救国运动的中心。1915 年，袁世凯妄图复辟帝制，海外华侨纷纷募款支持孙中山领导的反袁斗争。曾广庇、杨子贞等在仰光发起"国民捐"、"爱国捐"，筹集 287572 缅币作为讨袁经费。缅甸华侨还派陈允洛（泉州人）、邱怡领携款返回厦门。反袁革命武装"闽南讨逆军"组成，丘仁心担任军需官，经费来源几乎全部由华侨负责，其中不乏厦门籍华侨的贡献。

蔡锷在云南发动护法之役，黄仲涵从印尼汇寄 2.5 万荷盾。新加坡的陈延谦也捐银 1000 元，充作云南"护国军"军费。菲律宾华侨陈彦侯（泉州人）在厦门招募义士，组织讨袁北伐队，虽未成行，但其骨干后来成为闽南讨逆军的主力。

厦门是福建华侨的主要进出口岸，一向是同盟会进行革命活动的重要地区。厦门籍华侨不仅在海外参与革命，一些骨干甚至奋不顾身回国回乡宣传发动革命。新加坡同盟会员施铭于 1907 年回到厦门，因病住在鼓浪屿救世医院，利用外国医院掩护进行活动，暗中宣传革命，发展王兆培等革命青年加入同盟会。王兆培为中国同盟会台湾分会的成立起过重要作用。此外，厦门归侨仿效南洋华侨创办了阅书报社，购买新书刊，向各界人士传播革命思想，同时还设立"中华理发店"，免费为人们剪除发辫，并且散发传单，用这种方式宣传反清思想，扩大革命影响。

同安归侨庄育才等人加入同盟会后，积极在灌口建立同盟会地方组织，并发动成立"公益社"、"农务分会"及"天然养生畜牧公司"，吸收 200 多人参加"革命军"，暗中进行军事训练，为武装起义做准备。缅甸归侨陈仲

赫、陈育才和印尼日里归侨李增辉，协助灌口同盟会，以立宪派在同安设立的"自治研究所"为掩护，成立同盟会的外围组织"同安青年自治会"，发展革命力量。

印尼泗水华侨王振邦为辛亥革命光复厦门之役的主要领导人，林衡可、施铭、黄蕴山分别占领各机关，清吏皆逃遁，民众鸣炮鼓舞欢迎！陈天赐、黄金安、陈清池以及华侨炸弹队的杨有本、蒋赢洲、蒋德卿、蒋报安、蒋以钦、王克昌、蒋世春、陈子山等五十六位归侨，都参与光复厦门之役。此外，还有四十七位华侨青年自筹川资，分别从缅甸仰光、印尼日惹、马来亚的吉隆坡、槟城、太平以及新加坡返回厦门，为新政权效力。福州光复的消息传来，归国华侨庄育才、陈仲赫、陈延香、陈飓臣、庄惠然、陈少荣等带领同安县和灌口两地的同盟会会员，配合原先组织的革命军发动进攻同安县城，光复同安。

第一节　香港的厦门籍华侨与辛亥革命

香港是孙中山革命思想的产生之地，是孙中山及其战友建立革命组织、筹集革命经费、从事革命宣传和发动武装起义的重要基地。谈及香港的厦门籍华侨，我们不能不提到孙中山的革命伴侣陈粹芬、辛亥革命先驱杨衢云等。

陈粹芬

陈粹芬（1873—1960），又名瑞芬，原名香菱，海沧新垵人，生于香港新界屯门。因排行老四，被称为"四姑"。

1892年，陈粹芬在香港经革命党人陈少白的介绍，与孙中山先生认识，从此结为革命伴侣，追随孙中山先生推翻帝制建立民国，出生入死，陪伴孙中山先生长达二十二年（1892—1913年）之久。

清光绪二十年（1894年），孙中山先生前往檀香山创立兴中会，翌年回香港策动起义，不幸因军火筹购转运等活动被清政府发现，孙中山先生因此受到通缉。虽然陈粹芬密藏的武器弹药平安无事，但她也同时经历了流离转徙担惊受怕的日子。

陈粹芬

光绪二十六年（1900年）前后，孙中山先生蛰居日本，清政府曾派员诱降，并派密探企图加害。其时，陈粹芬以妻子名义掩护孙中山先生搞革命活动。在横滨，她的居所成为反清志士的活动据点。胡汉民、汪精卫、居正、廖仲恺、蒋介石、冯自由等都曾前往共商革命大计，并受到陈粹芬的热情接待与照顾。她买菜做饭洗衣服，使这些背井离乡的年轻人感受到家庭的温暖。

1900年惠州起义前，军械皆由海上公会的海员秘密运输，当时所有邮船经过横滨都由陈粹芬亲自联络接洽，传递情报。1907年，孙中山先生在广东等边界先后策划了4次起义，陈粹芬都随侍左右，沉着冷静，煮饭送水终日忙碌，连参战的日本友人池亨吉（一说为池田吉）都说她"性格刚毅，颇有'女中丈夫'的气概"。

然而中华民国建立，孙中山先生当选临时大总统后，陈粹芬却悄然引退。1914年，她只身南渡，定居于马来西亚庇能。

1914年，孙中山先生与宋庆龄结婚。有人指责孙中山先生负情于陈粹芬，没想到她如此回答："我跟中山反清，建立了中华民国，我救国救民的志愿已达……我自知出身贫苦，知识有限，自愿分离，并不是中山弃我，所以说中山待我不薄，也不负我。"

她对人说："我与中山分离后心灵是相通的……中山娶宋夫人之后，有了贤内助，诸事皆顺利，应为他们祝福……"

陈粹芬与孙中山先生的元配夫人卢慕贞相处和谐，谊同姐妹。1910年，孙中山先生赴欧途中写给女儿的信中把卢慕贞和陈粹芬称为"两母亲"。孙中山先生去世时，陈粹芬悲痛不已，设坛遥祭七天之久。

孙氏家族所列孙中山先生配偶，按结合时间及年龄长幼为序，将陈粹芬列在卢慕贞之后、宋庆龄之前。孙氏家族对陈粹芬十分敬重，称其"南洋婆"，称卢慕贞为"澳门婆"，称宋庆龄为"上海婆"。

1960年秋，年迈体弱的陈粹芬病逝。后归葬于广东翠亨村孙中山故居附近。

杨衢云

杨衢云（1861—1901），幼名合吉，乳名肇春，祖籍福建省海澄县霞阳村翁厝社（今属厦门市海沧区）。约10岁时随父母移居香港求学，投考香港海军船坞当机械学徒，不慎工伤右手三指被斜割。后得英人白礼仁悯助，学画修习英文。曾练指臂耳目、奔走搏击等武技，勤奋不辍。清光绪

第六章　厦门籍华侨与辛亥革命

七年（1881年）年任香港圣约瑟书院教员，后改任香港招商局书记长（文书）多年，光绪二十年（1894年）年转任英商新沙洋行副经理。杨衢云为人有长者风度，富爱国心，精拳术，任侠好义。路见不平，好伸臂攘助，辩说陈词，容温理晰，令人诚服，斗击亦所不辞，故赢得人心。

中法战争之败，镇南关大捷却屈辱求和，清廷所为，刺痛杨衢云等中国人的爱国心。1887年，他结识了具有反清意识的澳洲回国青年学生谢缵泰，结拜为兄弟，又陆续联络了爱国青年陈芬、周超岳等人。1892年2月13日，这一群热血青年知识分子成立了以杨衢云为会长的香港辅仁文社。这是中国近代史上第一个由资产阶级、小资产阶级新式知识分子组成的，为推翻满清皇朝、探索国家出路的资产阶级政治团体。辅仁文社总部机关设于香港百子里1号2楼，社员17人。辅仁文社社纲六条：一、纯洁品性到最高程度；二、禁染社会恶习；三、为未来青年作表率；四、经种种可能途径，增进中外文武两种学识；五、获得西方优秀科学文化；六、学习如何做爱国者，如何从事爱国活动和如何消除祖国蒙受的屈辱，忠心爱国。

杨衢云

辅仁文社是一个"提倡西学，开通民智，爱国维新"的公开性民间社团。社中设置多种新书、新报，杨衢云成为社员中第一个明确要在中国建立共和制的革命党人。

1892年秋，杨衢云经尤列介绍与孙中山相识，他们志趣相投，相见恨晚。杨衢云不时至文社附近何启博士创办的雅丽氏医院，向习医学员孙逸仙痛陈遭受外人欺侮之愤慨，及应急起图存之精要，共同寻找探索国家出路，达旦不倦。孙、杨之间在反清革命宗旨上取得一致，对于共和国制尚有出入，孙主张"汉人作皇帝亦可拥戴，以倒外族满清主体"，杨则"非造成民国不可"。通过争论，孙中山进一步坚定创建共和国的理念。

1894年冬，孙中山在檀香山创立了资产阶级革命团体兴中会。1895年3月下旬，孙中山抵达香港，与杨衢云等人筹商两派联合，共组革命团体。孙、杨两派联合，香港兴中会正式成立。杨衢云率谢缵泰、周超岳等部分辅仁文社成员加入，并取消了辅仁文社，以示诚意。誓词是：驱除鞑虏，恢复中国，创立合众政府，倘有二心，神明鉴察。其宣言比檀香山兴中会

【125】

宣言言词更为激烈。

1895年10月10日，兴中会主要成员举行会议，选举兴中会会长兼起义后临时政府总统。会上，孙、杨两派各自争夺拥戴自己的领导人，几乎导致两派分裂，后经孙中山退让，两派才共举杨衢云为会长兼总统。

夺取广州政权的武装起义准备工作分两头进行，孙在广州，杨在香港。谢缵泰在《中华民国秘史》中记述："我们提出临时政府的政策框架"，"对外国的宣言"及"外交宣传"；筹措军饷、购运枪械和募集会党等诸方面也很有成绩。由于泄密，原定于10月26日（农历九月九日重阳节）发难的广州起义未及发动，就被清政府镇压。广东地方当局出赏格缉拿"匪首"杨衢云、孙中山，革命党人被迫外逃。

由于孙、杨两派在起义前争夺会长之职，起义失败后，又互相推诿责任，致使两派长达2年互不联系，但两派各自都坚持香港兴中会的革命宗旨，在不同的地方继续发展组织，开展反清革命活动。杨衢云于1895年11月13日离港，在西贡（今越南胡志明市）、海峡殖民地（新加坡、槟城和马六甲）、南非等沿途各国宣传革命，发展同志，在约翰内斯堡、彼得马里茨堡、新加坡等海峡殖民地等处建立兴中会分会。1898年3月21日，杨衢云携家眷抵达日本横滨，以教授英语为生。他找到赴日的孙中山，两人尽释前嫌，重新共事。

1899年11月，孙中山指示陈少白、宫崎寅藏等人邀哥老会、三合会首领于香港成立兴汉会。会上推举孙中山为总会长。会后，孙中山以不宜两个会长并存为由，请杨衢云辞去兴中会会长职务。杨当即表示同意。得知孙中山正筹划惠州起义，他自请于1901年1月回香港开展筹备工作。在香港，杨衢云毅然提出辞职书，推荐孙中山代香港兴中会会长。他说：为了有利事业，我一向愿意牺牲自己的生命，更不用说我的职务了。他的言行说服了已决意与孙中山分手的谢缵泰等人，让两派走上合作共事。杨、谢两人还发展了在惠州起义中发挥重要作用的李纪堂、史坚如加入兴中会。

杨衢云每日为惠州起义奔走不倦，经过3个多月的准备，他至日本向孙中山汇报准备情况。6月17日，杨、孙同轮回香港。起义前夕，由孙中山领衔，与骨干杨衢云、陈少白、谢缵泰、郑士良、邓荫南、史坚如、李纪堂8人联合署名写的政治纲领性文件《致港督卜力书》，提出"平治章程六则"。联署8人，无疑便是惠州起义的主要核心领导成员。6月21日的军事会议上商定，杨衢云、陈少白、李纪堂留香港担任接济饷械事务。

1900年10月6日，郑士良等率600余人于惠州三洲田起义，屡战屡

第六章　厦门籍华侨与辛亥革命

1898年，杨衢云与孙中山、日本友人在横滨的合影（前排左二为杨衢云，后排左四为孙中山）

捷，清廷震动，但终因饷弹两尽，起义失败。

两广总督德寿悬赏3万金购杨衢云首级，同志纷纷促劝杨出洋避祸。杨衢云当时设校于结志街52号2楼，教授英文以养妻小。他说："人之死者，天命也。抑吾人行革命，亦久置死生于度外矣！昔李鸿章不尝有是举耶，何能为。"反将自己的50金赠予来劝同志出洋避难。1901年1月10日午后6时许，杨衢云被窜入英文教室的凶徒击中数枪，倒于教席。

孙中山、尤列等革命志士在日本闻听噩耗，晚膳不能下咽，即夕召开追悼会。孙中山主丧，尤列介绍杨衢云的生平与革命业绩，尤列作赞："呜！公身其永别耶，公灵其不灭耶，纪公者赤道之阳光，而北极之冰雪也。民国基础，乃公之骨。民国牺牲，乃公之血。于是公杀身成仁以去，犹起世人之悲切……"杨衢云的遇难是香港兴中会和资产阶级民主革命的重大损失。

第二节　新马地区的厦门籍华侨与辛亥革命

新加坡华侨首开南洋资产阶级民主革命风气，1907年新加坡创刊的《中兴日报》广泛发行于东南亚各地，实际上是东南亚地区革命派的主要宣传机关。1908年，同盟会南洋支部在新加坡建立，3月以后迁往槟城。新加坡、马来亚也是革命党人多次发动国内武装起义的策划地。新加坡华侨在经济上对辛亥革命所作贡献，无法完全用数字计算。

新加坡与马来亚的华侨支援辛亥革命的活动，开展得比东南亚其他地区都要热烈活跃，自1906年以后，新加坡与马来亚便成为东南亚地区华侨支援中国革命的中心，对东南亚其他地区华侨支持中国革命的活动，起着一定的促进与指导作用。孙中山先生本人到新加坡、马来亚活动达9次之多，有时一次达8个月之久。

而在众多新加坡、马来亚华侨中的厦门籍华侨精英，在辛亥革命中发挥了重要作用，他们中杰出代表有陈楚楠、陈新政、陈嘉庚、郑螺生等。

陈楚楠

陈楚楠（1884—1971），原名连才，一说连材，祖籍厦门禾山，出生于新加坡。与兄长继承父业"合春号"，合作经营木材和罐果业，种植橡胶。自幼接受中华文化熏陶，少抱大志，目睹清政府的腐败无能、同胞在外饱受欺凌，深感祖国强大的重要性，萌生救亡图存之信念。

维新变法失败，维新人士流亡海外，由于他们的积极宣传，维新保皇思潮在新加坡、马来亚侨界颇具有市场。此时的陈楚楠结识维新派人物丘菽园，阅读《清议报》《知新报》《新民丛报》等刊物，深受影响，以"思明州少年"笔名在新加坡保皇派所办的《天南新报》及香港《中国日报》发表鼓吹维新文章，并加入了丘菽园与林文庆组织的支持康梁保皇立宪的"好学会"。

陈楚楠

清光绪二十六年（1900年），清廷勾结八国联军镇压义和团运动，新马华侨看到清政府媚外卖国的行径，不少华侨改变保皇立场。1901年，康有

第六章 厦门籍华侨与辛亥革命

为截留华侨捐款,致使立宪派唐才常在武汉准备的起义失败,唐才常等20多人罹难,暴露了保皇党真正面目。丘菽园愤而宣布与康梁绝交,陈楚楠对康有为产生最大的失望。通过阅读《苏报》、《革命军》、《黄帝魂》等革命报刊,经常与张永福、林义顺在小桃源俱乐部议论中国时局,陈楚楠思想逐渐转向革命。

兴中会会员、"四大寇"之一的尤列由于惠州起义失败,逃到新加坡,悬壶行医,创立"中和堂",高悬青天白日的革命军旗,宣传革命,并暗中在海外物色支持者。陈楚楠偕同张永福往谒,一见如故。尤列也常到小桃源俱乐部聚谈,在其影响下,陈楚楠完全接受了革命救国的主张。

1902年,陈楚楠赞助华侨牧师郑聘庭创办的基督教青年会,在会中增设书社,陈列多种报刊,经常前往演讲,宣传革命思想,启发侨众。这是南洋革命党人办书报社的起源。1910年,他联合一批同盟会会员,创办同德书报社,宣传革命思想。

陈楚楠深知革命书报刊影响力,提倡办报唤醒民众。他与张永福合资创办《图南日报》,自任经理,聘尤列为名誉编辑,香港《中国日报》记者陈诗仲为主笔,于1904年初正式出版,成为南洋华侨最早创办的革命报刊,被誉为"南洋革命机关报鼻祖"。为打开销路,陈楚楠别出心裁,在迎接1905年元旦时,特别印制精美月份牌赠送华侨各界,上面印有太平天

1905年,中国同盟会新加坡分会成立,数日后,孙中山与陈楚楠等在晚晴园合影留念(前排左三为陈楚楠,左四为孙中山)

国石达开写的"忍令上国衣冠沦于夷狄,相率中原豪杰还我河山"及"文字收功日,全球革命潮;图开新世界,收樾布东南"话语,中间印"自由钟"、"独立旗",旗上写着"同胞国民万岁万岁万万岁"。形式新颖,印制美观,富爱国思想,受到东南亚各地华侨工商界及群众团体的欢迎,报纸销量递增。当孙中山看到流传至檀香山的月份牌,大为赞赏,特汇美金20元向《图南日报》购买月份牌,赠送檀香山华侨,扩大影响,同时致信一封以示奖勉,表示愿与陈楚楠会晤。由于当时的南洋革命风气未开,革命被一般商人视为大逆不道,其言论受到保皇派人士、清政府驻新加坡的领事官员以及殖民地政府等多方面的攻击、打压,报纸销路不太好,长期订阅的不过30多份,最高销量也不过1000多份,其他免费赠阅。因经费拮据等诸多问题,《图南日报》被迫于1905年冬停刊。但两个月后,陈楚楠、张永福又重整旗鼓,与友人合股,再次集资创办《南洋总汇报》,继续宣传革命。

1905年7月,孙中山由欧洲途经新加坡赴日本,因受新加坡政府离境5年限令约束,不能登岸,只能嘱尤列引领陈楚楠、张永福等在轮船上相会,告知将到日本组织革命党设立总部,南洋各埠可筹设分会。同年8月,中国同盟会在日本东京正式成立。翌年,5年离境限令期限已满,孙中山来到新加坡。4月6日,他在张永福的"晚晴园"召开大会,组织成立中国同盟会新加坡分会,陈楚楠第一个入会,其他加盟的会员有张永福、林义顺、林镜秋等12人,陈楚楠被推为会长,张永福为副会长。以后陆续加盟的会员有黄乃裳、林文庆、陈武烈、陈嘉庚等400多人。陈楚楠还受孙中山委派,与林义顺、李竹痴等到马来亚槟榔屿、缅甸仰光等

晚晴园

第六章　厦门籍华侨与辛亥革命

地设立同盟分会。

由于《南洋总汇报》发展成保皇派宣传工具，同盟会急需自己的革命宣传阵地，陈楚楠招股重组党报。1907年8月20日，《中兴日报》正式发刊，成为南洋同盟会唯一的机关报。《中兴日报》系统地发动了一连串对满清政权与维新派的论战"，孙中山领导了这次论战，以"南洋小学生"的笔名发表了三篇文章，东京《民报》记者也群集南洋参加论战。"那个时候，笔枪墨战，此来彼往，杀声四起，把南洋昏瞆的同胞，从梦中警醒起来，不论反对革命的或赞成革命的多欲要争读中兴报……"《中兴日报》发行量猛增至4000多份，同盟会的革命主张在华侨中得到广泛传播，"把当时一般华侨对革命的保守态度给转变过来"。

1907—1908年，同盟会在广东、广西和云南三省，发动多次武装起义，共耗资20多万元。孙中山每次均令陈楚楠等筹款接济，"楚楠恒踊跃输将，惟恐不力"。1907年5月的黄冈起义，陈楚楠积极筹款3万余元。起义失败后，首领余既成逃港，被诬入狱，陈楚楠积极筹集诉讼费，代聘律师，将其营救出狱。陈楚楠还多方安置被越南政府遣送出境抵达新加坡避难的革命党人。由于耗用父亲遗留的"合春号"大量资金支持革命，引起兄弟诉讼分产，面临严重的经济压力，但他并不后悔，仍然保持旺盛的革命意志。

武昌起义胜利后，福建光复，陈楚楠以中国同盟会新加坡分会老会长身份与陈嘉庚共同组织福建保安会，筹款20万元新币支持福建军政府，稳定局面。1912年，吴世荣因商务无法兼顾在上海设立的"华侨联合会"工作，陈楚楠被公推代吴主持。华侨联合会是闽籍华侨回国创办的国内最早的侨联组织。陈楚楠到任后，开办华侨公寓，代办华侨所需事务等；同时在《国民新闻》辟专栏，报道海外华侨动态，增进国内人民对海外侨胞的了解。1917年，陈楚楠受聘担任孙中山大元帅府参议。1921年至1931年的十年间，他留在国内，除担任福建省务委员会委员外，曾兼任福建省实业厅长，参与福建银行的筹建，一度积极推动矿藏的开发活动。

1971年9月21日，陈楚楠病逝新加坡。作为南洋华侨，他为辛亥革命做出重要贡献，《革命逸史》作者冯自由赞誉他为"南洋革命第一人"。

陈嘉庚

陈嘉庚（1874—1961），清同治十三年（1874年）出生于同安县仁德里集美社，父亲是新加坡商人。17岁南渡新加坡佐父经商，后继续父业经营菠萝罐头和米业，1906年开始经营橡胶业。至1925年，共拥有胶园1.5万英亩，各种橡胶业工厂 30 多间，分店 150 多家，全部资产为新加坡币 1200 万元。1909 年经林义顺介绍认识了孙中山先生，参加过中国同盟会新加坡分会的秘密会议，与孙中山共商制订党旗方案，这次聚会促使陈嘉庚完全接受了反清革命思想。1910 年他偕同弟弟陈敬贤剪去发辫，以示同清廷决裂，并一起在晚晴园宣誓："驱除鞑虏，恢复中华，创立民国，平均地权，矢信矢忠，有始有卒。如有渝此，任人处罚。"签名加入了中国同盟会，这是陈嘉庚政治生涯的重要里程碑。

陈嘉庚

1911 年 10 月 10 日武昌起义，全国纷纷响应，各地光复的喜讯传到新加坡和马来亚，华侨异常兴奋。11 月 13 日，陈嘉庚与陈楚楠等在天福宫召开闽侨大会，成立福建保安会和捐款委员会，推举陈嘉庚为会长。在陈嘉庚的主持下，闽侨当场捐了 2 万元电汇福建军政府，接着又"筹款十余万元，汇交闽督作救济用途，并倡募国民捐二十万元。"不久，孙中山由欧洲回国，途经新加坡时会晤陈嘉庚，问他能否筹款相助，陈嘉庚当即赠予 1 万元做为路费。孙中山从上海赴南京就任临时大总统前，陈嘉庚又以个人名义直接汇给孙中山 5 万元。

林镜秋

林镜秋（？—1942），思明县茂后乡人。年轻时南渡新加坡谋生，开设皮鞋铺，以裁制精纯华美，号称南洋第一家。

林镜秋宿抱平民政治主义，孙中山领导的资产阶级民主革命运动传播到东南亚，使林镜秋十分振奋。1905 年 6 月，他加入了中国同盟会新加坡分会。孙中山到新加坡开中国同盟会，他还被推举为议长。后被推举为福建帮长。他经常向《中兴日报》、《国民》等报投稿，宣传革命。积极参加露天演讲队的活动，每次登台演讲，都慷慨激昂，令听者动容，道路为之堵塞。辛亥全国光复，他奔走呼号，动员华侨助饷甚力。

辛亥武昌起义成功，林镜秋接受新加坡革命机关委派，和蒋玉田、庄啸谷等一起回国，准备组织厦门起义。到达香港时，传来厦门起义胜利，建立军政分府消息。于是改变计划，取道广州，考察政治情况。途中，参加东南亚各地回国华侨革命党人组织的北伐军。

民国元年，南洋各地同志在厦门开会追悼黄花岗七十二烈士，回到厦

门的林镜秋被推为主祭员。福建军政府都督孙道仁,委任他为厦门"暨南局"筹办员。福建军政府的财政厅、民政厅,同时聘请他为顾问。

3月1日,林镜秋荣获孙中山颁发的旌义状,奖励他对民主革命的功绩。

林推迁

林推迁(1864—1923),字宝善,福建海澄县(今厦门海沧区毛广穴村)人。自少家贫,壮岁南渡新加坡,自行学习,识得华文、英文、巫文及各种方言。清光绪二十九年(1903年)创办瑞兴盛轮船局,开辟航线。1913年与林文庆等合设联合火锯厂,任董事。第一次世界大战期间,在丁加奴开发钨矿,年获利叻币20万元,被称为"钨大王"。后与林和坂等人合办和丰银行,出任董事。历任新加坡中华总商会议员、副会长、会长,怡和轩俱乐部首任总理,保良局局员,华人参事局参事,及同济医院、同善医院、爱同学校、中华女校、南洋女校、维新学校的赞助人、董事或总理等职。英殖民政府为表彰他为发展新加坡社会经济做出的功绩,将一条道路命名为推迁路,并将该路的尽头山地命名为推迁花园。

林推迁

能发展成为航业家、矿业大王、银行家和南洋华人社会影响力最大的帮会老大——洪门会义兴帮的红棍(帮会中,坐第一把交椅称为红棍,第二称白扇,第三称草鞋),足见其能力超群,富有远见卓识。林推迁性沉毅,好任侠,为人排难解纷,有朱家、郭解之风。素讲义气,义之所在,生死莫辞,有"侠义心肠,与年增长"之称。

孙中山早年委派尤烈到新加坡与洪门帮会联络,就是看重洪门在南洋华侨社会的强大影响力。而林推迁会与革命志士保持关系,也是看到了新兴革命势力不可阻挡的发展前景。尤烈到新加坡后,在街边开药店行医为业,通过药铺联络洪门兄弟。

孙中山的革命组织中国同盟会是公开活动的。虽受洪门支持,但因对殖民地政府的顾忌,同盟会与秘密社团的来往都没有记录。洪门内部也有一句训诫:"吩咐兄弟你着记,出门唔使露根基。"不过,林推迁与同盟会要角林义顺极亲密,同时也很支持同盟会党人主办的《新国民日报》和

《光华日报》。

中华民国成立后,国民党要员宋教仁被袁世凯所杀,新加坡举办追悼会,林推迁担任大会副会长。追悼会由孙中山信徒发起,由林推迁公开主持追悼会,可见林推迁与国民党关系之深,幕后对孙中山革命事业给予了大力支持。

林推迁有浓厚乡土之情,要求叶落归根。1923年去世,儿孙遵嘱,运棺将其安葬于厦门海沧故乡。

林文庆

林文庆(1869—1957),祖籍福建省海澄县(今厦门海沧区)。他出生于新加坡,18岁考取英皇奖学金进入英国爱丁堡大学医学院,是获得该项奖学金的首位华人青年。林文庆博学多才,精通日本、马来亚、泰米尔等多种语言,也懂得法文、德文、荷兰文和西班牙文。1921年至1937年,林文庆任厦门大学校长,为厦大赢得"南方之强"的赞誉。

林文庆的岳丈是著名侨领黄乃裳,妻子黄端琼,他们都支持维新派。长久以来,林文庆反对用激进手段改革中国,曾认为"革命"是一种要不得的罪行。他支持过维新派,曾收留清光绪二十六年(1900年)流亡新加坡的康有为,协助他在新加坡设立保皇党的支部。但后来,林文庆认识到,维新运动并不能够帮助中国摆脱积贫积弱的困境,他开始支持并帮助革命。

在英国读书时,林文庆便与孙中山相识。光绪二十六年(1900年),孙中山和日本朋友宫崎寅藏在新加坡被拘捕。林文庆得知消息后,立刻出面向殖民地政府当局疏通关节,使得二人很快获释。光绪三十二年(1906年),林文庆加入了中国同盟会。1911年10月,辛亥革命刚爆发,在巴黎考察的林文庆立刻回国。他与孙中山、黄兴、黎元洪四人同住一顶帐篷,为革命紧张工作。因没空刮胡子,索性蓄起长髯,自称自己的胡须是"共和胡子"。长胡子伴随林文庆的后半生,也成为他标志性的肖像特征。1912年1月,孙中山在明陵前发表具有历史意义的演说,宣布共和国成立。当时林文庆就站立在孙中山的身边。民国成立后,林文庆出任南京临时政府内务部卫生司司长,后又被任命为外交部顾问。当年中华民国发向世界各国的电报,均出自林文庆之手。同时,他还是孙中山的私人医生。

第六章　厦门籍华侨与辛亥革命

不久，孙中山辞去临时大总统职务，政府北迁，林文庆也返回新加坡从事卫生、教育等事业。

吴世荣

吴世荣（1875—1942或1945），祖籍福建海澄（今厦门市海沧区），出生于马来亚（今马来西亚）槟榔屿，约21岁时继承父亲吴有才的大笔财产。

清光绪三十二年（1906年），孙中山避居槟榔屿（又称槟城），吴世荣与黄金庆不顾安危，热情接待，成为挚友。同年加入中国同盟会，任槟榔屿分会会长，同时参与发起设立槟城阅书报社。在吴世荣等积极推动下，槟榔屿成为东南亚革命总机关，成为革命党人在南洋的活动中心，吴世荣"实为发起之最先者"。他醉心于革命事业，"自革命之事起，日与同志谋倒满清专制，建设共和政体"。"内地伟人志士，凡南来者，无不以得纳交为快"，东南亚革命党人尊之为党魁。

吴世荣

由于积极支持革命，吴世荣变卖了名下许多产业，甚至典当妻子谢柳美的金银首饰。光绪三十三年（1907年），他已捉襟见肘，最后咬咬牙同妻子商量卖掉他们的五层洋楼。"五层楼"当时是豪宅大院，为槟城建筑地标，约建于1880年，是槟城第一栋五层洋楼，原为岳父、19世纪显赫富商谢德顺的私邸。吴世荣一家十余口亲属都在五层楼生活过。吴世荣变卖自家豪宅支持革命，先后参加营救被捕的汪精卫、黄复生而进行的筹款活动，策动黄花岗起义，召集有南洋各埠同盟会代表参加的庇能会议（庇能为槟榔屿旧

吴世荣故居豪华原貌

称）。

南京临时政府成立后，孙中山电邀其回国出席开国大典，吴世荣被推为东南亚各埠同盟会总代表。抵达南京后，孙中山亲率百官隆重迎接，"观者塞途"，时人称"南侨归国之荣显者，君一人而已"。

民国初建后，吴世荣一直追随孙中山。在孙中山支持下，1912年吴世荣发起组织"南洋华侨联合会"，同年2月7日，南洋华侨联合会在南京成立，推举汪精卫为会长，吴世荣为副会长。翌年，侨联会迁址上海，由吴世荣主持会务。4月，吴世荣偕王少文南渡，赴英荷各属作联络访问，促使200多个海外大小侨团同南洋华侨联合会建立了联系。南洋华侨联合会宗旨为："本会对于祖国则代表华侨协助实业政治之进行，对于华侨则联络各界共谋保护发展之方法"，"联合国外华侨，共同一致协助祖国政治经济外交之活动"，南洋华侨联合会是国内最早的侨联组织，先后在新马一带组建了29个分支机构——华侨公会，出版了国内第一份研究和宣传华侨的月刊——《华侨杂志》（1913年11月创刊，1920年停刊），并在加强华侨与祖国的联系、促进华侨回国兴办实业方面做了大量的工作。

吴世荣还致力于发展祖国建设事业，在上海投资开办"上海世荣公司"。1912年4月1日，孙中山辞去临时大总统职务，致力于研究实业建国计划，在上海创议组织"中华实业银行"，以振兴中国实业，吴世荣积极响应，并认股十万元。1914年5月15日，中华实业银行在上海正式开办，孙中山任名誉总董事长，吴世荣任协理。这是中国与海外侨胞合资的第一家银行。

后因政局剧变，银行解体，吴世荣亦返回侨居地。1942年病故（一说1945年去世），葬于槟城。

陈新政

陈新政（1881—1924），原名文图，厦门禾山岭兜乡人。19岁南渡槟榔屿，佐父经营帆船业，在槟城创设"宝成"商号，经营土产转运生意，业务不断扩大，终成槟城巨富。

陈新政思想进步，目光远大。1908年3月以后，同盟会在南洋的支会由新加坡迁到槟榔屿，追随孙中山先生的陈新政，与黄金庆、吴世荣等第一批加入了同盟会，成为槟城革命组织的中坚和骨干。陈新政参加同盟会后，将"文图"改名"新政"，表示自己坚决支持孙中山，将为追求建立一个新政府而奋斗。

第六章 厦门籍华侨与辛亥革命

1907年12月的广西镇南关起义、1908年4月的云南河口起义,陈新政筹募10余万元支持广州起义。广州起义失败,500多名革命志士投奔新加坡,景况窘迫。新政筹款数千,购置服装,并妥善安排他们的生活,使其不至流离失所。

光绪三十四年(1908年),陈新政和吴世荣、黄金庆等人在槟榔屿创办槟城阅书报社,吴世荣任社长,陈新政被推选充任要职。书报社为广大民众提供报刊,经常召开演说会,讨论国事,鼓吹革命。孙中山、黄兴等民主革命人士都先后到此活动。清光绪三十四年(1908年)创办于仰光、宣传革命的重要言论机关《光华日报》,宣统二年(1910年)被迫停办。经过陈新政和庄银安等爱国华侨的努力,《光华日报》得以在槟榔屿重新出版。陈新政和庄银安还将因故不再复办的《民报》的数万元筹款补助《光华日报》,使这份著名的报纸有了巩固的经济基础。该报至今仍在槟城出版发行,是世界上寿命最长的一份华文报刊。陈新政还于1914年在新加坡创办《国民日报》,两年后又在厦门与菲律宾华侨合办《民钟报》。

陈新政

在革命派与保皇党、复辟派展开激烈论战的过程中,陈新政为了使广大华侨认清形势,倾向并拥护民主革命,常亲自撰写文章,历数清廷暴政和丧权辱国的罪行,强调"革命乃天经地义",只有革命,才能救亡图存,痛斥保皇党甘作清王朝的"奴子奴孙",言词犀利雄辩,批驳有力。对待中立派,陈新政痛加批评"为一国之民,与全国家之关系,忧患生死相共,已断无中立之可言。其自言中立者,是视国家之存亡而毫无所动于中,其罪已不可逭矣。"对为民主革命慷慨捐躯的先烈,新政热情讴歌,大力彰扬,曾掷地有声地说:"舍身成仁,吾辈之责,人孰无死,其何恸哉?"高尚的革命境界,充满激情的爱国言论,有力地鼓舞了华侨革命斗志。

陈新政关心祖国建设,福建光复后回国目睹家乡经济困难,募款数十万元支持建设,并特意返南洋募集公债汇回。他因为反对英殖民当局1920年颁布的华侨教育条例,被诬入狱,后被驱逐离开槟城,返归厦门故里。他在禾山兴办学校,扶植教育事业。无奈福建、厦门虽已光复,却政治腐败,"吏治不改,仍是满清故态",军阀、土匪、官僚横行。陈新政黯然神伤,南返暹罗,在佛头廊开设米厂,设立"宝成"支店,继续经营生

【137】

陈新政追悼会现场　　　　　陈新政的委任状

意，积累财力，以图他日报效国家。国民党元老、福州人林森被选举为福建省省长，陈新政被召回国，但看到时局混乱，政治空气恶浊，故态俱在，深感难展报国之志，又重返暹罗。由于忧心国情民况，陈新政终日郁郁寡欢。1924年9月25日，患热症病逝，时年才44岁。

黄金庆

黄金庆（1875—1944），祖籍福建同安锦宅乡（今灌口镇锦宅乡），生于马来亚槟城。父亲开设得昌号，经营锡、土产生意。黄金庆继承父业，经营十余年后，成为槟榔屿富商。

1905年，孙中山抵达槟榔屿，在小兰亭俱乐部发表演讲，认识了吴世荣与黄金庆。孙中山在槟城宣传革命，组建同盟会分会，黄金庆给予积极接待，是首批加盟者之一，被推举为副会长。1906年，黄金庆、吴世荣创办了《槟城日报》，成为中国革命党在槟城的第一份报纸。1907年，吴世荣与黄金庆组织槟城阅书报社，社址就设在黄金庆的私宅柑仔园94号，黄金庆

黄金庆

被推为副社长。阅书报社是同盟会在槟城的秘密机关。孙中山在阅书报社发表了"满清不倒，中国势必再亡"的演说，并在书报社升起了同盟会的首面青天白日旗。1908年，孙中山将同盟会南洋支部由新加坡迁往槟榔屿，任命吴世荣、黄金庆为支部负责人，加强对同盟会的领导。

第六章 厦门籍华侨与辛亥革命

内地举行革命起义，黄金庆必发动侨众资助，尤其是广东新军反正、三二九起义等。庇能会议号召侨众捐款，由黄金庆经手的捐款就有一万一千五百元。黄金庆曾资助霹雳矿工温生财前往广东，行刺将军孚琦。

1910年，同盟会在槟榔屿分会召开《光华日报》筹备会议，决定以此代替在缅甸屡受保皇派迫害的《光华日报》。会上即席公推黄金庆等4人为筹备委员。1910年12月20日，该报正式创刊，成为南洋革命党人最主要的宣传机关。

1912年，中华民国成立后，南京临时政府授黄金庆特别旌义状。

郑螺生

郑螺生（1870—1939），同安县人。幼年随祖父南渡马来亚怡保，以赶牛车运输货物谋生。后开设吉兴隆号，经营煤油、大米等杂货，数年内在槟城、峇株巴辖、兆运及木威等地开设分店。他热心公益事业，常为侨胞排难解纷，被推为怡保福建帮之帮长，被英殖民政府授予太平绅士衔。

清光绪二十六年（1900年），康有为初到怡保，尚未接受革命思想的郑螺生予以热情接待。当阅读丘菽园在《天南新报》上揭露的唐才常汉口起义失败的真相等文章后，郑螺生与康梁断绝关系，思想倾向革命。他与李源水共同创办道南俱乐部，订阅《民报》、《革命先锋》、《新福建》及《新广东》等报刊，坚持不懈地向广大侨众宣传革命。

清光绪三十三年（1907年），孙中山在陈楚楠、林义顺等陪同下到怡保组织中国同盟会霹雳分会。郑螺生与李源水首先加入，并被推举为正副会长。同盟会霹雳分会在郑螺生领导下，积极宣传和筹饷，组织会员参加武装起义。1910年11月，孙中山为再次发动广州起义，来到马来亚槟城，准备筹措军饷10万元。郑螺生参加了"庇能会议"，捐现款1000元，

郑螺生

孙中山赠郑螺生惠存照片

接着变卖自己的福建、江苏铁路股票，还不惧困难，多方奔走，向会员劝募。事后黄兴来信赞扬郑螺生、李源水的筹募功绩与高尚精神，表示"列兄筹款苦状及毁家纾难之义举"，鼓舞了参加起义志士的斗志，"无不奋励激发，勇气百倍"。霹雳分会在郑螺生的领导下，出现许多杰出人物，黄花岗七十二烈士中的郭继枚、余东雄，刺杀将军孚琦的温生才，谋刺水师提督李准的陈敬岳，都是其中的会员。

郑螺生的旌义状

辛亥革命胜利后，同盟会霹雳分会改组，郑螺生任中国国民党霹雳直属支部常务委员，1913年当选中国国民党新加坡总支部常务委员。他支持反袁护国战争，被英国殖民政府驱逐回国。1917年被委任为大元帅府庶备司长，后历任南京国民政府监察院监察委员、侨委员会委员。抗战期间，他忧心国事，不顾年迈体弱，返南洋募款，1939年12月14日，病逝马来亚怡保。

丘明昶

丘明昶（？—1945），出生于福建海澄县三都新垵村（今厦门海沧区新垵村）。年轻时前往新加坡，白手起家，成为新马地区华侨、华人金融业的先驱之一。

清光绪三十二年（1906年），马来亚的槟城华侨邀请孙中山先生演讲，在小兰亭俱乐部，孙中山抨击清廷政治腐败，官员贪赃枉法，列强侵犯不断，民族危机深重，并鼓动侨胞参加革命，推翻清廷。在当时，康有为、梁启超的保皇派在南洋还颇有影响力，侨胞们对孙中山的演讲多数并不能够立刻接受。但听过这次演讲后，丘明昶却成为孙中山先生的忠实支持者，认为"大丈夫当雄飞，不当雌伏"，散尽家财支持辛亥革命，并要"与满人决死战。"

丘明昶

丘明昶是孙中山第一次到槟城，最早结识的几名华侨之一。中国同盟会在槟榔屿成立时，会员仅一二十人，丘明昶名列其中。他成为当时中国

第六章　厦门籍华侨与辛亥革命

同盟会槟城分会的主要骨干。他参与创办孙中山倡办的《光华日报》，举办时事演讲，发展革命组织，捐资筹款支持革命，还曾大力帮助孙中山先生募集军债票款。1911年10月10日武昌起义后，临时政府财政困难，孙中山授意创办中华实业银行，赴南洋招股支持政府。丘明昶是南洋华侨中认股最踊跃者之一。厦门军政府成立，亟需款项时，也得到丘明昶的募捐资助。

孙中山先生"九次革命、五过槟城"，其家眷也多次避居槟城，日常生活费用都由丘明昶等11位华侨全力支持。1911年4月27日，广州起义失败。孙中山从美国去日本，日本政府拒绝其入境。越南、新加坡也都相继拒绝这位图谋颠覆

"建设民国纪念"弹壳

国家政权的"恐怖分子"。万般无奈，孙中山只得携带家眷避难槟城，每月的房租等生活费用100元无法支付。丘明昶等人挺身而出，长期负责孙中山在槟城的生活起居。

1912年，中华民国在南京成立，孙中山函邀丘明昶回国任事，他却婉辞不就，不留功名。为了表彰丘明昶对革命做出的杰出贡献，孙中山先生给他颁发了"旌义状"。南洋同盟会还用武昌起义的两个炮弹壳，分别镌刻"丘明昶先生惠存"和"建设民国纪念"的铭文，赠送给他。1945年丘明昶病逝，其墓碑上刻有孙中山先生手绘的"革命军旗"图案，以及孙中山先生亲拟的"青山埋侠骨，黄土吊英魂"挽联。

沈鸿柏

沈鸿柏（1873—　），生于泉州，幼年随父迁居厦门禾山。二十岁左右到马六甲垦荒创业，后又经营地产、印刷、橡胶种植等行业，成为马六甲的大富之家。

清光绪二十年（1894年），目睹中国甲午战争惨败，沈鸿柏邀集同仁组织成立救国十八友团体，被推为领袖。这个组织活跃于马六甲一带，宣传救国道理。后来，他成为马六甲的洪门会长。

孙中山到南洋宣传革命，与沈鸿柏会面，委托他组织同盟会的马六甲分会，并出任主盟人（后改为支部长）。沈鸿柏得到孙中山的邀请后，认为"斯足以展吾志"，欣然入会，成为马六甲重要的同盟会领导人。沈鸿柏与

孙中山、黄兴等人长期保持通讯联络。1911年初的第二次广州起义失败后,大批南来避难的革命志士被安置在他的住所。1912年,民国成立,沈鸿柏发动募捐,筹款十万元汇回祖国慰劳革命将士。1914年,他呼吁讨伐袁世凯。二次革命失败后,又有不少革命志士逃到马六甲,他又积极设法安排。每次接济革命志士,沈鸿柏都"辞功不居"。

沈鸿柏注重开展对侨居地华侨的教育。1912年,中华民国成立,他在马六甲积极开展"除旧布新,铲除封建陋习"宣传活动,劝说马六甲的华侨男的剪发辫,女的复天足,婚姻简办、新办。创办马六甲第一份华文报《侨民周报》和马六甲中华阅书报社,组织演讲团,自己兼任团长。开办了各种新式学堂,保送华侨青年回国投考黄埔军校和参加北伐。

沈鸿柏

1925年,沈鸿柏被选为马六甲华侨代表,回国参加孙中山灵柩移葬南京的奉安典礼。

第三节　缅甸的厦门籍华侨与辛亥革命

辛亥革命时期,我国侨居缅甸的华侨大约12万人左右。缅甸华侨参加革命,表现出如下几个特点:

参加同盟会,一呼百应。缅华同盟分会在清光绪三十四年(1908年)建立时仅37人,到同年秋便增至400人,次年又增至800人。1911年武昌起义爆发前夕,缅华同盟分会组织遍布全缅大大小小25个城镇,会员猛增至2343人,成为东南亚地区会员最多的同盟会之一。

支持革命,形式多样。缅甸华侨不仅利用宣传工具(书报、杂志、宣传品、演讲集会),大造革命舆论,从精神上支援革命;而且"慷慨捐助",总数达到近百万缅元,闽、粤、滇,三省迭次起义和光复,均有缅甸华侨赠送枪支弹药,从经济上支援革命。许多华侨还亲自回国参加武装斗争,有的还献出了宝贵的生命。如广州起义烈士李雁南,为滇西光复牺牲的杨秋帆、秦力山、张文光等。

在这场革命中,涌现的厦门籍华侨精英有庄银安、徐赞周等。

庄银安

庄银安（1856—1938），字吉甫，号希复，厦门市集美区东孚乡祥露村人。少年时旅居缅甸，经商致富。

20世纪以前，全缅甸没有一所华侨学校。清光绪三十年（1904年），庄银安与陈甘泉、徐赞周、林国重等筹资在仰光创办中华义校。翌年，革命党人秦力山抵缅，协助修改中华义校章程，使之成为民族主义教育阵地。清光绪三十三年（1907年），改名为中华学堂的中华义校又更名为中华学校。清光绪三十四年（1908年），同盟会缅甸分会成立，机关设在中华学校，名曰"演说社"，经常宣讲革命道理，促进学生民族思想发展。庄银安等人开风气之先，从此传播革命思想的新式学校在缅甸相继开办。1915年，全缅侨校总数有近百所之多。这些学校为革命培育和输送了人才。

清光绪二十九年（1903年），康有为抵达缅甸，以帝师相标榜，号召华侨忠君保皇爱国，受惑者不在少数，庄银安还被其任命为全缅保皇会会长。庄银安利用创办的全缅唯一的华文报《仰光新报》，宣传保皇思想，主张"君主立宪"。直至1905年5月，结识了孙中山派往仰光的革命党人秦力山，才幡然醒悟，遂公开声明与保皇党脱离关系。《仰光新报》转而宣传革命思想，连续登载秦力山撰写的《革命箴言》，共24章六万余字。缅甸华侨争相传阅，很多保皇党人脱党。报馆股东中的顽固保皇派，强将未刊余稿8章私行烧毁，不久《仰光新报》被迫停刊。

1908年3月，在东京的同盟会总部派王群到仰光发展会员，建立组织，庄银安、张永福、徐赞周、卢喜福等10余人先后入盟。4月13日，同盟会缅甸分会成立，最初秘密机关设在"益商夜校"，后又成立"觉民书报社"作为对外公开机关。分会成立3个月，发展会员37人。8月27日，同盟会缅甸分会的机关报《光华日报》正式出版，庄银安任经理，陈仲赫任副经理，主笔为孙中山推荐的杨秋帆和居正。《光华日报》以鼓吹孙中山革命主张，唤醒华侨为宗旨，与保皇党展开论战。真理愈辩愈明，许多保皇党员认清革命形势与意义，纷纷脱党，加入同盟会。《光华日报》出版月余，声势大振，会员增至200多人。《光华日报》的影响与日俱增，引起康党嫉恨，妄图借助非党员股东解散报业，计不得逞，遂以商人名义，请清廷派驻缅领事肖永熙以抄没报馆股东财产相威胁，《光华日报》被迫停刊。

1908年11月，同盟会缅甸分会召开选举干事大会，公推庄银安为正会长，卢喜福为副会长。庄银安就任，召开全体盟员大会，一夜之间筹资缅币13000余盾，于12月13日，复办《光华日报》。1910年夏，肖永熙电请清廷外部向英公使交涉，诬陷《光华日报》鼓吹无政府主义，破坏英国和清廷国交，要求将该报当事人驱逐离缅。《光华日报》被强令停刊，庄银安等革命党人避居外埠。当庄银安抵达马来亚槟城，陈新政给予大力支持，《光华日报》在槟城再次复刊。

庄银安还以"觉民书报社"作阵地，以"开通民智，联络华侨，了解国内外时事"为宗旨，宣传革命。觉民书报社陈列报刊有国内外各地区同盟会主办的华文报刊，如日本东京的《民报》、香港的《中国日报》、加拿大的《醒华报》、陕西省的《夏声》等，陈列书籍有《扬州十日记》、《鸦片战争史》、《嘉定屠城记》等，揭露清朝腐败，卖国求荣的罪行，激起民众反清爱国的革命情绪。许多侨胞阅读书刊后，愤而剪掉发辫，加入同盟会。觉民书报社还每周六举办一次演讲会，听讲者多则二三百，少则一二百人，大多数是店员、苦力、小商贩及中小知识分子。庄银安经常在会上演讲，促使革命声势日振，组织迅速扩大。宣统二年（1909年），缅甸同盟会会员增至800人，宣统三年（1911年）底共发展会员2343人。

身居槟城的庄银安，多次不顾安危，潜回仰光，与留缅同盟会同志共商革命，使同盟会缅甸分会成为中国同盟会总部的有力支柱。

庄银安、何荫三等还带头捐助军费，并发动华侨捐款，购买武器弹药，支援河口起义。1908年10月至1911年这四年间，汪兆铭、陶成章、胡汉民、黄兴等相继来缅筹饷，庄银安均以数千元捐助。他还汇巨资赞助灌口凤山两等小学堂堂长陈飓臣与庄尊贤等组建同盟会，组织武装力量，攻克同安城。武昌起义后，同盟会缅

孙中山致庄银安亲笔信

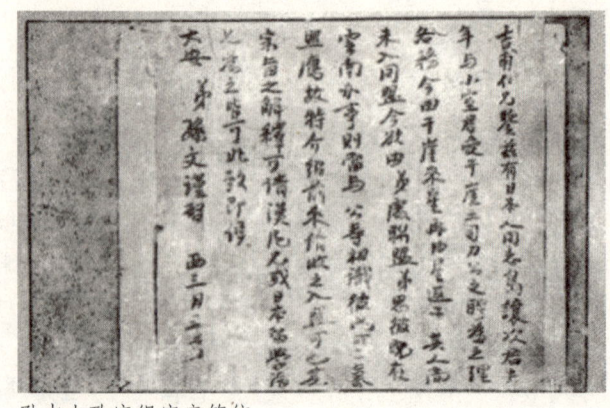

甸分会于11月11日召开仰光同盟会筹饷大会，17日即汇港币1万元给香港《中国日报》转孙中山先生。后又筹得缅币28万多盾，分批汇回国内。据不完全统计，庄银安主持的缅甸分会，在辛亥革命前后，共发动华侨捐款达80多万港元。

1911年，同盟会缅甸分会派遣李雁南、雷瑞庭、曹伯忠、郑亚坤等16人，组成敢死队，参加广州起义。4月27日，起义爆发。战斗中，李雁南牺牲，成为"黄花岗七十二烈士"之一。10月30日，同盟会缅甸分会再次组织两队"义勇军"回国，13人由陈钟灵率领回闽投军，另43人由李亚美带领入滇，后转赴广州。

辛亥革命后，庄银安被推举为南洋同盟会代表，携各埠同盟会的数万捐款赶回厦门，解决厦门光复后碰到的财政困难。他被厦门各界推举为参议会议长，国民政府先后委任他为"福建都督府咨议顾问"、"稽勋局名誉审议"。1935年农历九月廿七日，庄银安80岁诞辰，国民政府行政院为表彰他对辛亥革命的贡献，特授予"民国元勋"匾额，蒋介石、孙科、胡汉民、林森、周树人等馈赠对联，以示庆贺。

徐赞周

徐赞周（1873—1933），原名根藤，号益广，厦门人。18岁到缅甸谋生。

清光绪三十二年（1906年），徐赞周、庄银安、陈甘泉等，为宣传民族主义革命，以"振兴实业"为名，组办《商务调查月报》，由于"欢迎者寥若晨星，虽曰笔政无灵，半由风气闭塞"，出版二期停刊。

光绪三十四年（1908年），缅甸中国同盟会成立，作为发起人之一的徐赞周，向分会提出创办机关报的建议，得到侨商陈玉著、张永福、曾广庇等赞同，集资缅币8000盾。8月27日，《光华日报》正式创办，聘杨秋帆、居正为主笔，徐赞周兼任助理编辑，大力宣传革命思想。清政府以没收报馆股东在国内财产相威胁，迫使股东退股。该报停刊拍卖，被保皇党收购，改为《商务报》，成为保皇会的机关报。

同盟会缅甸分会立即召开全体大会，在徐赞周带动下，一夜之间集资1.3万盾，《光华日报》于1908年12月13日复刊，由居正、吕志伊任主笔。该报与《商务报》展开论战，革命宣传深入人心，促使《商务报》主笔之一张石朋投奔同盟会，许多受骗的侨胞也纷纷声明脱离保皇会，参加了同盟会。清领事肖永熙勾结英殖民当局，以无政府主义罪名，勒令《光华日报》停刊，将主笔居正、经理陈汉平驱逐出境。

徐赞周对"封报捕人"的传言置之不理，不计个人安危，在《光华日报》停刊月余，即联络吕志伊、陈钟灵等人，第三次重组机关报，更名《进化报》出版，由陈钟灵任经理，吕志伊司笔政，鼓吹之勇敢，毫不逊色于以前。出版8个月，保皇会勾结仰光地方警吏，以查账为由，迫害该报，吕志伊被迫离缅回国，该报停刊。徐赞周联络张永福、杨子贞、曾上苑等人，"以学务总会名义，承买《进化报》社的印刷机器和铅字，另设立《缅甸公报》，仍以宣传革命为务，至民国成立犹屹立弗衰"。

徐赞周

1908年3月，孙中山派王群到缅甸组织中国同盟会的分会，率先入盟的，有徐赞周、陈仲赫、陈钟灵3人。徐赞周是分会的发起人之一，并主持在仰光大贺胥园召开的首次会议，担任主盟人。当时革命思想尚未被侨众接受，"一闻革命二字，莫不指为狂悖，甚至亲友亦断绝交好"，他因此被迫退出瑞隆公司股份。由于办报宣传，及徐赞周等革命党人的努力，同盟会打开局面，会员发展到400余人。11月20日，中国同盟会缅甸分会召开大会，修订分会章程，选举庄银安为会长，徐赞周等任评议员。党势大振，党务扩张，20余埠设立分会，会员猛增。徐赞周倡议宣传革命的"演讲社"成立，后改名"觉民书报社"，各地纷纷仿效，为数达18个之多，发挥宣传作用。据徐赞周所藏《缅甸同盟会人员总册》记录，自该会成立，至1911年止，实发会员证2343人。

徐赞周编撰的《缅甸中国同盟会开国革命史》

1911年6月26日，徐赞周与陈朝初等发起组织缅甸华侨兴商公司（后改称缅甸华侨兴商总会），以"爱国保种"，"参预国家大事"

徐赞周的"光复纪念"奖章

第六章　厦门籍华侨与辛亥革命

为该会宗旨。其成立对发动缅甸广大侨胞支持祖国辛亥革命的爱国捐献运动，发挥了组织、动员的作用。武昌起义后，徐赞周任同盟会分会参谋部部长兼筹饷局局长，他运用缅甸华侨兴商总会的力量，发动侨商，努力输将，为祖国民主革命、为革命政府建设，"倾尽会款，汇闽助饷"，还组织"济急团"，推销"军债券"。缅甸归侨黄馥生一份口述材料写道："综计辛亥革命时期，缅甸华侨捐款共约20万元港币"。

　　1911年10月25日，占领腾越的云南革命党人电告缅甸中国同盟会分会，求助粮糈。时任会长的徐赞周，紧急召开会议，决定组织两支先锋队支援，于11月12日汇出1.8万元作军需。他与副会长何荫三联名发出《告缅甸全体侨胞书》，鼓舞侨胞踊跃输将，支持武昌起义后的共和国建设

　　1912年，徐赞周当选缅甸同盟会分会会长一职。临时大总统孙中山特颁授旌义状表彰。共和虽然实现，但革命内部争权夺利，痛心之余，徐赞周于6月1日辞去会长职务而从商。但他未忘革命工作，将缅甸同盟会会员登记名册保存下来，编撰《缅甸同盟会开国史》，颂扬缅甸华侨革命事迹，记录缅甸华侨参加辛亥革命的史实。

张永福

　　张永福（1870？—1942），字受其，福建同安灌口里（今厦门市集美区）人。15岁随父南渡马来亚槟榔屿，继而转赴缅甸的仰光。在仰光创办集发号，专营国货，为仰光两家最早经销国货商店之一。后与陈文章等合营碾米厂、榨油厂，又往槟榔屿复办新裕隆公司。在厦门洪本部创办永福公司，兼营民信业，经收的侨汇款额年达数百万元。在仰光、槟城和厦门的企业都兼营侨汇，航运业、粮行、侨汇密切配合运转，使他获得事业成功。

张永福

　　张永福热心侨教，1909年5月1日，与陈植汗、陈秋航等创办仰光的福建女子师范学校，任首届正校长，后任总理（董事长）。对缅甸华侨教育倾注心力，得以历任缅甸华侨教育总会会长。他乐善好施，热心公益，被侨界举为缅甸政府慈善事业理事会的华方代表。

　　清末，孙中山领导的中国同盟会，革命声势遍及南洋。张永福与友人徐赞周、庄银安、陈仲赫等，在仰光发起组织同盟会，由徐赞周董其事。

他们排除众难，开展革命活动。设立益商学校（后改为中华共和学校）及觉民书报社，作为革命党人的秘密议事机构，同时用以宣传革命思想。辛亥革命成功后，张永福因为过去之革命劳绩，被孙中山委以中国同盟会缅甸分会第一届副部长职务。

第四节　菲律宾的厦门籍华侨与辛亥革命

因入境条例甚严，革命党人到菲律宾活动较迟。1905年至1906年间，当地华侨知革命之风气，但尚无革命组织。侨众民心涣散，听到革命之名，犹如谈虎而色变。郑汉淇行医多年，素孚声望，他利用工作及职务之便开展革命活动，不仅治病救人，且行医救国。"甲辰乙巳间，旅菲华侨渐倾心革命，喜阅香港中国、公益二报，郑汉淇、欧阳鸿钧、杨豪侣、林日安等实为之倡。"由于革命华侨之宣传，菲律宾侨众支持革命的风气渐开。

菲律宾华侨为辛亥革命提供了资金支持、武器支援和人员帮助。华侨林景书捐助革命并劝款五十万银元，1913年菲律宾国民党成立时被推举为会长的戴金华，曾在革命前后为亡命菲律宾的孙中山、林森、胡汉民等募捐军饷。菲华之助款，为清光绪二十五年（1899年）革命党人陈少白在香港创办《中国日报》开展革命宣传、清光绪二十六年（1900年）惠州起义、清光绪二十九年（1903年）广州起义等重大革命武装活动提供了强心针。

郑汉淇

郑汉淇（1881—1943），祖籍福建思明县（今厦门市），生于菲律宾马尼拉，侨界著名西医。当选马尼拉卫生局检疫官，任职达20年之久，受益侨民众多。

1911年春，革命党人李萁从香港到马尼拉，与郑汉淇、黄汉杰等筹组同盟会分会。同年，中国同盟会菲律宾分会成立，郑汉淇被推举为会长。郑汉淇素善口才，经常登台演讲，言语娓娓动听，聆听者不觉枯燥疲倦，说到民生凋敝、国家受辱等沉痛处，民众共鸣，在侨界向有演说家之称。他创办普智书报社为革命机关，任社长21年。后同盟会改组为国民党组织支部，他又被推举

郑汉淇

为部长。辛亥历次革命,郑汉淇不仅自己积极捐输,更倾力活动募集军饷,领导普智阅书报社在马尼拉演出以革命先烈为题材的戏剧,三次共为国内革命筹款5.2万比索。辛亥革命胜利后,革命党人认为宣传三民主义不能没有言论机关,郑汉淇发起组织公理报社,倡办《公理报》,作为同盟会菲律宾分会的机关报。郑汉淇利用医务闲暇时间兼译新闻,连任公理报社总经理达9年之久。1913年,他被选为菲律宾6名华侨议员之一,回国参加国会,被授予嘉禾勋章。

华侨善举公所所办的崇仁医院,由郑汉淇任公所董事兼医院院长达十多年。他在菲律宾行医,对文人教师就诊者,往往不收分毫酬金,家境贫寒者,均施药救济。对于教育,只要是公益善举,莫不慷慨解囊。华侨教育会和总商会等组织,郑汉淇发起并参与,历任华侨教育会董事、中华商会董事及青年会会长。郑汉淇兼营商业,开办的中兴药行驰名遐迩,还投资创办华兴银行。

日寇占领菲律宾期间,他出任伪"华侨协会"副会长,协助日本占领军向华侨征集"献金"、侦察抗日分子等活动。1943年,被华侨抗日人士刺杀身亡。

第五节　印尼的厦门籍华侨与辛亥革命

印尼的同盟会是在不断批判各种保皇思想取得胜利的形势下发展起来的。1907年,同盟会荷印分会成立,有二十多人参加,取名"寄南社",与新加坡同盟会互通声气,不久各地分会亦在"书报社"名义的掩护下相继成立,共有五十二个之多。各埠同盟会会员还开设报馆,如泗水办有《泗滨日报》(1908年)和民铎报(1908年),棉兰办有《苏门答腊民报》(1908年)等,传播了孙中山的民族主义思想,密切了华人之间的联系,促进了思想统一,加强了海外华人与祖国休戚与共的思想感情。

印尼华侨对辛亥革命运动和反袁斗争,都给予了积极支持。

清光绪二十六年(1900年),云南河口起义失败,有六百多人被迫撤退到新加坡,得到当地同盟会负责人张永福、陈楚楠等人的妥善安排,其中有一部分被安置在荷印邦加文岛。

1910年10月12日,孙中山在槟榔屿为第二次起义筹款,荷印代表当场答应筹款五万元,占全部捐款18%。以后荷印华侨还举办了"预储捐",

以备不时之需。到1913年，预储捐已达47100余盾。"辛亥一岁中，南洋华侨所输于革命之资，可五六百万元"，其中不少是荷印华侨的捐款。日里种植园和邦加、勿里洞两矿的华工，不少人捐款一盾集腋成裘以支持革命。店员和小商人"捐助二三十元很正常，捐出一两个月的薪水也很多。"从1911年11月至1912年5月前后半年间，巴城、泗水、文岛等地共捐献了67650元。泗水书报社捐助厦门光复14700元。

荷印华侨还回国参加黄花岗起义，参与对清将领的暗杀、光复汕头、揭阳等行动，和平光复泉州。讨袁护法，印尼华侨支援蔡锷云南起义。

厦门籍华侨在荷印发展的有不少。

黄秋明，同安锦宅人，辛亥革命时在巨港加入同盟会，除了捐款出力，还是巨港中华书报社的主要发起人和干事长。

李增辉，字忠尧，同安县安仁里蔡林乡（今厦门市集美区）人，在苏门答腊棉兰谋生。清末与友人欧水应、黄丕安同时加入中国同盟会，积极向侨胞宣扬革命，二次革命失败后继续从事革命工作。

叶壬水，字培松，思明县（今厦门市）人，为辛亥革命"毕殚精力"，倾囊资助粮饷军火，并发动众人投资，系中国同盟会泗水分会首倡者之一。二次革命失败后，宋渊源、魏彪等人出逃至泗水后，被他安置在偏僻的地方。当时袁世凯的势力很大，"邻国咸不愿开罪"，荷印政府尤其憎恶革命党人，宋、魏二人不便久居，星夜坐船离开到新加坡，他一路护送。

李双辉，字炳耀，海澄县（今属厦门市海沧区）人，在荷印三宝垄，为辛亥革命、二次革命、护国运动"输资纳粟"。1915年，袁世凯与日本签订丧权辱国的"二十一条"，数千名华侨在中华总商会召开救国讨论会，他"捐题数十万"支持反袁运动。

黄仲涵，同安县灌口（今厦门市集美区）李林村人，出生在荷属东印度（今印尼）三宝垄，有"爪哇糖王"之称。辛亥革命时以"轩辕后人"的名义捐款5万荷兰盾支持革命党人；1915年汇寄2.5万荷兰盾支持蔡锷在云南发动的护国运动。曾获国民政府颁发的一等爱国勋章和二等勋章。

第六节　越南的厦门籍华侨与辛亥革命

越南是华人华侨较多的国家。由于地理上的接近，当在日本的反清活动受到限制，孙中山即考虑转移到法属殖民地越南进行活动，取得越南殖

第六章　厦门籍华侨与辛亥革命

民当局的默许后，孙中山和众多革命志士，将越南发展为海外反清重要基地之一。孙中山先生曾六次（第一次为1900年6月、第二次为1903年1月、第三次为1905年7月、第四次为1905年10月、第五次为1906年9月、第六次为1907年）到越南宣传革命思想，团结革命力量。1902年，孙中山先生在河内组建了兴中会分会，发展了大批华侨革命志士。1903年，在孙中山的影响下，华侨商人李卓峰等人设立"萃武精庐"，购买进步书籍供人免费阅读、宣传革命思想。1905年，孙中山主持成立了中国同盟会西贡、堤岸分会，这是同盟会在东南亚开设的第一个分会。西贡、堤岸等地的同盟会组织也积极在华人华侨中宣传革命思想。凡在华侨各阶层有影响的社团组织、娱乐场所、酒楼茶馆、戏院，甚至花会场所，都成为革命宣传的场所。有些是秘密进行的，也有些是公开的。当地同盟会会员经常利用华人华侨在饭后或晚间余暇自由聚集或社团会所进行闲谈时，谈论国家的情况，宣传革命。同时，在公共场所也秘密宣传革命思想，例如以革命刊物、新闻消息等形式宣传革命。这些宣传工作，争取了许多华人华侨对革命的支持与同情，使民族民主革命思想在华人华侨中得到广泛传播，开创了越南华侨中的革命风气。1907年，在孙中山的主持下，河内兴中会分会改组为同盟会分会，海防同盟会分会也宣告成立。随后，南圻、永隆等地同盟会分会也相继宣布成立。

中国同盟会成立后，孙中山为筹措革命军饷，号召广大华人华侨支持革命。越南华人华侨积极响应孙中山先生的号召，捐资助饷，以物力财力支持革命斗争。在新生的民主共和国政权建设方面，越南华人华侨也积极捐款支持。

越南华人华侨不仅从经济上帮助国内的革命运动，而且还亲身参加革命斗争，或协助军队购置粮秣，或直接入伍参加国内起义，甚至壮烈牺牲。

在孙中山先生领导的讨袁、护法运动中，越南华人华侨也积极贡献自己的力量。

已知的在越厦门籍华侨跟随孙中山，为革命活动做出贡献的有：

张清潭，同安县民安里东园村人，1895年即跟随孙中山进行反清革命活动。

林啸溟，字少鸣，同安县嘉禾里（今厦门市）人。20世纪初，孙中山在越南从事革命活动，他即加入同盟会，后成为中国国民党西堤直属支部委员，并担任第三十九分部负责人。

李竹痴，祖籍安溪，迁居厦门。1900年，李竹痴在越南西贡经商，与初莅此地的孙中山相识。1905—1906年，李竹痴在厦门办报馆，言论倾向革命与维新，触怒清政府。清廷欲处以大逆不道之罪，李竹痴闻风与同志白苹州逃往南洋，初到新加坡。在新加坡，由孙中山亲自主持，李竹痴与陈楚楠、张永福举行入盟仪式，加入中国同盟会，是中国同盟会新加坡分会早期会员之一。后往槟城、仰光一带。所到之处，鼓吹革新，人为之绰号"竹赣"，有谐音相讥之意。李竹痴听后不以为然，笑说："竹痴尝赣哉？外直中通，且极有节，较之彼认贼作父者，孰为真痴赣？"闻者称绝。李竹痴游历马来亚麻坡，应刘静山之邀，曾在华商学堂演说，听者数百人。他大力抨击清廷法律之不平等，令闻者愤慨。

附：参加辛亥革命的厦门籍华侨名录

姓名	字	号	籍贯	侨居地	事迹
留鸿石			同安	新加坡	与革命党人一起欢迎孙中山、黄兴、宋教仁南渡新加坡"大唱革命"。中国同盟会成立时，闽籍华侨首批加入的仅有4人，留氏即其中一位。河口起义失败后，革命党人南逃新加坡，均聚集在《中兴日报》，经费因此大为困窘。留氏和革命党人集资以供应众人的伙食、房租。广州新军起义、广州黄花岗起义、武昌起义、辛亥革命，无不参与其事，捐助资金。获大总统、督军等旌义状、奖章。
李肇基	冠山		同安林厝乡	新加坡	光绪二十六年（1900年）孙中山抵新加坡时与革命党人前往东陵拜会孙中山，被任命为中国同盟会新加坡分会主盟人。星洲书报社曾因缺乏经费而停办，李肇基与牧师郑聘廷等人共同筹划，恢复其作为中国同盟会外围组织的活动。
陈延谦	逊南 又字 益吾		同安溪埔店（今澳溪乡）	新加坡	积极支持孙中山领导的民主革命，早年加入中国同盟会新加坡分会，一度担任新加坡同盟分会会长。辛亥前后每次起义"助资不下万金"，在星洲书报社演说建国方针长达半年之久。
张家两	两端		同安板桥乡	新加坡	辛亥革命时在新加坡加入中国同盟会，捐助不少资金给革命军。
王文选	昭明		同安珩山乡	新加坡	捐资中国同盟会新加坡分会。
蒋骥甫	维中		同安澳头社（今厦门市翔安区马巷下澳头村）	新加坡	辛亥革命前数年，东南亚组织中国同盟会，专门集资赞助国内的革命军。当时同盟会成员多提倡剪辫易服，蒋氏表示赞同。
郑天足			同安马巷	新加坡	宣统三年（1911年）在新加坡加入中国同盟会。

续表

姓名	字	号	籍贯	侨居地	事迹
王金铼			同安西湖塘乡	新加坡	辛亥革命前与张永福、陈楚楠等人发起组织中国同盟会新加坡分会，为辛亥革命奔走出力，捐资达数千金。
汪贞			同安英村	新加坡	早年加入中国同盟会，资助革命军军饷。
蒋德九	丽谋		同安澳头乡	新加坡	辛亥革命前加入中国同盟会，捐资为数不少，孙中山、汪精卫、陈炯明、林虎、周振麟等人均与其交好，"褒章颂词见赠为类甚蕃"。
叶玉桑	雪亭		同安南门外溪边乡	新加坡	认为孙中山领导的民主革命天经地义，加入同盟会后对辛亥革命、二次革命、护国运动尽力支持。护法运动时为劝捐员，除自己捐出数千金外，又募得华侨捐款六七万金，汇给云南民军司令部作为粮饷。当时在新加坡的革命党人以"敬是园"为革命机关，叶氏担任总理。曾被中国政府授予六等嘉禾勋章，国内外显达名人以词章翰墨相赠者尤多。
陈雨	喜亭		同安祥平街道过溪村下魏里	新加坡	积极支持中国同盟会。民国成立后，福建省财政空虚。陈嘉庚在东南亚组织募款，陈雨作为其助手，积极劝募闽帮商号，募得款项30多万元电汇福建都督府。1915年，袁世凯称帝，蔡锷在云南发起护国运动，军费短缺，陈氏在东南亚侨界奔走呼号，立下汗马功劳。陈氏为民主革命做出的贡献得到萨镇冰等一大批军政大员的著文赞扬，大总统黎元洪于1917年授予其五等嘉禾勋章。
陈庚辛	子金	天清	同安集美（今厦门市集美区）	新加坡	对辛亥革命多有资助。

第六章 厦门籍华侨与辛亥革命

续表

姓名	字	号	籍贯	侨居地	事迹
陈嘉庚	科次		同安县集美社（今厦门市集美区集美镇）	新加坡	（见本章介绍）
陈敬贤			同安县集美社（今厦门市集美区集美镇）	新加坡	1910年与胞兄陈嘉庚同时加入中国同盟会，支持辛亥革命
庄希泉			生于厦门 原籍安溪	新加坡	1906年到上海经商。1911年成为中国同盟会新加坡分会会员，追随孙中山从事实业救国。1911年辛亥革命后，受上海军政府委托组织南洋募饷队，三下南洋为民主革命筹款。
柯朝阳	方明		同安内厝乡	新加坡	中国同盟会新加坡分会会员
李闻一			同安	马来亚（今马来西亚）	辛亥革命前"四出奔走，鼓吹最力"；光复后募集粮食资助军队，汇款甚巨。
辜立亭			同安	马来亚（今马来西亚）	与孙中山、黄兴、胡汉民过从甚密，1906年加入中国同盟会槟榔屿分会，与李登辉等5人发起组织环球学生联合会，宣传推翻帝制，建立民国。
王礼委			同安	马来亚（今马来西亚）槟榔屿	非同盟会员，但"虽无其名，已有其实"，捐款资助革命。
卓兆励			同安	马来亚（今马来西亚）槟榔屿	中国同盟会会员，书报社社员
洪文良			同安	马来亚（今马来西亚）	辛亥革命时在漳州加入中国同盟会

续表

姓名	字	号	籍贯	侨居地	事迹
林永招			同安	马来亚（今马来西亚）槟榔屿	辛亥革命时与族弟林青田、潘世瑜加入中国同盟会。
林青田			同安	马来亚（今马来西亚）槟榔屿	辛亥革命时与族兄林永招、潘世瑜加入中国同盟会，孙中山曾"赠状旌其义"。
黄连根			同安	马来亚（今马来西亚）槟榔屿	宣统三年（1911年）前在国内加入中国同盟会，辛亥革命时多有辅佐。
林地基	建堂		同安亨涂社	马来亚（今马来西亚）槟榔屿	辛亥革命时在同盟会"策划大端"，尽力资助革命，系马来亚太平同盟会负责人之一。
丘继笨			同安埭头社，原籍海澄	马来亚（今马来西亚）槟榔屿	辛亥革命时捐助颇多。
吕俊典			同安后垵乡	马来亚（今马来西亚）槟榔屿	中国同盟会槟榔屿分会会员，宣统三年（1911年）在有美山园会见孙中山。对辛亥革命前后的几次革命"时见捐资出力"。
林振成	松龄		同安潘泥社	马来亚（今马来西亚）槟榔屿	辛亥革命时虽然不是中国同盟会会员，但赞成共和，积极传播《革命先锋》(即邹容撰写的《革命军》翻印时的改名之一)、东京《民报》等各处革命刊物。

续表

姓名	字	号	籍贯	侨居地	事迹
吴浩然	日星		同安西山乡	马来亚（今马来西亚）槟榔屿	辛亥革命时与槟榔屿的革命党人联合为革命事业奔走。
黄金庆		从龙	同安锦宅乡（今厦门市集美区灌口镇锦宅乡）	马来亚（今马来西亚）槟榔屿	（见本章介绍）
陈存心			同安县	马来亚（今马来西亚）吉礁	辛亥革命时在吉礁向华侨募集款项，支援国内起义所需军饷。
林水□			同安东门外五甲乡	马来亚（今马来西亚）吉礁	辛亥革命前加入中国同盟会，"坚持三民主义"。
庄取智			同安祥露乡	马来亚（今马来西亚）吉礁坡	辛亥革命前加入中国同盟会吉礁分会。
黄其君			同安县九都蔡宅乡	马来亚（今马来西亚）吉隆坡	辛亥革命前数年加入中国同盟会，"奔走国事，热忱奋发，筹资募响，不遗余力"。武汉光复时，因过于激动而病倒，被誉为"吉隆坡第一热心人"，孙中山授予旌义状。二次革命失败后，袁世凯即将称帝，华侨组织铁血团，黄氏任财政长。曾在革命党位于香港的机关部任事。
郑螺生			同安县后溪乡（今厦门市集美区）	马来亚（今马来西亚）怡保	（见本章介绍）

续表

姓名	字	号	籍贯	侨居地	事迹
柯教诲	庆新		同安	马来亚（今马来西亚）实兆远（今马来亚霹雳州曼绒县地区）	辛亥革命前后的多次革命中"最为出力之一人"。
胡天基			同安鼎尾乡	马来亚（今马来西亚）安顺	辛亥革命时加入中国同盟会捐助大量粮饷，鼓吹革命也颇为尽力，孙中山授予其徽章"酬其劳"。
苏法聿	德俉		同安	马来亚（今马来西亚）太平	宣统三年（1911年）加入中国同盟会，对建立民国做出了贡献。
张永福（又名受其）			同安县灌口镇（今厦门市集美区灌口镇）	英属缅甸	（见本章介绍）
陈仲赫	希周		同安县阳翟乡	英属缅甸仰光	光绪三十四年（1908年）与徐赞周、陈钟灵等人率先加入中国同盟会缅甸分会，任中国同盟会缅甸分会7位主盟人之一，在缅甸榜地、勃生、卑谬、瓦城（即曼德勒，因缅甸著名古都阿瓦在其近郊，故缅侨称其为瓦城）等24个城市宣传革命思想，建立同盟会支会，发展会员。宣统三年（1911）初，陈氏返回同安，继续宣传革命，协助灌口同盟会以自治研究所名义组织同盟会外围组织——青年自治会。辛亥革命时与陈延香等率领青年自治会会员与灌口天然农场工人大队攻打同安县城，光复同安；发动乡民剪辫，扩大革命影响

续表

姓名	字	号	籍贯	侨居地	事迹
陈钟力			同安	英属缅甸仰光	中国同盟会缅甸分会会员
陈守礼			同安	英属缅甸仰光	中国同盟会缅甸分会会员
张源			同安	英属缅甸仰光	中国同盟会缅甸分会会员
陈国章			同安	英属缅甸仰光	中国同盟会缅甸分会会员
林剑腾			同安	英属缅甸仰光	中国同盟会缅甸分会会员
林水兜			同安	英属缅甸仰光	中国同盟会缅甸分会会员
陈清楚			同安	英属缅甸仰光	中国同盟会缅甸分会会员
张朝梁			同安	英属缅甸仰光	中国同盟会缅甸分会会员
王永和			同安	英属缅甸仰光	中国同盟会缅甸分会会员
张皆合			同安	英属缅甸仰光	中国同盟会缅甸分会会员
孙有用			同安	英属缅甸仰光	中国同盟会缅甸分会会员
郑瑞记			同安	英属缅甸仰光	中国同盟会缅甸分会会员
杜子固			同安	英属缅甸仰光	中国同盟会缅甸分会会员
陈振玉			同安	英属缅甸仰光	中国同盟会缅甸分会会员
杜海瑞			同安	英属缅甸仰光	中国同盟会缅甸分会会员
林金源			同安	英属缅甸仰光	中国同盟会缅甸分会会员

续表

姓名	字	号	籍贯	侨居地	事迹
陈振銮			同安	英属缅甸仰光	中国同盟会缅甸分会会员
陈仁和			同安	英属缅甸仰光	中国同盟会缅甸分会会员
林联捷			同安	英属缅甸仰光	中国同盟会缅甸分会会员
周文泰			同安	英属缅甸仰光	中国同盟会缅甸分会会员
陈银鍊	就正，别号杞人氏		同安西亭	英属缅甸仰光	中国同盟会缅甸分会会员（入会时仰光华侨加入该会者仅有四五人）。入会后即鼓吹革命，不遗余力。辛亥革命前国内发生数次起义，一些革命党人途经仰光时，经常给予其盘缠。武昌起义时，缅甸华侨提议捐资助饷时，许多人畏惧清廷治罪，不敢响应。陈氏带头认捐1300荷兰盾。资助仰光志士20多人路费数百前往广东从军。二次革命时捐款2000荷兰盾，护法运动时也捐出巨款。
郑瓜绵	葛生	化鱼	同安	英属缅甸仰光	中国同盟会缅甸分会会员
陈汉生			同安	英属缅甸仰光	中国同盟会缅甸分会会员
吴有宗			同安	英属缅甸仰光	中国同盟会缅甸分会会员
郑国兴			同安	英属缅甸仰光	中国同盟会缅甸分会会员
陈美全			同安	英属缅甸仰光	中国同盟会缅甸分会会员
陈耀东			同安	英属缅甸仰光	中国同盟会缅甸分会会员
何寿鹤			同安	英属缅甸仰光	中国同盟会缅甸分会会员

第六章　厦门籍华侨与辛亥革命

续表

姓名	字	号	籍贯	侨居地	事迹
洪锡福			同安	英属缅甸仰光	中国同盟会缅甸分会会员
郑国隆			同安	英属缅甸仰光	中国同盟会缅甸分会会员
叶文明			同安	英属缅甸仰光	中国同盟会缅甸分会会员
蔡福山			同安	英属缅甸仰光	中国同盟会缅甸分会会员
林文曲			同安	英属缅甸仰光	中国同盟会缅甸分会会员
陈文德			同安	英属缅甸仰光	中国同盟会缅甸分会会员
林润生			同安	英属缅甸仰光	中国同盟会缅甸分会会员
李心诚			同安	英属缅甸仰光	中国同盟会缅甸分会会员
陈固有			同安	英属缅甸仰光	中国同盟会缅甸分会会员
陈清溪			同安	英属缅甸仰光	中国同盟会缅甸分会会员
吴加篆			同安	英属缅甸仰光	中国同盟会缅甸分会会员
叶天佑			同安	英属缅甸仰光	中国同盟会缅甸分会会员
陈甘泉			同安	英属缅甸仰光	中国同盟会缅甸分会会员
陈甘敏			同安	英属缅甸仰光	中国同盟会缅甸分会会员，任重要职务。武昌起义时募捐军饷，宣扬革命。
林纳			同安	英属缅甸仰光	中国同盟会缅甸分会会员
林天追			同安	英属缅甸仰光	中国同盟会缅甸分会会员

续表

姓名	字	号	籍贯	侨居地	事迹
颜川泽			同安	英属缅甸仰光	中国同盟会缅甸分会会员
陈震川			同安	英属缅甸仰光	中国同盟会缅甸分会会员
林己巳			同安	英属缅甸仰光	中国同盟会缅甸分会会员
谢知礼			同安	英属缅甸仰光	中国同盟会缅甸分会会员
林振国			同安	英属缅甸仰光	中国同盟会缅甸分会会员
周勋			同安	英属缅甸仰光	中国同盟会缅甸分会会员
叶忠			同安	英属缅甸仰光	中国同盟会缅甸分会会员
陈清辉			同安	英属缅甸仰光	中国同盟会缅甸分会会员
杜宗思			同安	英属缅甸仰光	中国同盟会缅甸分会会员
苏汉亭			同安	英属缅甸仰光	中国同盟会缅甸分会会员
黄家保			同安	英属缅甸仰光	中国同盟会缅甸分会会员
庄温琴			同安	英属缅甸仰光	中国同盟会缅甸分会会员
黄隆源			同安	英属缅甸仰光	中国同盟会缅甸分会会员
杜少佐			同安	英属缅甸仰光	中国同盟会缅甸分会会员
黄锡智			同安	英属缅甸仰光	中国同盟会缅甸分会会员
高余生			同安	英属缅甸仰光	中国同盟会缅甸分会会员

第六章　厦门籍华侨与辛亥革命

续表

姓名	字	号	籍贯	侨居地	事迹
陈文振			同安	英属缅甸仰光	中国同盟会缅甸分会会员
林灿桐			同安	英属缅甸仰光	中国同盟会缅甸分会会员
林来进			同安	英属缅甸仰光	中国同盟会缅甸分会会员
林加生			同安	英属缅甸仰光	中国同盟会缅甸分会会员
陈日新			同安	英属缅甸仰光	中国同盟会缅甸分会会员
钟耀枢			同安	英属缅甸仰光	中国同盟会缅甸分会会员
倪可南			同安	英属缅甸仰光	中国同盟会缅甸分会会员
沈文中			同安	英属缅甸仰光	中国同盟会缅甸分会会员
陈同成			同安	英属缅甸仰光	中国同盟会缅甸分会会员
陈克志			同安	英属缅甸仰光	中国同盟会缅甸分会会员
陈壹奇			同安	英属缅甸仰光	中国同盟会缅甸分会会员
陈奇生			同安	英属缅甸仰光	中国同盟会缅甸分会会员
陈士璧			同安	英属缅甸仰光	中国同盟会缅甸分会会员
张志成			同安	英属缅甸仰光	中国同盟会缅甸分会会员
陈云祥			同安	英属缅甸仰光	中国同盟会缅甸分会会员
杨秋毫			同安	英属缅甸仰光	中国同盟会缅甸分会会员

续表

姓名	字	号	籍贯	侨居地	事迹
柯崇禧			同安	英属缅甸仰光	中国同盟会缅甸分会会员
叶卯寅			同安	英属缅甸仰光	中国同盟会缅甸分会会员
陈群英			同安	英属缅甸仰光	中国同盟会缅甸分会会员
陈源汉			同安	英属缅甸仰光	中国同盟会缅甸分会会员
张金品			同安	英属缅甸仰光	中国同盟会缅甸分会会员
杜鹏飞			同安	英属缅甸仰光	中国同盟会缅甸分会会员
陈福瑞			同安	英属缅甸仰光	中国同盟会缅甸分会会员
徐烈生			同安	英属缅甸仰光	中国同盟会缅甸分会会员
陈正中			同安	英属缅甸仰光	中国同盟会缅甸分会会员
陈炯祥			同安	英属缅甸仰光	中国同盟会缅甸分会会员
陈得胜			同安	英属缅甸仰光	中国同盟会缅甸分会会员
陈瑞草			同安	英属缅甸仰光	中国同盟会缅甸分会会员
张文镇			同安	英属缅甸仰光	中国同盟会缅甸分会会员
曾耀琴			同安	英属缅甸仰光	中国同盟会缅甸分会会员
陈文豹			同安	英属缅甸仰光	中国同盟会缅甸分会会员
陈玉珍			同安	英属缅甸仰光	中国同盟会缅甸分会会员

第六章 厦门籍华侨与辛亥革命

续表

姓名	字	号	籍贯	侨居地	事迹
陈思明			同安	英属缅甸仰光	中国同盟会缅甸分会会员
林应三			同安	英属缅甸仰光	中国同盟会缅甸分会会员
李荣源			同安	英属缅甸仰光	中国同盟会缅甸分会会员
林文仲			同安	英属缅甸仰光	中国同盟会缅甸分会会员
林妈闹			同安	英属缅甸仰光	中国同盟会缅甸分会会员
吴启东			同安	英属缅甸仰光	中国同盟会缅甸分会会员
许鏖力			同安	英属缅甸仰光	中国同盟会缅甸分会会员
周宗行			同安	英属缅甸仰光	中国同盟会缅甸分会会员
吕天助			同安	英属缅甸仰光	中国同盟会缅甸分会会员
邱文圃			同安	英属缅甸仰光	中国同盟会缅甸分会会员
陈长兴			同安	英属缅甸仰光	中国同盟会缅甸分会会员
林笃贤			同安	英属缅甸仰光	中国同盟会缅甸分会会员
钟德化			同安	英属缅甸仰光	中国同盟会缅甸分会会员
陈化龙			同安	英属缅甸仰光	中国同盟会缅甸分会会员
陈复波			同安	英属缅甸仰光	中国同盟会缅甸分会会员
黄光汉			同安	英属缅甸仰光	中国同盟会缅甸分会会员

续表

姓名	字	号	籍贯	侨居地	事迹
吴铁志			同安	英属缅甸仰光	中国同盟会缅甸分会会员
郑国润			同安	英属缅甸仰光	中国同盟会缅甸分会会员
郑国栋			同安	英属缅甸仰光	中国同盟会缅甸分会会员
吴希汤			同安	英属缅甸仰光	中国同盟会缅甸分会会员
陈秋水			同安	英属缅甸仰光	中国同盟会缅甸分会会员
蔡国钧			同安	英属缅甸仰光	中国同盟会缅甸分会会员
叶成吝			同安	英属缅甸仰光	中国同盟会缅甸分会会员
佘清泉			同安	英属缅甸仰光	中国同盟会缅甸分会会员
林福江			同安	英属缅甸仰光	中国同盟会缅甸分会会员
陈有田			同安	英属缅甸仰光	中国同盟会缅甸分会会员
何久杯			同安	英属缅甸仰光	中国同盟会缅甸分会会员
林军国			同安	英属缅甸仰光	中国同盟会缅甸分会会员
陈国珍			同安	英属缅甸仰光	中国同盟会缅甸分会会员
林徐德			同安	英属缅甸仰光	中国同盟会缅甸分会会员
陈飞熊			同安	英属缅甸仰光	中国同盟会缅甸分会会员
郑粗叻			同安	英属缅甸仰光	中国同盟会缅甸分会会员

续表

姓名	字	号	籍贯	侨居地	事迹
余文元			同安	英属缅甸仰光	中国同盟会缅甸分会会员
陈玉液			同安	英属缅甸仰光	中国同盟会缅甸分会会员
林聚福			同安	英属缅甸仰光	中国同盟会缅甸分会会员
胡庚申			同安	英属缅甸仰光	中国同盟会缅甸分会会员
杜成发			同安	英属缅甸仰光	中国同盟会缅甸分会会员
陈山君			同安	英属缅甸仰光	中国同盟会缅甸分会会员
杨寿春			同安	英属缅甸仰光	中国同盟会缅甸分会会员
杜国成			同安	英属缅甸仰光	中国同盟会缅甸分会会员
李兴复			同安	英属缅甸仰光	中国同盟会缅甸分会会员
杜明兴			同安	英属缅甸仰光	中国同盟会缅甸分会会员
苏再远			同安	英属缅甸仰光	中国同盟会缅甸分会会员
吴联兴			同安	英属缅甸仰光	中国同盟会缅甸分会会员
杜得国			同安	英属缅甸仰光	中国同盟会缅甸分会会员
叶复明			同安	英属缅甸仰光	中国同盟会缅甸分会会员
叶连生			同安	英属缅甸仰光	中国同盟会缅甸分会会员
陈人和			同安	英属缅甸仰光	中国同盟会缅甸分会会员

续表

姓名	字	号	籍贯	侨居地	事迹
陈颖悟			同安	英属缅甸仰光	中国同盟会缅甸分会会员
陈国钳			同安	英属缅甸仰光	中国同盟会缅甸分会会员
陈心其			同安	英属缅甸仰光	中国同盟会缅甸分会会员
陈振贵			同安	英属缅甸仰光	中国同盟会缅甸分会会员
陈振汉			同安	英属缅甸仰光	中国同盟会缅甸分会会员
陈心慕			同安	英属缅甸仰光	中国同盟会缅甸分会会员
陈天性			同安	英属缅甸仰光	中国同盟会缅甸分会会员
陈江汉			同安	英属缅甸仰光	中国同盟会缅甸分会会员
陈有志			同安	英属缅甸仰光	中国同盟会缅甸分会会员
胡甘泉			同安	英属缅甸仰光	中国同盟会缅甸分会会员
叶波臣			同安	英属缅甸仰光	中国同盟会缅甸分会会员
黄千祥			同安	英属缅甸仰光	中国同盟会缅甸分会会员
李琇莹			同安	英属缅甸仰光	中国同盟会缅甸分会会员
林德中			同安	英属缅甸仰光	中国同盟会缅甸分会会员
马肃良			同安	英属缅甸仰光	中国同盟会缅甸分会会员
张克复			同安	英属缅甸仰光	中国同盟会缅甸分会会员

续表

姓名	字	号	籍贯	侨居地	事迹
林悟汉			同安	英属缅甸仰光	中国同盟会缅甸分会会员
林妈物			同安	英属缅甸仰光	中国同盟会缅甸分会会员
庄有路			同安	英属缅甸仰光	中国同盟会缅甸分会会员
陈拔山			同安	英属缅甸仰光	中国同盟会缅甸分会会员
林德发			同安	英属缅甸仰光	中国同盟会缅甸分会会员
杜子明			同安	英属缅甸仰光	中国同盟会缅甸分会会员
林宝甫			同安	英属缅甸仰光	中国同盟会缅甸分会会员
陈血志			同安	英属缅甸仰光	中国同盟会缅甸分会会员
杜光池			同安	英属缅甸仰光	中国同盟会缅甸分会会员
杜绳通			同安	英属缅甸仰光	中国同盟会缅甸分会会员
杜子乾			同安	英属缅甸仰光	中国同盟会缅甸分会会员
吴汉忠			同安	英属缅甸仰光	中国同盟会缅甸分会会员
郑有志			同安	英属缅甸仰光	中国同盟会缅甸分会会员
李克清			同安	英属缅甸仰光	中国同盟会缅甸分会会员
陈庭贵			同安	英属缅甸仰光	中国同盟会缅甸分会会员
陈灭清			同安	英属缅甸仰光	中国同盟会缅甸分会会员

续表

姓名	字	号	籍贯	侨居地	事迹
杜剑飞			同安	英属缅甸仰光	中国同盟会缅甸分会会员
杜光汉			同安	英属缅甸仰光	中国同盟会缅甸分会会员
吴流金			同安	英属缅甸仰光	中国同盟会缅甸分会会员
陈留明			同安	英属缅甸仰光	中国同盟会缅甸分会会员
朱木盛			同安	英属缅甸仰光	中国同盟会缅甸分会会员
陈文广			同安	英属缅甸仰光	中国同盟会缅甸分会会员
柯金盾			同安	英属缅甸仰光	中国同盟会缅甸分会会员
郑山玉			同安	英属缅甸仰光	中国同盟会缅甸分会会员
王源恭			同安	英属缅甸仰光	中国同盟会缅甸分会会员
陈启明			同安	英属缅甸仰光	中国同盟会缅甸分会会员
陈延模			同安	英属缅甸仰光	中国同盟会缅甸分会会员
郑堆金			同安	英属缅甸仰光	中国同盟会缅甸分会会员
叶贞			同安	英属缅甸仰光	中国同盟会缅甸分会会员
李文			同安	英属缅甸仰光	中国同盟会缅甸分会会员
陈元珍			同安	英属缅甸仰光	中国同盟会缅甸分会会员
陈水盛			同安	英属缅甸仰光	中国同盟会缅甸分会会员

第六章　厦门籍华侨与辛亥革命

续表

姓名	字	号	籍贯	侨居地	事迹
李内			同安	英属缅甸仰光	中国同盟会缅甸分会会员
郑吉仔			同安	英属缅甸仰光	中国同盟会缅甸分会会员
陈玉棍			同安	英属缅甸仰光	中国同盟会缅甸分会会员
陈迫			同安	英属缅甸仰光	中国同盟会缅甸分会会员
杜清水			同安	英属缅甸仰光	中国同盟会缅甸分会会员
李炎文			同安	英属缅甸仰光	中国同盟会缅甸分会会员
叶丽			同安	英属缅甸仰光	中国同盟会缅甸分会会员
张来发			同安	英属缅甸仰光	中国同盟会缅甸分会会员
黄润兴			同安	英属缅甸仰光	中国同盟会缅甸分会会员
黄福坚			同安	英属缅甸仰光	中国同盟会缅甸分会会员
徐解弄			同安	英属缅甸仰光	中国同盟会缅甸分会会员
林峇凤			同安	英属缅甸仰光	中国同盟会缅甸分会会员
蔡槐檀			同安	英属缅甸仰光	中国同盟会缅甸分会会员
林学栋			同安	英属缅甸仰光	中国同盟会缅甸分会会员
杜参渊			同安	英属缅甸仰光	中国同盟会缅甸分会会员
陈于飞			同安	英属缅甸仰光	中国同盟会缅甸分会会员

续表

姓名	字	号	籍贯	侨居地	事迹
谢江猪			同安	英属缅甸仰光	中国同盟会缅甸分会会员
钟潮昜			同安	英属缅甸仰光	中国同盟会缅甸分会会员
李群明			同安	英属缅甸仰光	中国同盟会缅甸分会会员
李森品			同安	英属缅甸仰光	中国同盟会缅甸分会会员
陈清祥			同安	英属缅甸仰光	中国同盟会缅甸分会会员
陈清荣			同安	英属缅甸仰光	中国同盟会缅甸分会会员
刘臣己			同安	英属缅甸仰光	中国同盟会缅甸分会会员
陈玉梅			同安	英属缅甸仰光	中国同盟会缅甸分会会员
陈汉党			同安	英属缅甸仰光	中国同盟会缅甸分会会员
陈琨棠			同安	英属缅甸仰光	中国同盟会缅甸分会会员
杜子墨			同安	英属缅甸仰光	中国同盟会缅甸分会会员
陈白玉			同安	英属缅甸仰光	中国同盟会缅甸分会会员
陈峇燕			同安	英属缅甸仰光	中国同盟会缅甸分会会员
杜阿卜			同安	英属缅甸仰光	中国同盟会缅甸分会会员
陈振明			同安	英属缅甸仰光	中国同盟会缅甸分会会员
陈忠俊			同安	英属缅甸仰光	中国同盟会缅甸分会会员

第六章 厦门籍华侨与辛亥革命

续表

姓名	字	号	籍贯	侨居地	事迹
林衍轩			同安	英属缅甸仰光	中国同盟会缅甸分会会员
曾宝德			同安	英属缅甸仰光	中国同盟会缅甸分会会员
洪源记			同安	英属缅甸仰光	中国同盟会缅甸分会会员
李精壮			同安	英属缅甸仰光	中国同盟会缅甸分会会员
黄瑞美			同安	英属缅甸仰光	中国同盟会缅甸分会会员
陈大宝			同安	英属缅甸仰光	中国同盟会缅甸分会会员
陈堆金			同安	英属缅甸仰光	中国同盟会缅甸分会会员
杜禹臣			同安	英属缅甸仰光	中国同盟会缅甸分会会员
杜老臣			同安	英属缅甸仰光	中国同盟会缅甸分会会员
柯亚漳			同安	英属缅甸仰光	中国同盟会缅甸分会会员
黄成德			同安	英属缅甸仰光	中国同盟会缅甸分会会员
苏汉甸			同安	英属缅甸仰光	中国同盟会缅甸分会会员
陈建章			同安	英属缅甸仰光	中国同盟会缅甸分会会员
陈吉成			同安	英属缅甸仰光	中国同盟会缅甸分会会员
曾龙臣			同安	英属缅甸仰光	中国同盟会缅甸分会会员
陈进贤			同安	英属缅甸仰光	中国同盟会缅甸分会会员

续表

姓名	字	号	籍贯	侨居地	事迹
林一叶			同安	英属缅甸仰光	中国同盟会缅甸分会会员
叶开油			同安	英属缅甸仰光	中国同盟会缅甸分会会员
叶可盛			同安	英属缅甸仰光	中国同盟会缅甸分会会员
蔡新民			同安	英属缅甸仰光	中国同盟会缅甸分会会员
曾世昌			同安	英属缅甸仰光	中国同盟会缅甸分会会员
吕扫清			同安	英属缅甸仰光	中国同盟会缅甸分会会员
陈振烈			同安	英属缅甸仰光	中国同盟会缅甸分会会员
叶启明			同安	英属缅甸仰光	中国同盟会缅甸分会会员
杜子鸿			同安	英属缅甸仰光	中国同盟会缅甸分会会员
杜楚材			同安	英属缅甸仰光	中国同盟会缅甸分会会员
杜天分			同安	英属缅甸仰光	中国同盟会缅甸分会会员
李振地			同安	英属缅甸仰光	中国同盟会缅甸分会会员
蔡清河			同安	英属缅甸仰光	中国同盟会缅甸分会会员
杜耀辉			同安	英属缅甸仰光	中国同盟会缅甸分会会员
郑颜信			同安	英属缅甸仰光	中国同盟会缅甸分会会员
洪沧海			同安	英属缅甸仰光	中国同盟会缅甸分会会员

第六章　厦门籍华侨与辛亥革命

续表

姓名	字	号	籍贯	侨居地	事迹
林成元			同安	英属缅甸仰光	中国同盟会缅甸分会会员
陈凌空			同安	英属缅甸仰光	中国同盟会缅甸分会会员
黄添军			同安	英属缅甸仰光	中国同盟会缅甸分会会员
陈平满			同安	英属缅甸仰光	中国同盟会缅甸分会会员
林振昌			同安	英属缅甸仰光	中国同盟会缅甸分会会员
林文裕			同安	英属缅甸仰光	中国同盟会缅甸分会会员
林苏文			同安	英属缅甸仰光	中国同盟会缅甸分会会员
杜广生			同安	英属缅甸仰光	中国同盟会缅甸分会会员
李元拣			同安	英属缅甸仰光	中国同盟会缅甸分会会员
杜瑞宏			同安	英属缅甸仰光	中国同盟会缅甸分会会员
李朝明			同安	英属缅甸仰光	中国同盟会缅甸分会会员
柯添来			同安	英属缅甸仰光	中国同盟会缅甸分会会员
洪尧舜			同安	英属缅甸仰光	中国同盟会缅甸分会会员
陈长生			同安	英属缅甸仰光	中国同盟会缅甸分会会员
杜似信			同安	英属缅甸仰光	中国同盟会缅甸分会会员
陈启仁			同安	英属缅甸仰光	中国同盟会缅甸分会会员

续表

姓名	字	号	籍贯	侨居地	事迹
黄文龙			同安	英属缅甸仰光	中国同盟会缅甸分会会员
许振生			同安	英属缅甸仰光	中国同盟会缅甸分会会员
陈炎炮			同安	英属缅甸仰光	中国同盟会缅甸分会会员
陈窗宫			同安	英属缅甸仰光	中国同盟会缅甸分会会员
何美玉			同安	英属缅甸仰光	中国同盟会缅甸分会会员
杜仪官			同安	英属缅甸仰光	中国同盟会缅甸分会会员
林水吟			同安	英属缅甸仰光	中国同盟会缅甸分会会员
庄明蝙			同安	英属缅甸仰光	中国同盟会缅甸分会会员
王金追			同安	英属缅甸仰光	中国同盟会缅甸分会会员
陈景云			同安	英属缅甸仰光	中国同盟会缅甸分会会员
林警汉			同安	英属缅甸仰光	中国同盟会缅甸分会会员
吴水粮			同安	英属缅甸仰光	中国同盟会缅甸分会会员
林单马			同安	英属缅甸仰光	中国同盟会缅甸分会会员
蔡水建			同安	英属缅甸仰光	中国同盟会缅甸分会会员
徐镐铃			同安	英属缅甸仰光	中国同盟会缅甸分会会员
苏天道			同安	英属缅甸仰光	中国同盟会缅甸分会会员

第六章　厦门籍华侨与辛亥革命

续表

姓名	字	号	籍贯	侨居地	事迹
陈扶汉			同安	英属缅甸仰光	中国同盟会缅甸分会会员
叶文岸			同安	英属缅甸仰光	中国同盟会缅甸分会会员
庄冷水			同安	英属缅甸仰光	中国同盟会缅甸分会会员
陈铜山			同安	英属缅甸仰光	中国同盟会缅甸分会会员
林宇雷			同安	英属缅甸仰光	中国同盟会缅甸分会会员
尤文福			同安	英属缅甸仰光	中国同盟会缅甸分会会员
陈启成			同安	英属缅甸仰光	中国同盟会缅甸分会会员
杜礼乐			同安	英属缅甸仰光	中国同盟会缅甸分会会员
杜银汉			同安	英属缅甸仰光	中国同盟会缅甸分会会员
杜总思			同安	英属缅甸仰光	中国同盟会缅甸分会会员
王振坤			同安	英属缅甸仰光	中国同盟会缅甸分会会员
杜文标			同安	英属缅甸仰光	中国同盟会缅甸分会会员
杜开篇			同安	英属缅甸仰光	中国同盟会缅甸分会会员
吴国真			同安	英属缅甸仰光	中国同盟会缅甸分会会员
陈开郅			同安	英属缅甸仰光	中国同盟会缅甸分会会员
林剑秋			同安	英属缅甸仰光	中国同盟会缅甸分会会员

续表

姓名	字	号	籍贯	侨居地	事迹
陈宏兴			同安	英属缅甸仰光	中国同盟会缅甸分会会员
曾耿文			同安	英属缅甸仰光	中国同盟会缅甸分会会员
周子器			同安	英属缅甸仰光	中国同盟会缅甸分会会员
叶凤鸣			同安	英属缅甸仰光	中国同盟会缅甸分会会员
孙安然			同安	英属缅甸仰光	中国同盟会缅甸分会会员
林清红			同安	英属缅甸仰光	中国同盟会缅甸分会会员
林怡景			同安	英属缅甸仰光	中国同盟会缅甸分会会员
陈庆隆			同安	英属缅甸仰光	中国同盟会缅甸分会会员
叶总和			同安	英属缅甸仰光	中国同盟会缅甸分会会员
苏有源			同安	英属缅甸仰光	中国同盟会缅甸分会会员
陈腾谋			同安	英属缅甸仰光	中国同盟会缅甸分会会员
陈庆彬			同安	英属缅甸仰光	中国同盟会缅甸分会会员
陈妈应			同安	英属缅甸仰光	中国同盟会缅甸分会会员
陈文能			同安	英属缅甸仰光	中国同盟会缅甸分会会员
吕文注			同安	英属缅甸仰光	中国同盟会缅甸分会会员
陈安静			同安	英属缅甸仰光	中国同盟会缅甸分会会员

第六章　厦门籍华侨与辛亥革命

续表

姓名	字	号	籍贯	侨居地	事迹
杨和顺			同安	英属缅甸仰光	中国同盟会缅甸分会会员
萧植庭			同安	英属缅甸仰光	中国同盟会缅甸分会会员
陈方玉			同安	英属缅甸仰光	中国同盟会缅甸分会会员
陈清琴			同安	英属缅甸仰光	中国同盟会缅甸分会会员
杨清洛			同安	英属缅甸仰光	中国同盟会缅甸分会会员
苏汉甸			同安	英属缅甸仰光	中国同盟会缅甸分会会员
王楚卿			同安	英属缅甸仰光	中国同盟会缅甸分会会员
曾笃培			同安	英属缅甸仰光	中国同盟会缅甸分会会员
陈仁壶			同安	英属缅甸仰光	中国同盟会缅甸分会会员
朱问津			同安	英属缅甸仰光	中国同盟会缅甸分会会员
苏妈珍			同安	英属缅甸仰光	中国同盟会缅甸分会会员。辛亥革命前后宣传革命，赞助饷银，"不居人后"。
叶朝西			同安	英属缅甸仰光	中国同盟会缅甸分会会员
吕玉庆			同安	英属缅甸仰光	中国同盟会缅甸分会会员
陈清钱			同安	英属缅甸仰光	中国同盟会缅甸分会会员
洪以天			同安	英属缅甸仰光	中国同盟会缅甸分会会员
吕元启			同安	英属缅甸仰光	中国同盟会缅甸分会会员

续表

姓名	字	号	籍贯	侨居地	事迹
陈光务			同安	英属缅甸仰光	中国同盟会缅甸分会会员
陈芋头			同安	英属缅甸仰光	中国同盟会缅甸分会会员
陈文换			同安	英属缅甸仰光	中国同盟会缅甸分会会员
傅天助			同安	英属缅甸仰光	中国同盟会缅甸分会会员
陈见才			同安	英属缅甸仰光	中国同盟会缅甸分会会员
王水鸭			同安	英属缅甸仰光	中国同盟会缅甸分会会员
杜春德			同安	英属缅甸仰光	中国同盟会缅甸分会会员
杜其川			同安	英属缅甸仰光	中国同盟会缅甸分会会员
陈正号			同安	英属缅甸仰光	中国同盟会缅甸分会会员
蔡寿山			同安	英属缅甸仰光	中国同盟会缅甸分会会员
苏鸿惟			同安	英属缅甸仰光	中国同盟会缅甸分会会员
陈粪扫			同安	英属缅甸仰光	中国同盟会缅甸分会会员
邱金水			同安	英属缅甸仰光	中国同盟会缅甸分会会员
余文荣			同安	英属缅甸仰光	中国同盟会缅甸分会会员
黄光珠			同安	英属缅甸仰光	中国同盟会缅甸分会会员
林凤锦			同安	英属缅甸仰光	中国同盟会缅甸分会会员

第六章 厦门籍华侨与辛亥革命

续表

姓名	字	号	籍贯	侨居地	事迹
陈有德			同安	英属缅甸仰光	中国同盟会缅甸分会会员
陈明成			同安	英属缅甸仰光	中国同盟会缅甸分会会员
高有正			同安	英属缅甸仰光	中国同盟会缅甸分会会员
洪革故			同安	英属缅甸仰光	中国同盟会缅甸分会会员
陈汉成			同安	英属缅甸仰光	中国同盟会缅甸分会会员
陈光柳			同安	英属缅甸仰光	中国同盟会缅甸分会会员
方明月			同安	英属缅甸仰光	中国同盟会缅甸分会会员
林森赏			同安	英属缅甸仰光	中国同盟会缅甸分会会员
陈江苏			同安	英属缅甸仰光	中国同盟会缅甸分会会员
陈河清			同安	英属缅甸仰光	中国同盟会缅甸分会会员
陈盛林			同安	英属缅甸仰光	中国同盟会缅甸分会会员
陈缘水			同安	英属缅甸仰光	中国同盟会缅甸分会会员
陈秀峰			同安	英属缅甸仰光	中国同盟会缅甸分会会员
陈按谅			同安	英属缅甸仰光	中国同盟会缅甸分会会员
陈少干			同安	英属缅甸仰光	中国同盟会缅甸分会会员
陈玉瑞			同安	英属缅甸仰光	中国同盟会缅甸分会会员

续表

姓名	字	号	籍贯	侨居地	事迹
陈子云			同安	英属缅甸仰光	中国同盟会缅甸分会会员
林金□			同安	英属缅甸仰光	中国同盟会缅甸分会会员
蔡汉丁			同安	英属缅甸仰光	中国同盟会缅甸分会会员
陈子言			同安	英属缅甸仰光	中国同盟会缅甸分会会员
陈乌吞			同安	英属缅甸仰光	中国同盟会缅甸分会会员
王添福			同安	英属缅甸仰光	中国同盟会缅甸分会会员
周逊龙			同安	英属缅甸仰光	中国同盟会缅甸分会会员
郑飞腾			同安	英属缅甸仰光	中国同盟会缅甸分会会员
杜书丰			同安	英属缅甸仰光	中国同盟会缅甸分会会员
杜思远			同安	英属缅甸仰光	中国同盟会缅甸分会会员
杜此偏			同安	英属缅甸仰光	中国同盟会缅甸分会会员
邵明馔			同安	英属缅甸仰光	中国同盟会缅甸分会会员
徐汉			同安	英属缅甸仰光	中国同盟会缅甸分会会员
杨尚命			同安	英属缅甸仰光	中国同盟会缅甸分会会员
陈远道			同安	英属缅甸仰光	中国同盟会缅甸分会会员
陈天恩			同安	英属缅甸仰光	中国同盟会缅甸分会会员

续表

姓名	字	号	籍贯	侨居地	事迹
陈清良			同安	英属缅甸仰光	中国同盟会缅甸分会会员
陈仁义			同安	英属缅甸仰光	中国同盟会缅甸分会会员
陈良果			同安	英属缅甸仰光	中国同盟会缅甸分会会员
陈文服			同安	英属缅甸仰光	中国同盟会缅甸分会会员
陈教正			同安	英属缅甸仰光	中国同盟会缅甸分会会员
陈刊曾			同安	英属缅甸仰光	中国同盟会缅甸分会会员
陈文对			同安	英属缅甸仰光	中国同盟会缅甸分会会员
林其余			同安	英属缅甸仰光	中国同盟会缅甸分会会员
曾鸿禧			同安	英属缅甸仰光	中国同盟会缅甸分会会员
陈天诿			同安	英属缅甸仰光	中国同盟会缅甸分会会员
陈清和			同安	英属缅甸仰光	中国同盟会缅甸分会会员
陈生全			同安	英属缅甸仰光	中国同盟会缅甸分会会员
林宗汉			同安	英属缅甸仰光	中国同盟会缅甸分会会员
钟文鳌			同安	英属缅甸仰光	中国同盟会缅甸分会会员
林文宗			同安	英属缅甸仰光	中国同盟会缅甸分会会员
叶其菁			同安	英属缅甸仰光	中国同盟会缅甸分会会员

续表

姓名	字	号	籍贯	侨居地	事迹
徐百优			同安	英属缅甸仰光	中国同盟会缅甸分会会员
刘有添			同安	英属缅甸仰光	中国同盟会缅甸分会会员
陈有为			同安	英属缅甸仰光	中国同盟会缅甸分会会员
佘文荣			同安	英属缅甸仰光	中国同盟会缅甸分会会员
曾金坛			同安	英属缅甸仰光？	中国同盟会缅甸分会会员
曾允明			同安	英属缅甸仰光	曾金坛堂侄，中国同盟会缅甸分会会员。与徐赞周最为知己，专任筹饷员。为河口起义、镇南关起义、广州黄花岗起义奔走劝捐，宣扬革命，"信者尤众"
曾为宰			同安	英属缅甸仰光	中国同盟会缅甸分会会员
郑化鱼			同安	英属缅甸仰光	中国同盟会缅甸分会会员
曾化龙			同安	英属缅甸仰光	与徐赞周时相过从，加入中国同盟会缅甸分会。十年间逐月津贴徐氏创办的益商学校（秘密革命机关）。宣统三年（1911年）春，革命党人谋划起义，曾氏先捐出100荷兰盾。
曾何尚			同安	英属缅甸仰光	中国同盟会缅甸分会会员
曾凯旋			同安	英属缅甸仰光	中国同盟会缅甸分会会员
黄珍珠			同安	英属缅甸仰光	中国同盟会缅甸分会会员
林看			同安	英属缅甸仰光	中国同盟会缅甸分会会员
陈石头			同安	英属缅甸仰光	中国同盟会缅甸分会会员

第六章　厦门籍华侨与辛亥革命

续表

姓名	字	号	籍贯	侨居地	事迹
宗平顺			同安	英属缅甸仰光	中国同盟会缅甸分会会员
陈仁王			同安	英属缅甸仰光	中国同盟会缅甸分会会员
林文院			同安	英属缅甸仰光	中国同盟会缅甸分会会员
白建彪			同安	英属缅甸仰光	中国同盟会缅甸分会会员
李美轮			同安	英属缅甸仰光	中国同盟会缅甸分会会员
张耀祺			同安	英属缅甸仰光	中国同盟会缅甸分会会员
陈玉亭			同安	英属缅甸仰光	中国同盟会缅甸分会会员
陈德隆			同安	英属缅甸仰光	中国同盟会缅甸分会会员
蔡双拿			同安	英属缅甸仰光	中国同盟会缅甸分会会员
曾瑞臣			同安	英属缅甸仰光	中国同盟会缅甸分会会员
曾汉国			同安	英属缅甸仰光	中国同盟会缅甸分会会员
林江粉			同安	英属缅甸仰光	中国同盟会缅甸分会会员
冯石椅			同安	英属缅甸仰光	中国同盟会缅甸分会会员
杜达江			同安	英属缅甸仰光	中国同盟会缅甸分会会员
徐竹成			同安	英属缅甸仰光	中国同盟会缅甸分会会员
陈世务			同安	英属缅甸仰光	中国同盟会缅甸分会会员

续表

姓名	字	号	籍贯	侨居地	事迹
陈铁如			同安	英属缅甸仰光	中国同盟会缅甸分会会员
张兴国			同安	英属缅甸仰光	中国同盟会缅甸分会会员
叶荷生			同安	英属缅甸仰光	中国同盟会缅甸分会会员
陈锦春			同安	英属缅甸仰光	中国同盟会缅甸分会会员
柯建章			同安	英属缅甸仰光	中国同盟会缅甸分会会员
谢汉昌			同安	英属缅甸仰光	中国同盟会缅甸分会会员
陈独步			同安	英属缅甸仰光	中国同盟会缅甸分会会员
陈汉生			同安	英属缅甸仰光	中国同盟会缅甸分会会员
叶人谋			同安	英属缅甸仰光	中国同盟会缅甸分会会员
叶文卓			同安	英属缅甸仰光	中国同盟会缅甸分会会员
翁国章			同安	英属缅甸仰光	中国同盟会缅甸分会会员
曾汉兴			同安	英属缅甸仰光	中国同盟会缅甸分会会员
曾孙权			同安	英属缅甸仰光	中国同盟会缅甸分会会员
曾汉声			同安	英属缅甸仰光	中国同盟会缅甸分会会员
曾狄仪			同安	英属缅甸仰光	中国同盟会缅甸分会会员
曾政妙			同安	英属缅甸仰光	中国同盟会缅甸分会会员

第六章 厦门籍华侨与辛亥革命

续表

姓名	字	号	籍贯	侨居地	事迹
曾育才			同安	英属缅甸仰光	中国同盟会缅甸分会会员
曾人时			同安	英属缅甸仰光	中国同盟会缅甸分会会员
曾瑞衫			同安	英属缅甸仰光	中国同盟会缅甸分会会员
郑济祥			同安	英属缅甸仰光	中国同盟会缅甸分会会员
郑思汉			同安	英属缅甸仰光	中国同盟会缅甸分会会员
吕景墙			同安	英属缅甸仰光	中国同盟会缅甸分会会员
许国才			同安	英属缅甸仰光	中国同盟会缅甸分会会员
吴汉国			同安	英属缅甸仰光	中国同盟会缅甸分会会员
陈革有			同安	英属缅甸仰光	中国同盟会缅甸分会会员
郑士知			同安	英属缅甸仰光	中国同盟会缅甸分会会员
郑化隆			同安	英属缅甸仰光	中国同盟会缅甸分会会员
陈锡圭			同安	英属缅甸仰光	中国同盟会缅甸分会会员
郑文发			同安	英属缅甸仰光	中国同盟会缅甸分会会员
杨维汉			同安	英属缅甸仰光	中国同盟会缅甸分会会员
林加根			同安	英属缅甸仰光	中国同盟会缅甸分会会员
陈明田			同安	英属缅甸仰光	中国同盟会缅甸分会会员

续表

姓名	字	号	籍贯	侨居地	事迹
陈明联			同安	英属缅甸仰光	中国同盟会缅甸分会会员
曾重师			同安	英属缅甸仰光	中国同盟会缅甸分会会员
周汉德			同安	英属缅甸仰光	中国同盟会缅甸分会会员
黄天恩			同安	英属缅甸仰光	中国同盟会缅甸分会会员
宋礼相			同安	英属缅甸仰光	中国同盟会缅甸分会会员
曾瑞炮			同安	英属缅甸仰光	中国同盟会缅甸分会会员
林荣明			同安	英属缅甸仰光	中国同盟会缅甸分会会员
张德明			同安	英属缅甸仰光	中国同盟会缅甸分会会员
陈朝初			同安	英属缅甸仰光	胡汉民、汪精卫相继到仰光组织中国同盟会，陈氏即加入成为缅甸分会会员，与徐赞周"朝夕策划"，赞助国内革命起义的资金累计达上万荷兰盾。
陈朝初			同安	英属缅甸仰光	中国同盟会缅甸分会会员
杨大锭			同安	英属缅甸仰光	中国同盟会缅甸分会会员
庄石桓			同安	英属缅甸仰光	中国同盟会缅甸分会会员
杜加徜			同安	英属缅甸仰光	中国同盟会缅甸分会会员
张文扫			同安	英属缅甸仰光	中国同盟会缅甸分会会员
洪占魁			同安	英属缅甸仰光	中国同盟会缅甸分会会员

第六章　厦门籍华侨与辛亥革命

续表

姓名	字	号	籍贯	侨居地	事迹
张维格			同安	英属缅甸仰光	中国同盟会缅甸分会会员
杜望恢			同安	英属缅甸仰光	中国同盟会缅甸分会会员
翁景云			同安	英属缅甸仰光	中国同盟会缅甸分会会员
苏友期			同安	英属缅甸仰光	中国同盟会缅甸分会会员
林宗巧			同安锦园乡	英属缅甸仰光	辛亥革命前中国同盟会的重要人物之一
庄德薰			同安	英属缅甸瑞帽	中国同盟会缅甸分会会长庄银安致函邀请其入会，庄氏"欣然应许"，在瑞帽与李广福等人尽力鼓吹革命，介绍会员20多人。辛亥革命时，庄氏更加努力宣传。
赵上瓒			同安	美属菲律宾马尼拉	赵氏在马尼拉时，革命党正在海外密设机关。经胡汉民介绍加入中国同盟会，"抱定宗旨，奔走国事"。
周章兴			同安灌口都杏林乡（今厦门市集美区杏林街道）	美属菲律宾马尼拉	广州起义时受乡党电邀回国，赴农会（革命机关）与革命党人秘密商议起义事项。等到革命军到漳州后，又发起组织革振社，仍然从事革命运动，为中华民国的成立做出贡献。
黄秋明			同安锦宅	荷属东印度（今印尼）巨港	在巨港加入同盟会，积极捐款出力；因荷印政府监视，巨港同盟会改组为中华书报社，是该社主要发起人和干事长。
张蓝田	种玉		同安	荷属东印度（今印尼）棉兰	辛亥革命时在新加坡"努力筹款，匡助民军"。

续表

姓名	字	号	籍贯	侨居地	事迹
李增辉	忠尧		同安县安仁里蔡林乡（今属厦门市集美区）	荷属东印度（今印尼）苏门答腊棉兰	清末与友人欧水应、黄丕安同时加入中国同盟会，尽力向侨胞宣扬革命。二次革命失败后继续从事革命工作。
黄仲涵			灌口（今厦门市集美区）李林村	荷属东印度（今印尼）三宝垄	辛亥革命时以"轩辕后人"的名义捐款5万荷兰盾支持革命党人；民国四年（1915年）汇寄2.5万荷兰盾支持蔡锷在云南发动的护国运动。曾获国民政府颁发的一等爱国勋章和二等勋章。
张清潭			同安县民安里东园村	法属安南（今越南）西贡	光绪二十一年（1895年）跟随孙中山进行革命活动。
赵金鼎			思明县（今厦门市）	新加坡	辛亥革命前数年"已热心于革命"，凡是鼓吹革命的书籍、传单，经其之手赠予或售卖的，不计其数。
陈东岭	秀松		思明县（今厦门市）	新加坡	辛亥革命时积极参与捐资筹款。
李维修（原名嘉瑞）		梅林，别号寝石山馆主人	厦门，原籍海澄	新加坡	光绪三十三年（1907年）加入中国同盟会新加坡分会，改名维修。宣统三年（1911年）参与广州黄花岗起义负伤，返回厦门。
陈水抽	子麦		厦门山场	新加坡	辛亥革命时竭力资助民军军饷，系中国同盟会新加坡分会会员之一。
薛武院	秀岚		思明县（今厦门市）庵兜乡	新加坡	对辛亥革命的捐助不下千金；云南起义时也捐献巨资。
李养赞	步腾		思明厦港（今属厦门市思明区）	新加坡	中国同盟会会员，辛亥革命时"颇能尽国民一分子力"。

第六章　厦门籍华侨与辛亥革命

续表

姓名	字	号	籍贯	侨居地	事迹
石学能	智远		思明禾山坂美社（今属厦门市湖里区）	新加坡	在新加坡加入中国同盟会，"深以满清政治，非即根本改造，而实行革命不可"，在辛亥革命前后数次革命运动发生时虽未能回国从军，但输送军饷不遗余力。
殷雪村			思明（今厦门市）鼓浪屿	新加坡	宣统三年（1911年）十月廿五日（12月15日），孙中山乘船由欧洲抵达新加坡时，与张永福、林义顺等人登船迎接。
陈楚楠（原名连才）			思明禾山（今属厦门市湖里区）	新加坡	（见本章介绍）
陈先进	吾从		思明殿前社（今属厦门市湖里区）	新加坡	孙中山、汪精卫、胡汉民等南渡鼓吹革命时，与张永福、陈楚楠、许子麟、何心田等人开会欢迎，组织中国同盟会，倡办《中兴报》为宣传机关。时值河口起义失败，革命党人有百数十位逃往新加坡，都投靠在《中兴日报》报馆中。此时正值该报馆经费匮乏之时，陈先进劝人募捐。安抚众人，嘘寒问暖，千方百计维持，一直到馆务结束。输送资财共计数千，为了革命事业捐款三四次，也捐出数万。
陈有才	耀星		思明县嘉禾山寨上乡（今属厦门市湖里区）	新加坡	宣统三年（1911年）加入中国同盟会，辛亥革命武汉光复时捐资助饷颇多。
陈汉庆			思明县县后乡（今属厦门市湖里区）	新加坡	谋划辛亥革命者之一，孙中山初次来新加坡时与其在敏静园会面，遂加入中国同盟会，自此每次国内起义必定捐资助饷。

【191】

续表

姓名	字	号	籍贯	侨居地	事迹
周献瑞	郁文		厦门曾厝垵（原籍南安美林乡）	新加坡	宣统元年（1909年）由革命党人林镜秋介绍加入星洲同盟会，在晚晴园与孙中山会面。宣统二年（1910年）联合同德阅报所、星洲书报社的谢坤林、何心田、郭渊谷等人组织露天演说团，"听其言者无不感动"，积极鼓吹和投身革命，筹措军需。中华民国成立后，孙中山颁发旌义状表彰其对革命的贡献。
周卓林			思明（今厦门市）原籍晋江	新加坡	在厦门入英华书院毕业后加入中国同盟会，课余四处演说。辛亥革命时在缅甸与徐赞周等人策划进入云南响应。腾越光复，周氏负责对外联络。不久，蔡锷起义，云南独立，周氏于是返回厦门组织北伐队。清帝退位、和议告成后上京为缅甸华侨代表，当选为国会议员。宋教仁遇刺后，湖口起义，上海华侨联合会会长吴世荣电促南下。抵达上海次日，吴氏命周氏携款前往南京接济黄兴。7月，南京独立取消，回上海又带款赴吴淞资助居正。吴淞炮台失守，居正退守嘉定，于是假扮难民返回上海，全额8000元交还给上海华侨联合会。1913年，李烈钧、陈炯明等人齐聚新加坡谋划反对袁世凯复辟帝制，往来文件由周氏秘密传达，当地政府派警察搜查，将周氏逮捕。后被搭救出狱。
洪永兴			思明安仁里（今厦门市）	新加坡	辛亥革命时"奔走劝捐，赞襄军饷，克尽义务"，对到新加坡的闽省革命党人"无不慨为捐助，壮其行旌"。
刘承派			厦门	马来亚（今马来西亚）槟榔屿	在厦门组织中国同盟会。武昌起义成功后，与张海山等革命党人"集众游行示威"。南京临时政府成立后，众人推举刘氏为厦门新炮台司令。袁世凯称帝后，刘氏欲起兵反对，事情泄露后出逃槟榔屿，任《光华日报》经理，在报端公开袁氏罪状。

第六章　厦门籍华侨与辛亥革命

续表

姓名	字	号	籍贯	侨居地	事迹
陈石奇			思明（今厦门市）	马来亚（今马来西亚）槟榔屿	民国成立时捐款一千。
白玉堂	锡荣		思明（今厦门市）	马来亚（今马来西亚）槟榔屿	中国同盟会会员，资助辛亥革命。
陈新政（原名文图）			思明禾山岭兜村（今厦门市思明区岭兜社区）	马来亚（今马来西亚）槟榔屿	（见本章介绍）
陈汉玉			思明岭兜乡（今属厦门市湖里区）	马来亚（今马来西亚）槟榔屿	早年加入中国同盟会，系重要职员
陈民情			思明禾山（今属厦门市湖里区）	马来亚（今马来西亚）槟榔屿	辛亥革命前数年加入中国同盟会，与革命党人"誓除满清"，前后数次革命运动"无次不与其事，慷捐金钱"。
严明	子辉		不详	马来亚（今马来西亚）马六甲	中国同盟会会员，辛亥革命时福州光复。在厦门的革命党人乘机响应，严氏应召入伍，逼迫清廷官吏逃亡，光复厦门。
张顺吉			思明（今厦门市）曾厝垵	马来亚（今马来西亚）马六甲	宣统元年（1909年）在麻坡听李竹痴的革命救国演说，遂加入中国同盟会，坚持"救国拯民宗旨"，在辛亥革命、二次革命、护国运动等历次运动中"捐助民军饷资颇巨"。革命军刚起事时，张氏曾说："内地革命伤命，南洋革命伤财。伤命伤财，相去霄壤矣。南洋华侨同胞，不可不为之奋起。"

续表

姓名	字	号	籍贯	侨居地	事迹
张顺兰			思明（今厦门市）曾厝垵	马来亚（今马来西亚）麻坡	辛亥革命后，张氏"以同盟会友，极力为匡襄糈饷"，孙中山等人"皆旌义赠词"。
何文拈			思明县（今厦门市）嘉禾山何厝社	马来亚（今马来西亚）麻坡	辛亥革命时即已在同盟会机关，"凡内地革军所需要，亦无不量力匡襄之"。
刘静山	有汉		厦门港	马来亚（今马来西亚）麻坡	对清廷"早抱不平之心"，甲午战争和庚子国变后，认为必须推翻清王朝的统治，否则会有亡国的危险。适逢"内地伟人，大唱革命，屿叨二处，机关已成"，遂邀请新加坡革命党人李竹痴到麻坡演说；不久，汪精卫等革命党人也相继到麻坡演说，人心大振，于是倡组同盟会并被推举为会长。刘氏联络内地革命党人和东南亚各地革命机关，以壮声势。河口镇南关起义、辛亥革命时，刘氏奔走呼号，捐济军火储备。民国成立后，孙中山为其颁发优等旌义状。
沈鸿柏			思明禾山（原籍泉州）	马六甲	（见本章介绍）
陈重新	裕记		思明（今厦门市）榄都乡	马来亚（今马来西亚）吉隆坡	中国同盟会会员，宣统二年（1910年）槟榔屿革命党人倡议在槟榔屿复办东京《民报》，拟聘宋教仁主持笔政，陈氏表示极为赞成，奔走集资，不遗余力。
王清			厦门	马来亚（今马来西亚）吉隆坡	中国同盟会会员

第六章　厦门籍华侨与辛亥革命

续表

姓名	字	号	籍贯	侨居地	事迹
林幸福			厦门	马来亚（今马来西亚）吉隆坡	中国同盟会会员
杨剑虹			厦门	马来亚（今马来西亚）吉隆坡	中国同盟会会员
林夜甘（又作亚甘）			思明（今厦门市）后厝社	马来亚（今马来西亚）雪兰莪州巴生坡	中国同盟会"改革团体"时，捐助若干资金。
傅德成			思明（今厦门市）	马来亚（今马来西亚）登嘉楼	早年加入中国同盟会，热心革命。
陈钟灵			思明县（今厦门市）	英属缅甸仰光	中国同盟会缅甸分会会员，为革命宣传工作不遗余力。
陈清韵	琴舫		思明禾山殿前乡	英属缅甸仰光	辛亥革命前加入中国同盟会，对国内革命军粮饷也时有赞助。
徐赞周（原名根藤，别名益黄、市隐）			厦门徐厝村	英属缅甸仰光	（见本章介绍）
吕九赛			厦门	英属缅甸仰光	中国同盟会缅甸分会会员
蔡查某			厦门	英属缅甸仰光	中国同盟会缅甸分会会员
郑汉淇			厦门	菲律宾	（见本章介绍）

【195】

续表

姓名	字	号	籍贯	侨居地	事迹
黄瑞坤			禾山薛厝社（今厦门市湖里区）	美属菲律宾	辛亥革命期间捐出巨资购买军政府债券，支持革命军筹饷工作。
萧奕周			厦门禾山鹭石浦（今湖里区乌石埔）	美属菲律宾马尼拉	辛亥革命时捐助军饷。
包魏荣			思明禾山（今厦门市）	美属菲律宾宿务	武昌起义后，中国同盟会在海外筹饷，包氏捐资千元，从此革命党"每募军饷，君必输资，且必尽其所有，更奔走呼号不辞困瘁"，四处募捐。
叶壬水	培松		思明（今厦门市）	荷属东印度（今印尼）泗水	辛亥革命时为"毕殚精力之一者"，倾囊资助粮饷军火，并发动众人投资。系中国同盟会泗水分会首倡者之一。二次革命失败后，宋渊源、魏彪等人出逃至东南亚，到达泗水后，获叶氏收留。当时袁世凯的势力很大，"邻国咸不愿开罪"，荷印政府尤其憎恶革命党人，宋、魏二人不便久居，星夜坐船离开到新加坡，叶壬水一路护送。
曾有来	凤仪		思明（今厦门市）	荷属东印度（今印尼）爪哇泗水	辛亥革命时与陶成章等人在泗水组织光复社并担任重要职务。
李竹痴			厦门（原籍安溪）	法属安南（今越南）	（见本章介绍）
林啸溟	少鸣		同安县嘉禾里（今厦门市）	法属安南（今越南）	20世纪初，孙中山在越南从事反清革命活动，林啸溟加入同盟会，为中国国民党西堤直属支部委员，并担任第三十九分部负责人。
杨衢云			海澄县霞阳村翁厝社（今属厦门市海沧区）	香港	（见本章介绍）

第六章　厦门籍华侨与辛亥革命

续表

姓名	字	号	籍贯	侨居地	事迹
陈粹芬			厦门海沧新垵	香港	（见本章介绍）
蔡天生			海澄（今厦门市海沧区）	英属海峡殖民地	辛亥革命时"输财助军"，被孙中山授予旌义状
林推迁	宝善		海沧毛穴广村	新加坡	（见本章介绍）
林文庆	梦琴		海沧鳌冠村	新加坡	（见本章介绍）
林妈地			海沧毛穴广村	新加坡	林推迁之子，中国同盟会厦门分会骨干成员。
张来喜	景廉		海澄南片埠乡（今属厦门市海沧区）	新加坡	22岁加入同盟会，与革命党人林义顺携带《革命先锋》（即邹容撰写的《革命军》翻印时的改名之一）3000多册来到潮州，在黄冈（今广东省潮州市饶平县黄冈镇）与革命党人发动起义，攻占该地。起义失败后避走香港，与张永福、冯自由、林义顺等人营救被港督扣留的革命党人余纪成，使其获释。广州起义、钦廉起义、辛亥革命、二次革命、护国运动时，张来喜虽然身在新加坡，捐资助饷无不竭尽全力。
谢天福	玉堤		海澄石塘乡（今属厦门市海沧区）	新加坡	辛亥革命时除捐资3000荷兰盾外，又在荷属东印度（今印尼）婆罗洲的山口羊与众人筹集两三万荷银汇回广东，交给革命党人使用。
丘国瓦			海澄新垵社（今属厦门市海沧区）	新加坡	辛亥革命时与众人倡导组织同盟会，捐款不下万金。此外，二次革命、护法运动也捐资不少。
蔡木豆			海澄下仓社（今属厦门市海沧区）	新加坡	辛亥革命时为中国同盟会会员，曾捐助资金。
李振殿	延芳		海澄三都（今厦门市海沧区）	新加坡	中国同盟会会员，辛亥革命期间曾与沙捞越革命党人黄清休、林永顺等合捐两千金汇回福建给福建都督孙道仁用作军饷。

续表

姓名	字	号	籍贯	侨居地	事迹
陈武烈			海澄县（今厦门市海沧区）	新加坡	民国成立前加入中国同盟会新加坡分会。因陈氏祖上累世与暹罗（今泰国）王室有交情，孙中山赴暹罗发展中国同盟会时，陈氏为孙中山介绍暹罗诸位王室成员，使孙中山到暹罗时备受当地人士及华侨的热烈欢迎和尊崇。宣统二年（1910），汪精卫在京师谋划刺杀摄政王载沣失败被捕，陈氏奔走营救，不遗余力。武昌起义时，张永福与陈氏商议筹款援助革命军事宜，陈氏慷慨允借福建会馆作为组织保安会之用。孙中山曾授予其旌义状。
颜长春	雪魂		海澄县三都青礁乡（今属厦门市海沧区）	新加坡	清末预备立宪时在鼓浪屿、青礁乡等地与革命党人组织革命机关，在创办乡团的同时联络孙中山、黄兴、胡汉民等人，以通声气。辛亥革命时为漳州、海澄等地的光复做出很大贡献，两地起义军的财政问题都有赖于颜氏的筹措。
林妙琼	佩玉		海澄县三都锦美乡（今属厦门市海沧区）	新加坡	孙中山、黄兴、胡汉民、汪精卫等人到东南亚进行革命活动时，林氏邀约在荷属东印度（今印尼）三宝垄的革命党人组织乐群书报社，"以为内地声应"。从此凡是国内发动的起义，林氏都奔走筹款。辛亥革命时到处演说筹饷，经其之手的款项不下一二十万荷兰盾，全部汇回福建、广东、湖北等地军政府。
洪福彰			海澄三都洪坑乡（今属厦门市海沧区）	新加坡	辛亥革命前数年即倡导反清革命。革命党人到东南亚鼓吹革命时，暗中联络革命党人组织机关，国内每发生起义，即奔走呼号，筹措粮食支援。辛亥革命时武昌等地光复、福建光复均捐款。当时革命党人的活动经费十分匮乏，洪氏都一一赞助，毫不吝啬。

第六章 厦门籍华侨与辛亥革命

续表

姓名	字	号	籍贯	侨居地	事迹
丘高陞			海澄新江乡（今属厦门市海沧区）	马来亚（今马来西亚）	"赞成革命最热心之人"，逢人必称自己为"真革命者"。
吴世荣			海澄（今厦门市海沧区）	马来亚（今马来西亚）槟榔屿	（见本章介绍）
颜金叶			海澄（今厦门市海沧区）	马来亚（今马来西亚）槟榔屿	早年加入中国同盟会，辛亥前后数次革命"各有奔走输资"。二次革命失败后，奉孙中山之命改组吉礁的国民党为中华革命党，任中华革命党吉礁支部外交科副科长。李烈钧在槟榔屿时曾"深以称职为赞许"，江苏护国军司令吴操华在东南亚筹饷时委托颜氏为南洋筹饷局局员。
徐洋溢			海澄（今厦门市海沧区）	马来亚（今马来西亚）槟榔屿	与吴世荣、黄金庆同时参加革命，创办书报社，募股开办革命机关报纸——槟榔屿《光华日报》、新加坡《国民日报》，发表文章与保皇派进行笔战。
杨水花			海澄（今厦门市海沧区）	马来亚（今马来西亚）槟榔屿	赞助辛亥革命、二次革命、护法运动。
丘文绍			海澄县（今厦门市海沧区）	马来亚（今马来西亚）槟榔屿	中国同盟会槟榔屿分会成立时加入，系年龄最小的会员。"尝撰评论刊报，鼓吹民治"。
蔡德安	抱汉		海澄三都（今厦门市海沧区），原籍同安	马来亚（今马来西亚）槟榔屿	中国同盟会槟榔屿分会成立时即入会，虽然没有财力可以助饷，但为革命尽力鼓动宣传。

续表

姓名	字	号	籍贯	侨居地	事迹
林福全			海澄三都（今厦门市海沧区）	马来亚（今马来西亚）槟榔屿	中国同盟会槟榔屿分会发起人之一，辛亥革命前后数次革命多有资金赞襄。
谢丕泰	文珠		海澄三都石塘乡（今属厦门市海沧区）	马来亚（今马来西亚）槟榔屿	中国同盟会会员，辛亥革命时前后助饷不下千金。
林承益	友三		海澄三都林东乡（今属厦门市海沧区），原籍同安	马来亚（今马来西亚）槟榔屿	民国元年（1912年）曾在缅甸仰光与革命党人共同成立觉民书报社。当时广东财政困难，广东都督胡汉民前来募集款项，林氏"在商会慨然以巨金为众倡，侨民义之"。
丘明昶			海澄县三都新垵乡（今属厦门市海沧区）	马来亚（今马来西亚）槟榔屿	（见本章介绍）
杨彩霞	汉翔		海澄三都霞阳社（今属厦门市海沧区）	马来亚（今马来西亚）槟榔屿	孙中山、汪精卫、胡汉民等革命党人相继来到槟榔屿后，因与诸位同志在家中迎接，遂入中国同盟会。杨氏入盟后，加入中国同盟会的人接踵而至，"根本乃固"。当时槟榔屿革命机关——槟城阅书报社刚刚成立，革命党人推举其为庶事。
蔡水拱			海澄三都钟山社（今属厦门市海沧区）	马来亚（今马来西亚）槟榔屿	辛亥革命时，革命军"度支告绌"，蔡氏到处劝捐，"军实赖以充盈"，是当时中国同盟会槟榔屿分会中"最有力之筹款员"。
林如德			海澄林东社（今属厦门市海沧区）	马来亚（今马来西亚）槟榔屿	辛亥革命时，林氏到处宣扬革命，"欲以口舌之力，助其成功，到处宣讲"。

第六章　厦门籍华侨与辛亥革命

续表

姓名	字	号	籍贯	侨居地	事迹
杨升科		昌明	海澄霞阳乡（今属厦门市海沧区）	马来亚（今马来西亚）槟榔屿	中国同盟会会员，曾捐助革命军。
薛木本	春荣		海澄三都篮尾乡（今属厦门市海沧区）	马来亚（今马来西亚）槟榔屿	宣统二年（1910年）在马来半岛江沙与丘能言、吴永井、廖南亩等人组织中国同盟会，创设觉民书报社。
丘金经			海澄新安乡（今属厦门市海沧区）	马来亚（今马来西亚）槟榔屿	民国成立时资助民军饷资五百；二次革命时又资助民军千元。
魏阮生			漳州海澄（今厦门市海沧区）	马来亚（今马来西亚）槟榔屿	同盟会初期会员，对革命捐输不少。任新加坡《国民日报》、槟榔屿《光华日报》等革命报纸总理、协理。
谢文进			海澄（今厦门市海沧区）	马来亚（今马来西亚）槟榔屿	早年加入中国同盟会，"尤守孙氏三民主义"。
周恭英			海澄衙里乡（今属厦门市海沧区）	马来亚（今马来西亚）槟榔屿	民国成立前三四年已具革命思想，光绪三十四年（1908年）加入中国同盟会，与林永露并为年龄最大的会员。清廷尚未覆亡前即已剪辫。
丘清德			海澄县三都新安下叶社（今属厦门市海沧区）	马来亚（今马来西亚）槟榔屿	早年即参加革命。孙中山在新加坡设立中国同盟会分会后曾到棉兰等设支会，丘氏负责招待，民国成立后孙中山颁给其旌义状。

续表

姓名	字	号	籍贯	侨居地	事迹
许连聚			海澄三都许厝乡（今属厦门市海沧区）	马来亚（今马来西亚）槟榔屿	辛亥革命前后加入中国同盟会，资助民军粮饷"为数颇巨"。
谢风云			海澄三都水头社（今属厦门市海沧区）	马来亚（今马来西亚）槟榔屿	早年加入中国同盟会
陈齐贤			海澄县（今厦门市海沧区）	马来亚（今马来西亚）马六甲	中国同盟会会员，投资在辛亥革命和创建民国上的钱不下数千元。
谢丕勇	冠三		海澄三都炉坑乡（今属厦门市海沧区）	马来亚（今马来西亚）马六甲	孙中山、黄兴等革命党人到东南亚筹集军饷，谢氏认为"大丈夫勿雌伏，宜雄飞。闻鸡起舞，运甓待机，此其时也"，急召在马六甲的中国同盟会会员组织书报社作为革命机关，众人推举其为司理。不久在广东进行革命活动，失败后避走海澄。武昌起义成功、广东宣布独立后，到广州接受广东都督胡汉民委派，担任华侨北伐队筹办处重要职务。
李文旺			海澄三都下峰岭上乡（今属厦门市海沧区）	马来亚（今马来西亚）吉礁坡	国内历次起义发生时对军需多有资助。
林天奇	增源		海澄县三都宁坑乡（今属厦门市海沧区）	马来亚（今马来西亚）吉礁坡	辛亥革命前三年，孙中山来吉礁坡演说革命方略，林氏与傅荣华、李启明、林有祥、李引口等人组织同盟会机关，复兴中国同盟会槟榔屿分会。凡是国内革命党人所需，"无不尽量捐题"。

续表

姓名	字	号	籍贯	侨居地	事迹
李友朋			海澄岭上乡（今属厦门市海沧区）	马来亚（今马来西亚）吉礁坡	辛亥革命前加入中国同盟会，热心国事，捐资踊跃，"人少能及"。
林偶然			海澄林东社（今属厦门市海沧区）	马来亚（今马来西亚）吉礁坡	辛亥革命时奔波筹款，以供民军之需。
林宗彬	汉文		海澄三都（今属厦门市海沧区）	马来亚（今马来西亚）吉礁双溪大年	宣统三年（1911年）加入中国同盟会，对革命事业颇多资助。
江金煌（又名九使）			海澄（今厦门市海沧区）	马来亚（今马来西亚）吉礁日得胜	早年加入中国同盟会，大量资助民军。
邱怡领			海澄新江社（今属厦门市海沧区）	马来亚（今马来西亚）吉隆市	中国同盟会会员，曾任国民党支部长。袁世凯窃国后，槟榔屿的革命党人谋划倒袁。宋渊源携巨款赴香港设立机关，邱氏"置其业于度外"，与数名革命党人到香港"参与秘要"，东南亚方面的革命工作也由其负责。
丘雪瓶	守如		海澄三都（今属厦门市海沧区）	马来亚（今马来西亚）吉隆坡	与邱怡领同时加入中国同盟会，宣统三年（1911年）捐助民军饷银约有万数。

续表

姓名	字	号	籍贯	侨居地	事迹
杨能通	鸣达		海澄三都霞阳社（今属厦门市海沧区）	马来亚（今马来西亚）霹雳州金宝	捐助革命巨款
林西黎			海澄三都锦里社（今属厦门市海沧区）	马来亚（今马来西亚）婆罗洲山口羊	对中国同盟会多有捐资
丘能言	蔼如		海澄三都新江乡（今属厦门市海沧区）	马来亚（今马来西亚）浮卢江沙	辛亥革命前四五年加入中国同盟会，受槟榔屿总部委任为江沙支部议长。为国内数次革命军起义捐款超过千元；发动革命党人互相协助，"奔驰靡懈"。民国成立后，孙中山颁给其旌义状，国内各地都督也发给其奖章褒词。
柯武炎	绵赤		海澄三都东屿（今属厦门市海沧区）	马来亚（今马来西亚）文丁	早年加入中国同盟会，国内每次起义在"财力精神"上都"牺牲无限"。
庄银安	吉甫	希复	东孚祥露村（今属厦门市海沧区）	英属缅甸	（见本章介绍）
陈双珪			海澄县（今厦门市海沧区）	英属缅甸	中国同盟会会员
邱启川			海澄	英属缅甸仰光	中国同盟会缅甸分会会员
杨荫垣			海澄	英属缅甸仰光	中国同盟会缅甸分会会员
邱国兴			海澄	英属缅甸仰光	中国同盟会缅甸分会会员

续表

姓名	字	号	籍贯	侨居地	事迹
林尔佑			海澄	英属缅甸仰光	中国同盟会缅甸分会会员
邱振东			海澄	英属缅甸仰光	中国同盟会缅甸分会会员
陈长基			海澄	英属缅甸仰光	中国同盟会缅甸分会会员
李永昌			海澄	英属缅甸仰光	中国同盟会缅甸分会会员
邱文进			海澄	英属缅甸仰光	中国同盟会缅甸分会会员
陈观汉			海澄	英属缅甸仰光	中国同盟会缅甸分会会员
邱深渊			海澄	英属缅甸仰光	中国同盟会缅甸分会会员
杨清锐			海澄	英属缅甸仰光	中国同盟会缅甸分会会员
钟敦仁			海澄	英属缅甸仰光	中国同盟会缅甸分会会员
陈宝真			海澄	英属缅甸仰光	中国同盟会缅甸分会会员
曾顺			海澄	英属缅甸仰光	中国同盟会缅甸分会会员
杨瑞扬			海澄	英属缅甸仰光	中国同盟会缅甸分会会员
杨招提			海澄	英属缅甸仰光	中国同盟会缅甸分会会员
邱振田			海澄	英属缅甸仰光	中国同盟会缅甸分会会员
许弄脉			海澄	英属缅甸仰光	中国同盟会缅甸分会会员
江金办			海澄	英属缅甸仰光	中国同盟会缅甸分会会员

续表

姓名	字	号	籍贯	侨居地	事迹
杨春圃			海澄	英属缅甸仰光	中国同盟会缅甸分会会员
陈招好			海澄	英属缅甸仰光	中国同盟会缅甸分会会员
邱曾三			海澄	英属缅甸仰光	中国同盟会缅甸分会会员
谢尽职			海澄	英属缅甸仰光	中国同盟会缅甸分会会员
杨承珏			海澄	英属缅甸仰光	中国同盟会缅甸分会会员
蔡以义			海澄	英属缅甸仰光	中国同盟会缅甸分会会员
朱箕梅			海澄	英属缅甸仰光	中国同盟会缅甸分会会员
邱妙用			海澄	英属缅甸仰光	中国同盟会缅甸分会会员
蔡必考			海澄	英属缅甸仰光	中国同盟会缅甸分会会员
陈总酸			海澄	英属缅甸仰光	中国同盟会缅甸分会会员
杨两日			海澄	英属缅甸仰光	中国同盟会缅甸分会会员
邱思智			海澄	英属缅甸仰光	中国同盟会缅甸分会会员
林金福			海澄	英属缅甸仰光	中国同盟会缅甸分会会员
柯明德			海澄	英属缅甸仰光	中国同盟会缅甸分会会员
李祯祥			海澄	英属缅甸仰光	中国同盟会缅甸分会会员
李重兴			海澄	英属缅甸仰光	中国同盟会缅甸分会会员

续表

姓名	字	号	籍贯	侨居地	事迹
苏友云			海澄	英属缅甸仰光	中国同盟会缅甸分会会员
陈文寅			海澄	英属缅甸仰光	中国同盟会缅甸分会会员
吴清和			海澄	英属缅甸仰光	中国同盟会缅甸分会会员
翁如琢			海澄	英属缅甸仰光	中国同盟会缅甸分会会员
江金池			海澄	英属缅甸仰光	中国同盟会缅甸分会会员
谢自德			海澄	英属缅甸仰光	中国同盟会缅甸分会会员
邱景芳			海澄	英属缅甸仰光	中国同盟会缅甸分会会员
李春锥			海澄	英属缅甸仰光	中国同盟会缅甸分会会员
薛幼仕			海澄	英属缅甸仰光	中国同盟会缅甸分会会员
林添龙			海澄	英属缅甸仰光	中国同盟会缅甸分会会员
苏振沓			海澄	英属缅甸仰光	中国同盟会缅甸分会会员
洪水银			海澄	英属缅甸仰光	中国同盟会缅甸分会会员
黄瑞育			海澄	英属缅甸仰光	中国同盟会缅甸分会会员
苏峇排			海澄	英属缅甸仰光	中国同盟会缅甸分会会员
黄泰正			海澄	英属缅甸仰光	中国同盟会缅甸分会会员
许白书			海澄	英属缅甸仰光	中国同盟会缅甸分会会员

续表

姓名	字	号	籍贯	侨居地	事迹
李远			海澄	英属缅甸仰光	中国同盟会缅甸分会会员
黄知母			海澄	英属缅甸仰光	中国同盟会缅甸分会会员
黄大本			海澄	英属缅甸仰光	中国同盟会缅甸分会会员
林逢春			海澄	英属缅甸仰光	中国同盟会缅甸分会会员
陈复明			海澄	英属缅甸仰光	中国同盟会缅甸分会会员
曾志室			海澄	英属缅甸仰光	中国同盟会缅甸分会会员
郑水镇			海澄	英属缅甸仰光	中国同盟会缅甸分会会员
郑德祥			海澄	英属缅甸仰光	中国同盟会缅甸分会会员
魏锦鸿			海澄	英属缅甸仰光	中国同盟会缅甸分会会员
魏锦辉			海澄	英属缅甸仰光	中国同盟会缅甸分会会员
陈长安			海澄	英属缅甸仰光	中国同盟会缅甸分会会员
黄名成			海澄	英属缅甸仰光	中国同盟会缅甸分会会员
黄文理			海澄	英属缅甸仰光	中国同盟会缅甸分会会员
林和尚			海澄	英属缅甸仰光	中国同盟会缅甸分会会员
林文石			海澄	英属缅甸仰光	中国同盟会缅甸分会会员
陈清篇			海澄	英属缅甸仰光	中国同盟会缅甸分会会员

续表

姓名	字	号	籍贯	侨居地	事迹
钟渊澄			海澄	英属缅甸仰光	中国同盟会缅甸分会会员
邱子敬			海澄	英属缅甸仰光	中国同盟会缅甸分会会员
陈咸			海澄	英属缅甸仰光	中国同盟会缅甸分会会员
吴来			海澄	英属缅甸仰光	中国同盟会缅甸分会会员
林牙盛			海澄	英属缅甸仰光	中国同盟会缅甸分会会员
许煌基			海澄	英属缅甸仰光	中国同盟会缅甸分会会员
黄舍宁			海澄	英属缅甸仰光	中国同盟会缅甸分会会员
洪连东			海澄	英属缅甸仰光	中国同盟会缅甸分会会员
曾汉声			海澄	英属缅甸仰光	中国同盟会缅甸分会会员
陈顺在			海澄	英属缅甸仰光	中国同盟会缅甸分会会员
李纯粹			海澄	英属缅甸仰光	中国同盟会缅甸分会会员
林汉垣			海澄	英属缅甸仰光	中国同盟会缅甸分会会员
陈广厚			海澄	英属缅甸仰光	中国同盟会缅甸分会会员
杨温恭			海澄	英属缅甸仰光	中国同盟会缅甸分会会员
杨造化			海澄	英属缅甸仰光	中国同盟会缅甸分会会员

续表

姓名	字	号	籍贯	侨居地	事迹
李双辉	炳耀		海澄	荷属东印度（今印尼）三宝垄	辛亥革命、二次革命、护国运动均有"输资纳粟"。民国四年（1915），中日签订《民四条约》，其邀集数千名华侨在中华总商会召开救国讨论会，"捐题数十万"。
林锦存			海澄林东乡（今属厦门市海沧区）	荷属东印度（今印尼）苏门答腊	早年倡导反清革命，辛亥革命时捐献巨款资助革命军。
周晋材			海澄三都内坑乡（今属厦门市海沧区）	荷属东印度（今印尼）爪哇泗水	中国同盟会槟榔屿分会中坚人物
曹耀堂	允泽		海澄县豆巷村（今属厦门市海沧区）	法属安南（今越南）西贡	辛亥革命前带头响应并协助孙中山做好当地华侨社会内部的团结工作，使越南成为辛亥革命在海外的重要基地之一。
吴继辇	珊瑚		思明县金门岛（今金门县）	新加坡	辛亥革命时捐助资金甚巨，是"同盟会之健者"。
董光纯			金门（今金门县）	新加坡	中国同盟会会员，致力于革命事业。袁世凯窃国后与革命党人合力协助云南起义所需的千金军饷，云南都督唐继尧赠予其徽章；对其他各处起义军也多有赞助。
许扶尧	道翼		金门珠浦	新加坡	辛亥革命时为中国同盟会会员
陈书把			金门哥坑乡	新加坡	辛亥革命时资助福建民军饷银
柯自定			金门路口乡	马来亚（今马来西亚）吉礁加央	辛亥革命时多有捐资

第六章 厦门籍华侨与辛亥革命

续表

姓名	字	号	籍贯	侨居地	事迹
郑有兰			金门大嶝（今属厦门市翔安区）	马来亚（今马来西亚）太平	中国同盟会会员，辛亥革命时捐献大量军饷。
洪焜胜			金门后浦东门	马来亚东婆罗洲古达马汝	组建中国同盟会古岛分会并任会长，极力筹集资金汇交给林蔚，以接济在东京的革命党人。袁世凯窃国后，洪氏又筹款寄往上海交给张静江用作推翻帝制之用。
陈坤海			金门	英属缅甸仰光	中国同盟会缅甸分会会员
蔡文庆			金门	英属缅甸仰光	中国同盟会缅甸分会会员
王赓飏			金门	英属缅甸仰光	中国同盟会缅甸分会会员
黄金水			金门	英属缅甸仰光	中国同盟会缅甸分会会员
欧水应			金门岛欧厝乡	荷属东印度（今印尼）棉兰	辛亥革命时期棉兰"革命之最伟者"，清末在棉兰组建革命机关。国内革命风潮涌现后，接待南来东南亚的革命党人，安排食宿和回国费用，"无不与同志力助之"；对革命军的粮饷也竭尽全力帮助，"捐己捐人"。

附录

附录一　厦门辛亥革命时期大事记

光绪三十一年（1905年）

五月，厦门各界开展抵制美国苛禁华工续约的运动。鼓浪屿民众割断美国领事馆国旗，以示抗议。码头工人宁愿挨饿，拒不起卸美国货物。

八月初一日，厦门商民包围并冲击海关，抗议海关税务司苛税及关员舞弊。法籍代理税务司嘉兰贝下令开枪，打死商民5人。

十月十五日，洪灾，冲塌同安南门桥，石浔海面漂浮人畜尸体。

光绪三十二年（1906年）

四月初四日，厦门中学堂开学，堂址设在玉屏书院（今第五中学）。

六月三十日晚，厦门地震，其声如雷，东排山顶一巨石坠落山谷，民屋多裂。

八月二十一日，日本人在厦创办的《全闽日报》（后改名《全闽新日报》）创刊。

十一月十五日，厦门开办警政，称"兴泉永道巡警总局"，下设东、西二局，有警员 220 人。

同年，孙中山在新加坡主持成立中国同盟会南洋支部，推举祖籍厦门的新加坡华侨陈楚楠为会长。

光绪三十三年（1907 年）

五月，漳厦铁路动工。该铁路由华侨集资倡办。宣统二年（1910 年）十二月嵩屿至江东桥路段通车，全长 28 公里。民国三年（1914 年）改为国有。民国十九年（1930 年）停用。

十二月，厦门商人林尔嘉集资 8 万元，设厦门电话公司。这是全国最早的民营电话公司。

冬，厦门商人陈天恩、黄廷元集资 4 万元，创办厦门淘化罐头公司，年产罐头 1000 担、酱油 2500 担、腐乳 2500 担，销往台湾及南洋各地。

是年，英国在厦门设立亚细亚石油公司。

光绪三十四年（1908 年）

八月六日，兴泉永道颁发禁止鸦片告示。八月十五日，烟馆一律封闭。但鸦片尚可买到，只是不能在公共烟馆吸食。

九月二十一日，飓风席卷厦门。

十月初六日，美国大西洋舰队官兵 7000 人分乘装甲战舰 8 艘（另有运煤船、补给船各 1 艘），在舰队司令额墨利海军少将率领下，从日本抵厦。清政府外务部拨款 40 万元，派贝勒毓朗、外务部右侍郎梁敦彦，偕闽浙总督松寿等到厦迎接。美舰入港时，海军提督萨镇冰率 9 艘中国战舰随后护航。十月十二日美舰离厦。

十一月五日，"顺泰"轮在高崎海面翻沉，死 35 人。

同年，丹麦大北电报公司敷设厦门——福州海底电缆。

同年，厦门籍华侨庄银安、徐赞周等在仰光创办《光华报》，成为当时颇具影响的报纸。

宣统元年（1909 年）

正月十二日，西班牙籍人玛甘保（华名"黄瑞曲"）开设的天仙茶园在光绪帝及慈禧太后治丧期间演戏，且拒交罚款，吊打前往查禁的巡官。十六日，巡警冲入茶园拆毁戏台，捉获玛甘保之子（后由法国领事领回）。此事引发厦门绅商学界集会抗议，促使兴泉永道道宪刘子贞照会法国领事，据理力争，但最后仍妥协退让。

八月二十七日，英领事无理阻止游行学生经过海后滩，引起厦门人民抗议。

九月初二日，大清银行厦门分号成立，地址在岛美街（今厦门总商会），为厦门首家国办银行。十月初十日，大清银行厦门分行正式开业，至宣统三年（1911年）七月止，共发行银元票40万元。

同年，痢疾、天花、霍乱流行。

同年，同安始设警察。

宣统二年（1910年）

三月初六日，由海军上将哈卜率领的美国东方舰队"差利司顿"号等5艘军舰抵达厦门访问，向中国海军赠送银质纪念杯1座，海军提督程璧光专程来厦门接受。十四日美舰离厦。

七月七日，厦门商埠地方审判厅和地方检察厅设立。

九月十七日，美国商会代表团一行42人来厦门考察，厦门商务总会在南普陀举行欢迎仪式。这是美国工商界首次大规模访问厦门。

九月二十八日，交涉署成立，署址在今鼓浪屿复兴路77号。该署为涉外机构，负责与各国领事馆办理有关华人与洋人纠纷的案件。

十月初一日，中国交通银行在厦门设分行。

宣统三年（1911年）

二月二十四日，厦门码头陈、吴两姓发生械斗。

四月二十六日，漳厦（江东桥—嵩屿）铁路火车开始载运邮件。这是福建省开辟的第一条火车邮路。

五月初一日，厦门邮政分局从海关分立出来，成为独立机构。

闰六月初十日，清政府邮传部与大北公司签订《中丹厦门鼓浪屿水线合同》，中国以虚价将该公司自行安放的水线1条收归国有。但规定在合同有效期内水线应专供大北公司使用，并代设3条陆线，接连水线至大北公司报房。

九月十二日，同盟会会员张海珊等人在厦门创办的《南声报》应运而生。

九月十九日，同盟会会员庄尊贤、陈飏臣率革命军攻占同安县城，知县陈文纬投降，陈飏臣被推为代县长。

九月二十四日，同盟会革命军攻克厦门，结束清王朝的统治。翌日，军政分府成立，推张海珊为统制。后革命军内讧，王振邦派不服，引起双方武斗死 2 人，伤 18 人。二十八日，张海珊辞职，王振邦亦不敢接任。

　　十月初八日，由福建军政府委派的厦门道尹原鸿逵到任，成立参事会，延聘同盟会、教育会和商会中有名望的人士黄廷元等为参事员。

民国元年（1912 年）

　　1 月，马巷厅裁撤，其辖地并入同安县。

　　1 月，原兴泉永道巡警总局改称厦门警务局，下设 4 个区局。

　　2 月 26 日，同安大雨雹，雹大如卵，埔尾至路岭、白石岭一带，屋瓦均毁。

　　4 月 18 日（一说为 4 月 15 日），福建军政府从同安县划出厦门岛、金门岛，设思明县，县长为陈文纬，县署设在厦门港。

　　8 月，福建暨南局在厦门成立，为近代中国第一个侨务行政机构。翌年 11 月撤销。

　　9 月 20 日（一说为 9 月 12 日），思明县升格为府。翌年 3 月 30 日（一说为 3 月 20 日）复为思明县。

民国二年（1913 年）

　　3 月 4 日，陈嘉庚创办集美小学。

　　3 月 13 日，南路道在厦门设立，管理闽南 12 个县。

　　7 月 31 日，日籍台湾浪人与码头纪姓聚众械斗，浪人 1 名被殴打至死。事后日本海军陆战队登岸威胁，厦门当局将为首者纪竹斩首，并向日本领事馆"道歉"，方平息此事。时称"台纪事件"。

　　8 月 29 日，英商韦仁洋行在鼓浪屿办的电厂开始发电。厦门开始有电灯。

　　秋，林尔嘉在鼓浪屿兴建菽庄花园。

民国三年（1914 年）

　　2 月 18 日，鼓浪屿工部局两个印度巡捕因一点小摩擦，殴打龙头街福恒发菜馆的店员，捣毁店铺。巡捕的暴行激起公愤并引发市民冲突。印度巡捕开枪击伤市民 4 人、捕 9 人，鼓浪屿商界全体罢市抗议。

　　6 月 2 日，南路道改为厦门道，道署驻思明县，辖 12 县。

7月11日，北京政府批准析思明县辖的金门岛设金门县，隶属厦门道。

冬，孙中山先生领导的中华革命党在鼓浪屿成立福建支部。叶青眼当选为支部长，陈金芳、许春草、丘廑兢分别为财政、党务、总务组长。

民国四年（1915年）

1月，安然兄弟产业公司在安兜开设农场，占地130亩。是为厦门首家农场。

4月9日，厦门各界举行集会，反对袁世凯与日本签订《二十一条》，当局强行解散抗日组织，逮捕爱国群众。

5月20日，中国银行厦门分号成立，民国十年10月改为分行，曾发行厦门版地方钞票多种。

同年，奉省府令，同安拆城墙筑马路，首筑城边路（今南门路）、环城路（今中山路）、百尺大马路（今同新路）。

同年，中兴银行厦门分行开办。

同年，福建护军使黄培松与厦门豪绅、商会总理黄世金合作，共同镇压反袁护法的革命运动，时人称之为"二黄"。革命党人在厦门普佑街伏炸黄世金，黄世金被炸伤脚；又在泉州伏炸黄培松，未成。

民国五年（1916年）

4月16日，工部局巡捕在鼓浪屿日光岩下一条小巷内击毙1只华南虎。这只老虎系从南太武山泅水渡海来鼓浪屿。后该巷被命名为虎巷。

6月5日，同盟会组织的闽南讨逆民军进攻同安县城失败，领导人庄尊贤、潘节文牺牲。

10月1日，《民钟报》创刊。民国十九年9月8日，因经费困难而停刊。该报是当时厦门影响较大的报纸。

11月，日本驻厦领事馆擅自设立警察所，遭到厦门各界强烈反对。

民国六年（1917年）

1月25日，大地震，海潮退而复涨，渔船多沉没。

9月12日，台风狂袭厦门岛，树多被拔起，太古趸船被刮至陆上，小船沉没两千艘，民房毁坏不计其数，厦门城东、北、南城门楼倒塌，近千人丧生。

9月12日，唐国谟任厦门镇守使。

11月10日，日本在厦门城内建造的旭瀛书院落成。

民国七年（1918年）

1月，中华革命党人许卓然等在同安县组建闽南靖国军。

2月13日，地震，不牢固房屋被震坏，部分屋顶烟囱被震倒，圭屿塔塔尖被震落。后有余震5次。

3月10日，陈嘉庚创办的集美学校师范部、中学部开学。是日，被定为集美学校校庆日。

4月27日，北京政府派李厚基兼充第三路总司令抵厦门督师攻粤。

5月1日，厦门辟为国际邮件互换局，与香港、菲律宾、新加坡、槟榔屿及仰光直封邮件，从此不再由"客邮"经转。

5月28日，因《民钟报》言论触犯福建督军李厚基，李厚基下令厦门当局会同鼓浪屿工部局、会审公堂查封《民钟报》。该报至民国十年7月1日复刊。

6月29日，闽南靖国军司令许卓然、副司令杨持平率部10营计千余人，围攻同安县城，与驻城北洋军激战月余，于8月1日攻克同安县城。但李厚基手下的臧致平师很快由厦门反攻同安，靖国军败退安溪及王巢山。

7月29日，英领事借口闽、粤军阀混战，派海军陆战队登陆"护侨"，在海后滩围墙筑门。厦门教育会、商会联呈交涉员向英领事交涉。至10月5日，陆战队才撤回舰。

10月4日，驻同安北洋军营长张树成以靖国军设司令部于梵天寺为由，率兵围寺，枪杀梵天寺主持僧古峰禅师及僧徒15人，纵火焚毁千年古刹，天王殿、大雄宝殿、藏经阁及鼓楼皆化灰烬，寺内文物庙产洗劫一空，仅余钟楼与金刚殿风雨飘摇，惨不忍睹。

11月21日，《江声报》创刊。该报是厦门历史最久的民办报纸，1952年与中共厦门市委机关报《厦门日报》合并。

附录二 辛亥革命福建都督孙道仁墓调查纪略

薛翘

1991年9月，厦门市文管办收到市政协转来湖南省慈利县政协文史委员会要求协助寻访该县籍辛亥革命福建都督孙道仁墓葬情况的信函，笔者受指派当即按信中提供的线索进行实地调查。

孙道仁墓位于本市仙岳山主峰南麓，地处所修的七星路与仙岳路交叉口北侧。调查发现时，墓园已被灌木和杂草所覆盖，墓前且有一盗洞，当系近年不法盗墓者所为。该墓通高2.10米，墓围作风字形，主体为四边梯形纪念碑式，金字塔顶。碑座为两层方形台阶，碑体四面镌有石质墓志铭。正面隶书"永威将军上将衔陆军中将福建都督孙公静山之墓"；三面楷书孙静山将军墓谒。其文曰：

故福建都督孙公道仁，字静山，晚号退庵，湖南慈利人，原任福建水陆提督讳开华谥壮武，前清国史馆有传，原籍立功省份有祠，公其冢子也。少喜兵法，于兵家者流无所不窥，随宦入闽，岁甲申，法人扰台澎，海口被锁。公年十八，奋勇输运军需，自别港进，台防以济，壮武公奇之，重于远嫌，奖叙弗之及。自壬子内用京府通判起家，以劳绩经合肥刘壮肃、李文忠公、庆亲王先后奏保，荐升道员留闽补用，大府相倚若左右手，凡营处务、军政局教练武备学堂各总办，福胜、福强常备军左右镇，长门要塞炮台各统领，无不属公。新军之创也，悉更绿营之旧制，守旧者心害其能，蜚语中伤，忽有左迁之命，旋即开复，毫不为介。无何，改授福宁镇总兵，仍驻省垣，筹办改编兼第一镇统制，迨派赴何涧府阅操，因观上海、汉阳各兵工厂入觐之顷，多所献替，清廷始知讲求制械之久仍不足恃，遂大用公矣，拜福字之赐，兼袭骑都尉世职。既回任，兼常备军第十镇统制，迭加提督衔，陆军副统衔，补授福建水陆提督。辛亥革命，武昌起义，东南各省应之，驻闽满族仇视主客各军，势汹汹甚，虽糜烂闽城，亦所弗恤，公不善其所为，援助民军，事平，公推为福建都督，士民安之，赖公之力为多。二年，当事议裁兵，于是南洋巡阅使海军上将刘公冠雄率海陆军来闽，甫马江，公自解兵柄，以为所部之倡，时人嘉之有让，事竣，晋京任总统府高等顾问，给予二等大绶嘉禾章、永威将军，派赴甘肃、新疆两省，查勘烟禁。世不知公、公亦无闷，回籍整理先业。值长沙乱，避地来闽，应省府高等顾问聘，侨居鼓浪屿。恒以内讧未平，外患未弭，每动抚髀之慨，于闽事感愤特甚。以民国二十有一年四月三日，寿终旅次，春秋六十有七，地方人士怀保障之前勋，闻于国府，就厦门拨地公葬，以永闽人之思。是年五月二十四日，葬于厦禾山新学社虎头山之阳。子男一，女二，孙男一，女五。铭曰：虎溪之下兮，鹭江之滨，佳城永闭兮，随寓栖神，大树飘零兮，遗爱孔新，魂魄去兮，福我闽民。

查《清史稿》，孙道仁系清代湘军和刘铭传抚台时抗法名将孙开华之长子，官福建提督。关于他的情况，因仅附于其父本传，事迹不详。

今据墓志及福建辛亥革命历史资料等记载，孙道仁，字静山，史号退庵，湖南慈利县人，早年随宦入闽，旅次军营，谙诣兵法。1884年中法战争，台湾告急，孙道仁以渔船作掩护，秘密渡海运送军火支援其父驻台的抗法守军，受到台湾巡抚刘铭传的赏识。先后以京府通判、道员等官职，受命于顺天（北京）和福建。1894年甲午中日战争，曾一度统领庆字新五营驻防密州，出关前敌。议和后，回闽充任全省善后局督办及福字中营统领。1901年《辛丑和约》后，清廷新政图强，创建新军，孙奉命赴日本考察军事，回国后，开办福建武备学堂，悉心营育新军骨干。历任闽、浙军务处总办、福宁总兵、暂编陆军第十镇统制、福建水陆提督，是清末福建军界的头面人物。

1911年辛亥革命武昌首义后，孙道仁在同盟会革命党人的影响和推动下，在福州发动于山战役，为光复福建起了重要作用，被推为福建军政府都督，受到来闽视察的孙中山先生的接见。1913年因响应江西督军李烈钧在湖口发动的讨袁"二次革命"，事败后被迫去职。1914年回原籍，在家乡从事实业开发。1916年袁世凯死后，孙被黎元洪授为总统府高等顾问。1922年以永威将军赴甘肃、新疆查禁烟毒。晚年愤于内忧外患，退居鼓浪屿。1932年寿终，由国民政府公葬于厦门。

孙道仁出身前清将门名宦世家，1891年和1900年，曾效忠封建王朝镇压热河金丹道和福建浦城刘加福的农民起义。但在维护祖国领土完整、抵御外侮和旧民主主义革命的斗争中，能顺应历史潮流，做出了一定的贡献，是一位值得肯定的我国近代历史人物，亦是辛亥革命推翻封建帝制后我省的第一任督军。

为了进行爱国主义教育，厦门市文物管理委员会1992年对孙道仁墓进行重修，并拟报请为市级重点文物保护单位（编者注：1998年由厦门市人民政府公布为第四批市级文物保护单位）。

（本文作者为厦门市博物馆原副馆长）

附录三　袁世凯统治时期的"学绩试验"与厦门道俊士之考取

陈长河

一

北洋军阀头子袁世凯仿效封建时代的科举制度，大搞复古运动，先后于1915年9月30日公布《学绩试验条例》及1916年1月27日公布《学绩试验条例施行细则》，以便在全国范围内通过"学绩试验"考取"俊士"及"选士"，作为文官的后备人员，最终为恢复帝制服务。

为了说明学绩试验及其俊士、选士产生问题，有必要对当时的文官制度作些介绍。原来，北洋政府对文官的任用，一般须具有一定的资格，即凡经文官高等考试、文官普通考试及格或经文官甄用合格者，可以任用。文官高等考试由中央统一办理，文官普通考试则由中央和地方分别办理，均为每三年一次，在首都北京举行。凡未经文官考试任用的官吏，适用于"甄别"方法。以此广开"进身"之路，笼络尽可能多的封建独裁政权的拥护者。而其地方行政制度，系承用省、道、县三级政权的行政管理体制。1914年5月，袁世凯为加强中央集权，并为其复辟帝制作准备，下令将"行政公署"改为"巡按使署"，行政长官"民政长"相应改称"巡按使"。同时将"观察使公署"改为"道尹公署"，行政长官"观察使"相应改称"道尹"，隶属巡按使，执行道内行政事宜。县设"县知事公署"，其下分科办事。京师的行政长官称为"京兆尹"。

上述《学绩试验条例》及《学绩试验条例施行细则》系为考取各地"俊士"、"选士"而制定公布。此种"学绩试验"实际上就是原已停废的科举制。其主要内容如下：

一、各省设"省试"，京兆试和热河试、绥远试、察哈尔试等相同（京兆、热河、绥远、察哈尔作为特别行政区）；各道设"道试"，京兆属县试和热河道试、绥远道试、察哈尔道试等相同。

二、道试在道尹所在地举行（京兆属县试于京兆所在地举行），道区内中学毕业生或有同等学力（与中学同等学校毕业生），相当资格的（依据《施行细则》第一条规定："所称与中学毕业生有相同资格者，指依考试得有贡生之资格而言；其廪生、增生、附生，经该管地方官之甄录及格者，亦得以相当资格论"，即指前清原府、州、县的生员，通称为秀才），均可与试，惟应出具亲笔愿书及文凭书类，考试及格者取充"俊士"。此种俊士即相当于前清的举人。省试在巡按使所在地举行（京兆、热河、绥远、察哈尔各试在各该最高行政长官所在地举行），省内俊士或其他有相当资格的（指得有举人以上之出身者而言，惟应出具亲笔愿书及文凭书类），均可与试，考试及格者取充"选士"。此种选士即相当于前清的进士。由上可见，"学绩试验"的考试在规模和地点上较前清旧制低了一格，即将相当于前清的乡试级的考试分在一省（区）的各道（而非省城）举行，将相当于会试级的考试分在各省（区）（而非北京）举行。

三、道试及京兆属县试设典试官一人，由巡按使等就简任文职中遴选，呈请大总统派充；襄校员二至四人，由巡按使等遴选。省试及京兆试、热河试、绥远试、察哈尔试设典试官一人，由巡按使等呈请大总统简派；襄校员六至十人，由巡按使等遴派，呈报大总统。道试及京兆属县试设监视官一人，由巡按使等遴派，呈报大总统；省试及京兆试、热河试、绥远试、察哈尔试设监试官一人，即由巡按使等充任。

四、道试及京兆属县试每两年举行一次，省试及京兆试、热河试、绥远试、察哈尔试每四年举行一次。其试验科目是：经说、史论、地理、文牍、现行法制大要、经济大要等。每道及京兆属县可产生"俊士"二十至四十名，每省可产生"俊士"四十至八十名（京兆、热河、绥远、察哈尔特别行政区可产生"选士"十二至二十名）。俊士由巡按使等给予文凭，呈报大总统交铨叙局注册，得充任各县公署委任待遇掾属。选士呈报大总统派员复核后，交铨叙局注册并给文凭，得应文官普遍考试，并得充任省署、道署委任待遇掾属。

1916年6月6日，袁世凯病死，黎元洪继任大总统。7月28日，黎元洪以大总统名义发表申令，宣布将《学绩试验条例》及其《施行细则》"均即废止"[①]。

二

袁世凯于1915年9月30日发表申令公布《学绩试验条例》的同时，还公布《文官高等考试令》和《文官普通考试令》。关于学绩试验，申令要求各地遵照条例认真办理。申令称："至学绩试验，既为普通文职之初试，且为地方掾属之取资，意在奖劝学风，研求吏术，并应遵照条例办理"[②]。

同年 12 月 19 日，袁世凯又通过政事堂发表关于切实举办学绩试验的申令。申令再次宣称，制颁《学绩试验条例》之主旨，"系为不能与高等考试与不能直接与普通考试之人特设一进身之路，且由各省、道就近分别考试，尤在全国普及，不使一地向隅。依照该条例考取之俊士、选士，或得任地方掾属，或得与普通考试，既所以励国民向学之念，亦所以储国家治事之材"③。可以说，"学绩试验"在某种意义上，是为前清遗留下来的秀才、举人之类再"高升"一步准备的，不难看出袁氏借此网罗其新王朝的支持者的良苦用心。依照官制规定，文官普通考试应在文官高等考试后同时举行，因之学绩试验，"自应先期举办，以为地方掾属及普通考试之预备"④。特做出规定，文官高等考试于 1916 年 6 月举行，文官普通考试应同年 12 月以前举行，而学绩试验及京兆属县试则应于同年 5 月以前举行，省试及京兆、热河、绥远、察哈尔等特别行政区域各试，应于同年 9 月以前举行。按照前清旧制，各省（区）乡试及北京会试，其考试时间是固定的（乡试定在八月，会试定在三月）。而学绩试验日期却承取较为灵活的办法，未规定统一的时间，仅要求在 × 月之前举行而已。该申令最后强调，因学绩试验"事关奖劝学风，振饬吏术"，故再次要求各地依照条例，"切实奉行"⑤。

据当时有关历史资料记载，遵照袁世凯 1915 年 12 月 19 日申令，在 1916 年 6 月以前，全国已有山东、奉天（今辽宁）、吉林、安徽、陕西、江西、福建等省及京兆区举行了学绩试验之道试。下面试举数例说明之。如山东省，据该省巡按使蔡儒楷 1916 年 3 月 15 日致袁世凯奏折称，该省所属济南、济宁、东临、胶东四道，经拟定每道俊士各为四十名，并经遴派胡南彝、胡家祺、姚明图、高彤为各该道典试官，定于 4 月 1 日开始举行试验。又如吉林省，据该省巡按使王揖唐 1916 年 4 月 3 日致袁世凯奏折称，该省所属延长、依兰、吉长、滨江四道，经拟定各道俊士名额，并遴派洪汝冲、舒鸿贻为吉长、滨江道典试官（延长、依兰两道典试官此前已遴派），如期于 4 月 26 日举行试验。再如陕西省，据该省巡按使吕调元 1916 年 4 月 18 日致袁世凯呈折称，该省所属关中、汉中、榆林三道，经拟定各道俊士名额（关中道四十名，汉中道三十四名，榆林道二十名），并遴派朱国桢、王文芹、王钖麟为各该道典试官，陈友璋、程剑钊、刘国栋为各该道监视官，如期举行试验。此外，奉天、安徽、江西、浙江等省及京兆区，亦先后遴派典试官、监视官，确定俊士名额，如期举行试验，此处不再详述。

但亦有个别省区，因故请求展缓道试期限者。如绥远仅辖绥远一个道，其学绩试验之道试，以辖区"匪患甫平，现正筹办清乡"，难于如限举行，呈请缓办，经奉准"展缓举行"⑥。

三

1914年5月23日，袁世凯下定于各省区设道时，福建全省划为四道，即闽海盗（东路），辖十五县，道尹公署设闽侯；厦门道（南路），辖十一县，道尹公署设思明；汀漳道（西路），辖十九道，道尹公署先后设龙溪、龙岩；建安道（北路），辖十六县，道尹公署设南平。

福建省各道之取录俊士，根据《学绩试验条例》、《学绩试验条例施行细则》及政事堂法制局的有关来电，福建巡按使署迭经分饬各道道尹先期筹备，妥慎办理，俊士名额亦拟遵照奉准核定之数考取。其道试日期，巡按使曾规定于4月17日一律举行，厦门、汀漳两道均系如期办理，而闽海、建安两道，却"因饬务紧要"，稍为推迟，改于5、6两月先后举行⑦。各道典试官、监视官亦经遴派并奉核准。闽海道典试官为璩珩，监视官为王善荃；厦门道典试官为朱兆莘，监视官为汪守珍；汀漳道典试官为袁青选，监视官为曹本章；建安道典试官为吴夔，监视官为蔡凤禨。7月底以前，各道先后向福建省长公署（原巡按使公署）报告其学绩试验及考取俊士经过情形，并附送俊士清册及试卷。俊士按其试验成绩的高低分为最优等、优等、中等三种，满60分为及格，60分以上者为中等，70分以上者为优等，80分以上者为最优等。经审核及格，闽海道共有郑淮棠等四十名作为俊士，厦门道共有陈祥英等三十名作为俊士，汀漳道共有章步西等二十六名作为俊士，建安道共有谢廷夏等二十六名作为俊士。

厦门道当时下辖仙游、惠安、莆田、思明、南安、永春、德化、晋江、安溪等县。考取俊士者，仙游籍十一名，惠安籍二名，莆田籍七名，思明籍二名，南安籍三名，永春籍一名，德化籍二名，晋江籍一名，安溪籍一名，共计三十名。现据李厚基1916年7月26日致北京铨叙局咨所附之《福建各道学绩试验道试取录俊士清册》⑧，将厦门道各县俊士之姓名、籍贯、年龄、出身及其成绩等级介绍如下：

陈祥英，仙游县人，现年三十一岁，中学毕业生，最优等第一名。

郑炳章，仙游县人，现年三十二岁，附生，优等第一名。

何梦奇，惠安县人，现年二十七岁，中学毕业生，优等第二名。

黄　璧，莆田县人，现年二十三岁，中学毕业生，优等第三名。

陈　协，思明县人，现年四十四岁，优廪生，优等第四名。
郑赞谟，仙游县人，现年二十一岁，增生，优等第五名。
林　隐，思明县人，现年三十五岁，附生，优等第六名。
翁桂龄，莆田县人，现年三十一岁，附生，优等第七名。
江方璟，仙游县人，现年二十四岁，廪生，优等第八名。
郑园李，莆田县人，现年三十三岁，附生，优等第九名。
林赏清，仙游县人，现年三十三岁，附生，优等第十名。
郑成琪，莆田县人，现年二十九岁，中学毕业生，优等第十一名。
王文槐，仙游县人，现年三十六岁，附生，优等第十二名。
杨剑光，南安县人，现年二十一岁，中学毕业生，中等第一名。
蓝　锵，莆田县人，现年二十八岁，中学毕业生，中等第二名。
黄玉成，南安县人，现年三十二岁，附生，中等第三名。
郑良玉，永春县人，现年三十岁，工业学校毕业，中等第四名。
胡友梅，仙游县人，现年二十五岁，中学毕业生，中等第五名。
方　正，仙游县人，现年三十六岁，附生，中等第六名。
杜　唐，惠安县人，现年三十六岁，优廪生，中等第七名。
陈炳乾，仙游县人，现年三十九岁，附生，中等第八名。
吴　开，莆田县人，现年三十二岁，附生，中等第九名。
江　谐，仙游县人，现年二十四岁，廪生，中等第十名。
刘毓英，仙游县人，现年二十三岁，中学毕业生，中等第十一名。
王硕彦，南安县人，现年二十六岁，中学毕业生，中等第十二名。
郑文熙，莆田县人，现年二十六岁，中学毕业生，中等第十三名。
陈其超，德化县人，现年二十二岁，中学毕业生，中等第十四名。
粘爻文，晋江县人，现年四十七岁，附贡生，中等第十五名。
郭龙图，德化县人，现年三十六岁，廪生，中等第十六名。
蔡世杰，安溪县人，现年三十岁，法政别科毕业，中等第十七名。

　　以上各俊士，后经兼署福建省长李厚基"详加复核"，认为"均属合格"，当即按规定发给文凭，并饬缴照费及印花税。同时呈报并咨呈国务院及督催稽查处，并检同俊士清册咨请铨叙局"查核"备案⑨。

　　袁世凯在位期间，全国举行学绩试验，考取俊士及选士，仅此一次。1915年12月，云南首先爆发反袁护国起义，各省纷起响应，袁氏被迫于次年3月取消洪宪帝制，学绩试验已朝不保夕，势将废止。1916年6月袁世凯病死，黎元洪继任大总统，就任伊始，即于7月28日命令宣布禁止《学绩试验条例》及其《施行细则》，此后就不再举办此种学绩试验了。"嗣豫蔡锷反抗，各省相应，遂又取消洪宪，仍为民国五年（1916年），而科第又自此复停"⑩，即指其事。可见，学绩试验随着袁氏王朝的垮台而被抛进历史的垃圾堆。

注：

① 《政府公报》，1916年7月29日，第204号。

② 《政府公报》，1915年10月1日，第1221号。

③④⑤《政府公报》，1915年12月20日，第1300号。

⑥绥远都统清矩榲1916年4月7日致大总统呈；《政府公报》，1916年4月8日，第93号。

⑦⑨福建督军兼署福建省长李厚基1916年7月26日致铨叙局咨；北洋政府国务院档案（中国第二历史档案馆藏）

⑧北洋政府国务院档案（同上）。

⑩1934年《长清县志·选举志》，转引自张守常《袁世凯称帝和"洪宪"科举》。

参考文献

陈碧笙：《世界华侨华人简史》，厦门：厦门大学出版社，1991年。

华侨革命史编纂委员会：《华侨革命史（上）》，台北：正中书局，1981年。

陈衍德、卞凤奎：《闽南海外移民与华侨华人》，福州：福建人民出版社，2007年。

秦惠中主编：《近代厦门社会经济概况》，厦门：鹭江出版社，1990年。

李国梁：《再论南洋闽籍华侨与辛亥革命运动》，福建省社会科学界联合会《"闽籍侨胞与辛亥革命"学术研讨暨报告会论文汇编》，2011年。

李原、陈大璋：《海外华人及其居住地概况》，北京：中国华侨出版公司，1991年。

詹冠群：《孙中山与南洋闽籍华侨》，福建省社会科学界联合会《"闽籍侨胞与辛亥革命"学术研讨暨报告会论文汇编》，2011年。

洪卜仁、林振峰、郑咏青：《新马的闽南籍华侨与辛亥革命》，廖建裕《再读孙中山、南洋与辛亥革命》，新加坡：华裔馆，2011年。

杨庆南：《世界华侨华人历史纵横谈》，厦门：厦门大学出版社，1994年。

任贵祥：《论华侨与保皇会》，《华侨华人历史研究》1996年第4期。

王希辉：《越南华人华侨与孙中山领导的革命运动》，第二届中国与东南亚民族论坛编委会《中国与东南亚民族论坛论文集》，北京：民族出版社，2007年。

洪卜仁：《厦门老校名校》，厦门：厦门大学出版社，2013年。

李启宇：《厦门书院史话》，厦门：鹭江出版社，2015年。

刘正英：《辛亥革命在厦门》，《福建党史月刊》2002年第2期。

杨锦和、洪卜仁主编：《闽南革命史》，北京：中国计划出版社，1990年。

孔立：《厦门史话》，上海：上海人民出版社，1979年。

连雅堂：《台湾语典》，台北：金枫出版社，1987年。

石定国：《厦门市百货商同业公会沿革》，厦门市商会《厦门市商会复员纪念特刊》。

李荣：《厦门方言词典》，南京：江苏教育出版社，1998年。

日本厦门帝国领事馆：《厦门商务总会》，日本外务省通商局编：《通商汇纂》第148册，1910年8月号，东京不二出版1996年复刻版。

东亚同文会：《支那省别全志》卷十四，《福建省》。

《兼闽浙总督奏遵旨查明厦门保商局被参各款据实覆陈片》，《鹭江报》1903年1月17日，第56册，厦门市图书馆藏本。

《商部奏厦门商政局积弊请将保商事宜改归商务总会经理折》，《申报》1905年8月6日，中国第一历史档案馆：《光绪朝朱批奏折》第102辑。

参考文献

洪鸿儒：《本会沿革》，厦门总商会《厦门总商会特刊》，1931年。

《商务》，《东方杂志》第3卷第7期（1906年6月）。

厦门总商会、厦门市档案馆：《厦门商会档案史料选编》，厦门：鹭江出版社，1993年。

柯渊深：《石码史事（辑要）》，政协龙海市文史资料委员会，1993年。

中华人民共和国厦门海关：《厦门海关志》，北京：科学出版社，1994年。

朱士嘉：《美国迫害华工史料》北京：中华书局，1958年。

黄乃裳：《绂丞七十自叙》，刘子政《黄乃裳与新福州》，新加坡：南洋学会，1979年。

恽祖祁：《厦门日租界交涉案文牍》，《厦门文史资料》第16辑，1990年。

阿英编：《反美华工禁约文学集》，北京：中华书局，1960年。

王云青：《光复厦门的回忆》，《厦门文史资料》第18辑，1991年。

刘通：《福建光复纪要》，《"中华民国"开国五十年文献》，台北：正中书局，1963年。

洪鸿儒：《本会赞助革命事业纪》，厦门总商会编：《厦门总商会特刊》，1931年。

厦门市地方志编纂委员会办公室：《(民国)厦门市志》，北京：方志出版社，1999年。

郑权：《福建光复史略》，《"中华民国"开国五十年文献》，台北：正中书局，1963年。

李禧、余少文等：《厦门辛亥革命见闻录》，《厦门文史资料》第18辑，1991年。

王振邦：《光复厦门漳泉永纪略》，《厦门文史资料》第18辑，1991年。

李金强：《同盟会与光复会之争——清季厦门之革命运动（1906—1911）》，氏著《区域研究：清代福建史论》，福州：福建教育出版社，1984年。

丘廑兢：《辛亥革命在厦门》，《厦门文史资料》第1辑，1963年。

王云青：《光复厦门的回忆》，《厦门文史资料》第18辑，1991年。

福建省档案馆：《福建华侨档案史料》，北京：档案出版社，1990年。

龚洁、何丙仲收集整理，何志伟校：《厦门碑铭》，厦门：厦门市文物管理办公室，1991年。

福州私立光复中学编辑委员会：《福建辛亥光复史料》，连城：建国出版社，1940年。

周子峰：《闽省民军之形成与演变（1912—1926）》，《国史馆馆刊》复刊第25期，1998年12月。

周子峰：《辛亥革命后之福建政局（1912—1914）》，胡春惠、周惠民主编《两岸三地研究生视野下的近代中国研讨会论文集》，台北：台北政治大学历史学系，2000年。

范启龙：《辛亥革命前后的福建》，《福建文史资料》第27辑，1991年。

许雪姬：《日据时期的板桥林家：一个家族与政治的关系》，《近世家族与政治比较历史论文集》下册，台北，1992年。

刘寿林、万仁元等编：《民国职官年表》北京：中华书局，1995年。

张少宽：《槟榔屿华人史话续编》，马来西亚槟城：凤凰印刷有限公司，2003年。

张少宽：《孙中山与庇能会议》，马来西亚槟城：凤凰印刷有限公司，2004年。

张少宽：《槟榔屿旧闻》，嘉联会出版基金，2016年。

戴学稷、陈孝华：《孙中山与福建》，福州：福建人民出版社，2002年。

洪卜仁：《厦门名人故居》，厦门：厦门大学出版社，2007年。

福建省地方志编纂委员会：《福建省志·人物志》，北京：中国社会科学出版社，2016年。

《申报》

《鹭江报》

《南侨日报》

《厦门日报》

《厦门晚报》

"Stuart K. Lupton to W. W. Rockhill, April 2, 1906," in United States Consulate (Amoy), Depatches from United States consuls in Amoy, 1844—1906 (Washington, D. C.: National Archives, 1947), Reel 15, no. 93, p.4.

"George E. Anderson to W. W. Rockhill, July 25, 1905," in United States Consulate (Amoy), Depatches from United States Consuls in Amoy, Reel 15, no.39, pp.3—5; "Stuart K. Lupton to W. W. Rockhill, April 2, 1906," in United States Consulate (Amoy), Depatches from United States Consuls in Amoy, Reel 15, no. 93, p.2;

"Stuart K. Lupton to W. W. Rockhill, August 30, 1905," in United States Consulate (Amoy), Depatches from United States consuls in Amoy, 1844—1906, Reel 15, no. 36, pp.1—2;

"Stuart K. Lupton to W. W. Rockhill, August 24, 1905," in United States Consulate (Amoy), Depatches from United States consuls in Amoy, Reel 15, no. 33, pp.1—2.

"Stuart K. Lupton to W. W. Rockhill, April 2, 1906," in United States Consulate (Amoy), Depatches from United States consuls in Amoy, Reel 15, no.93, pp.1—2.

"Stuart K. Lupton to W. W. Rockhill, August 31, 1905," in United States Consulate (Amoy), Depatches from United States consuls in Amoy, 1844—1906, Reel 15, no. 38, p.1.

"Sir J. Jordan to Sir Edward Grey, November 16, 1911," in Paul L. Kesaris ed., Confidential British Foreign Office Political Correspondence: China, Series 1, Part 2 (Bethesda: University Publications of America, 1995), Reel 101, 1096/2;

"Conditions in Amoy, November 10, 1911," in United States Department of State, Records of the Department of State Relating to Internal Affairs of China, 1910—1929 (Washington D. C.: National Archives, 1960), reel 8, p.3.

Yen Ching-hwang, The Overseas Chinese and the 1911 Revolution (Kuala Lumpur: Oxford

University Press, 1976)

"Taxation in Amoy for Municipal Purposes, July 25, 1912," in United States Department of State, Records of the Department of State Relating to Internal Affairs of China, 1910—1929, reel 98, pp.3—4.

Wellington Chan, Merchants, Mandarins, and Modern Enterprise in Late Ch'ing China, p.204.

【后记】

关于厦门辛亥革命的历史资料,厦门市政协文史和学习宣传委员会曾编过一本内部出版的专辑,2001年又与民革厦门市委员会合编《辛亥革命在厦门》一书。其后,我们在规划厦门文史丛书时,曾计划在辛亥革命100周年编写《厦门辛亥风云》一书,对厦门辛亥革命的历史进行再挖掘。我们邀请多位同志撰稿,但2011年在审稿过程中发现,新写的书稿涉及的史料多与前述书籍重复,新发现、挖掘的史料较少,时间、地点、人物互有出入,有待进一步考证。为了对历史负责,当时决定暂缓付印。

光阴荏苒,一晃五年过去。在纪念辛亥革命105周年、孙中山先生诞辰150周年之际,我们对多年收集的史料进行了核实、订正,决定重新编撰成书。本书采用了大量的旧报资料,有厦门市图书馆提供的清末《厦门日报》缩微胶卷版,厦门大学图书馆提供的《申报》缩印本、我们从上海天主教图书馆复印的清末《福建日报》、洪卜仁与陈亚元收藏的《南声报》、从台湾大学图书馆复印的《汉文台湾日日新报》和新加坡国家图书馆提供的《南洋总汇新报》、《新国民日报》等。我们曾向中国第二历史档案馆研究员陈长河约稿,文中涉及该馆收藏的档案,十分珍贵。在此,我们一并对上述单位和个人表示诚挚的感谢。同时,感谢厦门大学出

后　记

版社薛鹏志编辑为本书的顺利出版提供了宝贵的意见。

　　辛亥革命至今已 100 多年，有关资料或散失难觅，或随岁月淹没难全。尽管本书编写时间后延，但仍不免挂一漏万，考证不周，恳请专家、读者指导、斧正。

作者
2016 年 10 月